新的赶考之路

李松 —— 著

新华出版社

图书在版编目（CIP）数据

新的赶考之路 / 李松著. -- 北京：新华出版社，2023.12（2025.2重印）
ISBN 978-7-5166-7226-6

Ⅰ. ①新… Ⅱ. ①李… Ⅲ. ①中国共产党—干部教育—学习参考资料 Ⅳ. ① D262.3

中国国家版本馆 CIP 数据核字（2023）第 234794 号

新的赶考之路

作　　者：李　松

出 版 人：匡乐成		出版统筹：许　新	
责任编辑：唐波勇		封面设计：华兴嘉誉	

出版发行：新华出版社
地　　址：北京石景山区京原路 8 号　　邮　　编：100040
网　　址：http://www.xinhuapub.com
经　　销：新华书店、新华出版社天猫旗舰店、京东旗舰店及各大网店
购书热线：010-63077122　　中国新闻书店购书热线：010-63072012

照　　排：华兴嘉誉
印　　刷：大厂回族自治县众邦印务有限公司

成品尺寸：155mm×245mm
印　　张：17.25　　　　　　　　　　字　　数：272 千字
版　　次：2024 年 4 月第一版　　　　印　　次：2025年2月第二次印刷
书　　号：ISBN978-7-5166-7226-6
定　　价：48.00 元

图书如有印装问题请与出版社联系调换：010-63073969

目 录
CONTENTS

开篇　百年大党的青春接力　　　　　　　　　　001

第一章　实现全党思想意志行动的统一　　　　　010

我们这么大一个党，领导着这么大一个国家，肩负着带领全国各族人民实现国家强盛、民族复兴这个艰巨任务，全党必须统一思想、统一意志、统一行动。怎么实现全党思想意志行动的统一？最根本的就是用党的基本理论武装全党。

一、党的团结是中国共产党的成功经验　　　　　011

二、集中统一领导是中国共产党的最高政治原则　　017

三、用党的基本理论武装全党　　　　　　　　　　025

第二章　坚持党在中国式现代化建设中的领导地位　038

党的二十大报告明确指出："中国式现代化是中国共产党领导的社会主义现代化。"这是对中国式现代化定性的话，是管总、管根本的。为什么要强调党在中国式现代化建设中的领导地位？这是因为，党的领导直接关系中国式现代化的根本方向、前途命运、最终成败。

一、从大历史观深刻把握中国式现代化　　　　　　039

二、实现中国式现代化才能实现中华民族伟大复兴　061

三、党的领导是中国式现代化的根本保证　　　　　071

四、以人民为中心推进中国式现代化　　　　　　　076

1

第三章　不断推进马克思主义中国化时代化　　085

一个民族要走在时代前列,就一刻不能没有理论思维,一刻不能没有正确思想指引。中国共产党为什么能,中国特色社会主义为什么好?归根到底是因为马克思主义行。马克思主义之所以行,就在于党不断推进马克思主义中国化时代化并用以指导实践。

一、马克思主义中国化时代化的历史进程　　086

二、中国化时代化的马克思主义为什么行　　096

三、开辟马克思主义中国化时代化新境界　　104

第四章　敢于进行自我革命　　111

我们党历史这么长、规模这么大、执政这么久,如何跳出治乱兴衰的历史周期率?毛泽东同志在延安的窑洞里给出了第一个答案,这就是"只有让人民来监督政府,政府才不敢松懈"。经过百年奋斗特别是党的十八大以来新的实践,我们党又给出了第二个答案,这就是自我革命。

一、从"人民监督"到"自我革命"　　112

二、为什么党需要进行自我革命　　122

三、自我革命贯穿于党的百年奋斗史　　126

四、以自我革命破解大党独有难题　　139

第五章　始终坚守初心和使命　　148

回顾党的历史,为什么我们党在那么弱小的情况下能够逐步发展壮大起来,在腥风血雨中能够一次次绝境重生,在攻坚克难中能够不断从胜利走向胜利,根本原因就在于不管是处于顺境还是逆境,我们党始终坚守为中国人民谋幸福、为中华民族谋复兴这个初心和使命,义无反顾向着这个目标前进,从而赢得了人民衷心拥护和坚定支持。

一、中国共产党人的初心密码　　149

二、为人民谋幸福是中国共产党矢志不渝的追求　　171

三、为中华民族谋复兴是中国共产党百年奋斗的主题　178
四、中国共产党践行初心和使命的经验启示　186

第六章　坚持全心全意为人民服务的根本宗旨　201

前进道路上，全党要坚持全心全意为人民服务的根本宗旨，树牢群众观点，贯彻群众路线，尊重人民首创精神，坚持一切为了人民、一切依靠人民，从群众中来、到群众中去，始终保持同人民群众的血肉联系，始终接受人民批评和监督，始终同人民同呼吸、共命运、心连心。

一、坚持人民至上的价值取向　202
二、尊重人民首创精神　209
三、保持同人民群众的血肉联系　221
四、始终接受人民批评和监督　237
五、推动实现人的全面发展和全体人民共同富裕　248

后记　260

主要参考文献　268

开篇

百年大党的青春接力

起源于山西省繁峙县的滹沱河,流经河北省平山县,在太行山余脉拐了个弯,环抱起一个静谧的村庄,这就是西柏坡。

1949年3月23日,滹沱河畔阳光明媚。西柏坡村前屋后,大大小小的几百辆车从西柏坡村一直延伸到十几里以外……

这天,是中共中央离开西柏坡的日子。

西柏坡中共中央大院内,一些人已经离开。下午2点30分左右,毛泽东从住了10个月的小院里走出来,正好碰到迎上来的周恩来。

周恩来知道毛泽东肯定又是一夜未眠,上午才休息一会儿,所以关切地问:"主席,休息好了没有?"

毛泽东望着远处连绵雄伟的太行山,意味深长地说道:"今天是进京赶考的日子,不睡觉也高兴啊!进京赶考去,精神不好怎么行?"

周恩来答道:"我们都应当考及格,不要退回来。"

毛泽东坚定地说:"退回来就失败了。我们决不当李自成!我们都希望考个好成绩。"①

这就是西柏坡时期两位伟人著名的"赶考对"。

这个"进京赶考","进京"意味着执政,"赶考"是要接受考验,其中有着中共中央领导人对未来深刻的思考,也有着在战争年代、在西柏坡时期对"考试"丰富而扎实的准备。

中国共产党的发展奋斗史,就是一部团结带领广大中国人民进行革命、建设和改革,战胜一切艰难险阻、不断超越自我的"赶

---

① 金冲及主编:《毛泽东传》,北京:中央文献出版社,2004年版,第954页。

考"史。但"赶考"并未结束,"赶考"一直在路上。

正如习近平总书记2013年7月11日到西柏坡考察时指出的:"60多年过去了,我们取得了巨大进步,中国人民站起来了,富起来了,但我们面临的挑战和问题依然严峻复杂,应该说,党面临的'赶考'远未结束。"①

2022年10月16日上午10时,中国共产党第二十次全国代表大会在北京人民大会堂开幕,年龄跨越几代人的党代表们出现在同一个会场,翻阅着中共中央最新的工作报告。这是一个百年大党具有接力意义的时刻。

习近平总书记在二十大报告里再次提到了"新的赶考之路"。他宣告:"从现在起,中国共产党的中心任务就是团结带领全国各族人民全面建成社会主义现代化强国、实现第二个百年奋斗目标,以中国式现代化全面推进中华民族伟大复兴。"

一

中国共产党1921年成立之初,只有50多名党员,如今已是一个拥有9800多万名党员的世界第一大执政党。

中国共产党筚路蓝缕奠基立业的百年征程波澜壮阔,饱含着深刻的"赶考"启示,这一中国共产党人接续奋斗的譬喻,体现着一个百年大党一脉相承的清醒和坚定,映照着一个马克思主义政党一以贯之的初心和使命。

全心全意为人民服务,是中国共产党的根本宗旨。人民利益至上,一切为了人民,一切依靠人民,在西柏坡时期就得到充分体现。

1947年7月至9月,中国共产党在河北省平山县西柏坡村召开全国土地会议。会议通过的《中国土地法大纲》明确规定:"废除封建性及半封建性剥削的土地制度,实行耕者有其田的制度。"这次会议吹响了彻底摧毁封建土地制度的战斗号角,推动各解放区掀起了土地改革的高潮,其势如暴风骤雨,成为几千年历史上一次翻天覆地的社会大变革。

千百年来拥有自己土地的愿望得到实现,是农民多么高兴的大事啊!他们踊跃参军参战,拥军支前,发展生产。

---

① 李斌:《党面临的"赶考"远未结束——习近平总书记再访西柏坡侧记》,《人民日报》,2013年7月14日。

时光飞逝，铭记下了那段历史：1948年9月12日，辽沈战役拉开战幕；1948年11月6日，淮海战役正式打响；1949年1月31日，平津战役胜利结束。

在决定中国前途命运的三大战役中，淮海战役规模最大、历时最长、歼敌最多，是解放战争时期一场规模空前的战略决战。

1948年11月6日，一场气吞山河、决定中国命运前途的战役至此打响。

在随后的60多天里，总数约60万的中国人民解放军与约80万的国民党军以徐州为中心进行了一场空前激烈的鏖战。

淮海战役，共产党全胜、国民党完败。究竟是什么决定了战场胜利的天平？淮海战役总前委"五大书记"之一，时任华中野战军副司令、华东野战军司令员兼政委的陈毅的答案是："淮海战役的胜利，是人民群众用小车推出来的！"①

据资料可查，淮海战役期间华东、中原、冀鲁豫、华中四个解放区前后共出动民工543万人，动用担架20.6万副，车辆88万辆，挑子30.5万副，牲畜76.7万头，共向前线运送1460多万吨弹药、9.6亿斤粮食等军需物资。

当年淮海战役的重要战场濉溪县临涣镇，几十年来一直流传着这样一个感人的支前故事：一名支前民工在给前线运送物资的途中发现自己的鞋子破了，为了不影响任务，他就赤脚推着独轮车上了前线，物资最终送到了阵地，而他的脚却被冻掉了四个趾头。战士们并不知道，这位民工用小推车送来的其实就是给他们过冬的军服和棉鞋！

在1948年的那个寒冬里，千千万万的支前民工就是这样推着独轮车，迎着危险冲向前线。

陈毅后来也不无感慨地回忆道："遍地都是运粮食、运弹药、抬伤员的群众，这才是我们真正的优势！"

"最后一碗米送去做军粮，最后一尺布送去做军装，最后一件老棉袄盖在担架上，最后一个亲骨肉送去上战场。"这是老百姓真

---

① 李兵峰、高玉娇、赵婉姝：《三大战役：伟大的战略决战》，新华网，2021年2月24日。

诚拥护和支持共产党的真实写照。

三大战役在人民的大力支援下，迅速取得胜利。据统计，在三大战役中，动员民工累计达880余万人次，人民群众出动支前的大小车辆141万辆，担架36万余副。1948年9月至1949年1月，辽沈、淮海、平津三大战役期间，党中央从西柏坡共发出197封电报。人民解放军以横扫千军如卷席之势，持续142天的三大战役，共歼灭国民党军队154万余人。

毛泽东在中共七届三中全会上指出："我们的解放战争，主要就是靠这一亿六千万人民打胜的。有了土地改革这个胜利，才有了打倒蒋介石的胜利。"①在革命即将胜利、新的政权即将建立的时刻，以毛泽东为首的中共中央更是重视"人民"的作用，他们明白：只有坚持人民在社会主义革命和建设中的主体地位，让人民做国家的主人才是"王道"。

于是，1948年9月，党中央召开了撤离延安后的第一次政治局扩大会议——九月会议，这是一次"立规矩"的会议。中共中央明确提出即将建立的政权性质是无产阶级领导的以工农联盟为基础的人民民主专政，要求各级政府都要加上"人民"二字，各级政权机关都要加上"人民"二字。

会后，"军队向前进，生产长一寸，加强纪律性，革命无不胜"成为全党全军的行动方针。一场加强纪律教育之风在党内开展起来。

面对执政"赶考"这一崭新历史课题，1949年3月在西柏坡召开的党的七届二中全会上，毛泽东从中国革命的伟大性、长期性、复杂性、艰巨性以及中国共产党所担负的历史使命出发，谆谆告诫全党："夺取全国胜利，这只是万里长征走完了第一步。如果这一步也值得骄傲，那是比较渺小的。中国的革命是伟大的，但革命以后的路程更长，工作更伟大，更艰苦。这一点现在就必须向党内讲明白，务必使同志们继续地保持谦虚、谨慎、不骄、不躁的作风，务必使同志们继续地保持艰苦奋斗的作风。"②

为防止个人崇拜，毛泽东在党的七届二中全会上，给各级领导及党员领导干部，同时也是给他自己定下了六条规定："一、不做

---

① 《毛泽东文集》第六卷，北京：人民出版社，1999年版，第73页。
② 《毛泽东选集》第四卷，北京：人民出版社，1991年版，第1438—1439页。

寿。二、不送礼。三、少敬酒。四、少拍掌。五、不以人名作地名。六、不要把中国同志和马恩列斯平列。"

"不做寿"是毛泽东一贯倡导并一贯身体力行的。1943年3月20日，中共中央在延安召开政治局会议，选举毛泽东为中央政治局主席、中央书记处主席，对书记处会议所讨论的问题有最后决定权。这一年，毛泽东迎来五十大寿。鉴于毛泽东对中国革命作出的巨大贡献和中国的文化传统，党内一些同志酝酿为他祝寿。时任中宣部代理部长何凯丰提出要为毛泽东庆祝五十寿辰。4月22日，毛泽东复信何凯丰，明确指出：生日决定不做。做生日的太多了，会生出不良影响。

西柏坡时期，党的领导人从自身做起，以身作则，严格执行和坚持"两个务必"，成为密切联系群众的典范。在七届二中全会上，毛泽东还专门作了阐述，指出中国共产党要认真地团结全体工人阶级、全体农民阶级和广大的革命知识分子，这些是领导力量和基础力量。这一思想明确了以人民为主体的执政理念，为"进京赶考"时为谁执政指明了方向。

在七届二中全会上，毛泽东针对很多敌对势力说"中国共产党能打得了天下，但是治理不了这个国家"的谬论时，坚定地指出："我们不但善于破坏一个旧世界，我们还将善于建设一个新世界。"①

三大战役胜利后，面对从乡村进入大城市，面对即将建立和建设新中国的艰巨任务，中国共产党人知道，自己面对着很高的要求和严峻的考验。

但是，面对一穷二白的国家，面对一直在农村打仗的广大干部士兵，毛泽东提出，要把"战斗队变成工作队"。为此，党中央明确提出要培养既懂打仗又懂经济建设、管理城市等综合多能型干部，要大家学经济，学管理，学技术，学习国内外的一切先进经验。学习是中国共产党发展壮大的秘诀，应对任何挑战和风险考验的法宝。

为提高党员干部各方面能力，中共中央在西柏坡创办大批党校、军校以及各类中等学校，旨在培养大批政治、经济、文化等方面工作所需要的高级人才。

---

① 毛泽东：《在中国共产党第七届中央委员会第二次全体会议上的报告》（1949年3月5日），《毛泽东选集》第四卷，北京：人民出版社，1991年版，第1439页。

中共中央的一系列措施使党的干部得到迅速补充，他们在思想、理论和业务水平都有了较大提高，为进城后全面执政奠定了基础，也使西柏坡时期的中国共产党真正成为一个学习型的政党。

面对新中国成立，党的规范化和制度化是保证党的路线、方针、政策顺利贯彻执行的法宝。全面走向正规化，从党的政治生活，到经济建设，到军队建设，到文化宣传等的各项规章制度，一步步，一项项启动并建立起来。

所以习近平总书记2013年7月到西柏坡考察时指出："这里是立规矩的地方。"在西柏坡，中共中央通过了《中共中央关于各中央局、分局、军区、军委分会及前委会向中央请示报告制度的决议》，要求各地加强请示报告制度，规定凡决定权完全属于中央的事项，中央已有决定的，各地必须严格遵守并正确执行，以此来树立中央权威。中央通过了《关于健全党委制》，指出"党委制是保证集体领导，防止个人包办的党的重要制度"。要求各地都必须建立健全党委会议制度，同时要求在此过程中，应注意"集体领导和个人负责，二者不可偏废"。

中央还通过了《中共中央关于召开党的各级代表大会和代表会议的决议》，提出实现党内民主的办法，是实行代表大会和代表会议制度，要求各级党委要按照党章定期召开党的各级代表大会和代表会议。对于这种会议要赋予党章所规定的一切权力，不许侵犯。

1953年8月，在全国财经工作会议上，毛泽东又一次强调了这些规定。他说："七届二中全会有几条规定没有写在决议里面。一曰不做寿。做寿不会使人长寿，主要是要把工作做好。二曰不送礼。至少党内不要送。三曰少敬酒。一定场合可以。四曰少拍掌。不要禁止，出于群众热情，也不泼冷水。五曰不以人名作地名。六曰不要把中国同志和马、恩、列、斯平列。这是学生和先生的关系，应当如此。遵守这些规定，就是谦虚态度。"[1]

这些规矩和制度，有大政，有行为规范，有纪律约束，对于建立新中国的"赶考"新征程，提供了坚实的制度和精神保障。

2013年7月11日，习近平总书记在河北省调研指导党的群众路线教育实践活动期间，再访西柏坡。西柏坡纪念馆内，一

---

[1]《毛泽东选集》第五卷，北京：人民出版社，1977年版，第90—97页。

块展板让习近平久久驻足,上面写着这六条规定。伫立展板前,习近平一一对照着说:"不做寿,这条做到了;不送礼,这个还有问题,所以反'四风'要解决这个问题;少敬酒,现在公款吃喝得到遏制,关键是要坚持下去;少拍掌,我们也提倡;不以人名命名地名,这一条坚持下来了;第六条,我们党对此有清醒的认识……"①

习近平总书记用六十多年前的"六曰"来给中国共产党近期的工作"照镜子",这一调研中的小细节既表现了一个成熟政治家的气魄和勇气,也表达了党中央对坚持群众路线和反"四风"的一以贯之的坚决态度。

二

从西柏坡出发的"赶考"路,中国共产党人到今天已走过了70多年。中国共产党的角色和任务,由进京前的"如何由革命党转变为执政党,更好地领导建设"转变为当前形势下的"如何更好地长期执政"。回顾西柏坡的"赶考",这是一次意义深远的启程,是永远在"赶考"路上的回眸与思索。

如今,中国大地发生的天翻地覆的变化,以雄辩事实向世人展示着中国共产党人业已完成的优异"答卷"。

"第一个百年奋斗目标"已实现——2021年,中国共产党在成立一百周年时,宣布在中华大地上全面建成了小康社会,历史性地解决了绝对贫困问题。这是习近平总书记在报告里总结的过去十年经历的"三件大事"之一。

党的十六大期间,国家统计局还对外介绍过一个预测结果:中国当时的国内生产总值是世界第六,"是否有希望赶上前5个发达国家"?

当时的预测是:2020年,中国有望成为世界第三经济大国;2050年,中国有望超过日本,成为世界第二经济大国。

事实是:2010年,中国就成了世界第二。

此后十年,用党的二十大报告的话来说,中国的经济实力又实现了"历史性跃升":国内生产总值从54万亿元增长到114万亿元,

---

① 胡士杰、孙增武:《西柏坡"六曰"规矩的当前借鉴》,中央纪委国家监委网站,2013年9月10日。

经济总量占世界经济的比重达到了 18.5%，提高 7.2 个百分点，"稳居世界第二位"。

在很多领域，中国都是世界首位，比如谷物总产量、制造业规模、外汇储备、货物贸易总额……

中国已进入创新型国家行列，一些关键核心技术实现了突破。比如，2020 年，北斗卫星导航系统成为 4 个全球性的卫星导航系统之一。

中国铁路营业里程从 2012 年的 9.8 万公里增长到 2022 年的 15.5 万公里，其中高铁从 0.9 万公里增长到 4.2 万公里，稳居世界第一。

"中国号"列车已驶入了新时代。

中国共产党和中国人民正信心百倍推进中华民族从站起来、富起来到强起来的伟大飞跃。

在中国共产党第二十次全国代表大会上，2000 多名党代表在大会堂里接到了新的使命——

"全面建成社会主义现代化强国，总的战略安排是分两步走：从二〇二〇年到二〇三五年基本实现社会主义现代化；从二〇三五年到本世纪中叶把我国建成富强民主文明和谐美丽的社会主义现代化强国。"

在外界格外关注"中国号"列车车速的时刻，习近平总书记说："高质量发展是全面建设社会主义现代化国家的首要任务。"他强调，未来 5 年是全面建设社会主义现代化国家"开局起步的关键时期"。

征途漫漫。"全面建设社会主义现代化国家，是一项伟大而艰巨的事业，前途光明，任重道远。我们必须增强忧患意识，坚持底线思维，做到居安思危、未雨绸缪，准备经受风高浪急甚至惊涛骇浪的重大考验。"

习近平总书记强调，要"增强全党全国各族人民的志气、骨气、底气，不信邪、不怕鬼、不怕压，知难而进、迎难而上，统筹发展和安全，全力战胜前进道路上各种困难和挑战，依靠顽强斗争打开事业发展新天地"。①

"实现中华民族伟大复兴进入了不可逆转的历史进程。"

---

① 习近平：《高举中国特色社会主义伟大旗帜　为全面建设社会主义现代化国家而团结奋斗——在中国共产党第二十次全国代表大会上的报告》，新华社，2022 年 10 月 25 日。

"行百里者半九十。"一位中共党史学者这样形容，新的任务就像爬山，在登顶之前，越到最后，越是难爬。

习近平总书记在党的二十大报告中强调，"必须时刻保持解决大党独有难题的清醒和坚定"，并且"必须充分发挥亿万人民的创造伟力"。掷地有声的话语，激发起广大干部群众的奋斗热情。

过去一百多年，中国共产党向人民、向历史交出了一份优异的答卷。

居安思危，既是历史的告诫，也是中国共产党人站在中华民族伟大复兴的重大历史关口上，自觉自警思忧患的生动写照。土屋、柴凳、地图、油灯、石磨……曾经在西柏坡指点江山的一代伟人们已经离我们远去，但滹沱河畔那座精神丰碑永远在我们心中巍然屹立，"赶考"的强音依然在我们心中回响。

千秋伟业势如虹，重整行装再出发。

百余年前，中国共产党的先驱李大钊说，黄金时代，不在我们背后，乃在我们面前；不在过去，乃在将来。

百余年后，新时代的中国共产党人正在新的赶考之路上奋勇前进、笃行不怠，书写着不负时代、不负人民的崭新答卷。

人民是历史的书写者，从这种意义上说，不管赶考者是谁，最铁面无私的监考只有一个——人民群众；最权威的判卷人也只有一个——人民群众；最根本的标准也只有一个——人民群众答应不答应，赞成不赞成，拥护不拥护。

"时代是出卷人，我们是答卷人，人民是阅卷人"，习近平总书记作出并被写入党的十九届六中全会《中共中央关于党的百年奋斗重大成就和历史经验的决议》的这一精辟论断，深刻回答了新的赶考之路上"谁来出卷""谁来答卷""谁来阅卷"等根本问题，生动诠释了中国共产党一以贯之的初心使命，有力彰显了新时代中国共产党人赶考永远在路上的清醒和自觉，鲜明展现了彻底的唯物主义精神、强烈的历史担当和深厚的人民情怀。

赶考远未结束！

第一章

实现全党思想意志行动的统一

考 题

中国共产党这么大一个党,领导着这么大一个国家,肩负着带领全国各族人民实现国家强盛、民族复兴这个艰巨任务,全党必须统一思想、统一意志、统一行动。怎么实现全党思想意志行动的统一?

习近平总书记指出

团结统一是党的生命,是党的力量所在。思想上的统一是党的团结统一最深厚最持久最可靠的保证。我们这么大一个党,领导着这么大一个国家,肩负着带领全国各族人民实现国家强盛、民族复兴这个艰巨任务,全党必须统一思想、统一意志、统一行动。怎么实现全党思想意志行动的统一?最根本的就是用党的基本理论武装全党。

——2023年4月3日,在学习贯彻习近平新时代中国特色社会主义思想主题教育工作会议上的讲话

"团结就是力量,团结才能胜利""确保党的团结统一""为全面建设社会主义现代化国家、全面推进中华民族伟大复兴而团结奋斗"①……纵览党的二十大报告,"团结"一词贯穿全篇,先后出现20余次。

正如一首经典歌曲所唱,"团结就是力量,这力量是铁,这力量是钢,比铁还硬,比钢还强"。团结奋斗是中国共产党和中国人民的显著精神标识,也是中国共产党百年来领导人民赢得一个又一个伟大胜利的关键密码。

一、党的团结是中国共产党的成功经验

2022年11月29日23时8分,中国西北,大漠深处,"神舟十五号"载人飞船如白色巨龙一飞冲天。

从2003年"神舟五号"首次载人航天飞行,到2022年两个航天员乘组在太空"胜利会师",逐梦航天的历程,正是一代代中国人团结奋斗创造历史伟业的缩影。

团结奋斗,是百年来中国共产党和人民创造出彪炳史册伟大奇迹的成功密码,是中国共产党和中国人民最显著的精神标识。

2022年10月27日,党的二十大闭幕不到一周,习近平总书记带领新一届中共中央政治局常委同志来到延安杨家岭,走进古柏苍松环抱的中央大礼堂,瞻仰中共七大会址。礼堂后墙上,毛泽东亲笔为七大题写的主题词——"同心同德"四个大字,历经岁月的洗礼,愈发鲜亮。

习近平总书记缓步瞻仰会场,语重心长地说,党的七大在党的历史上具有重要里程碑意义,标志着我们党在政治上思想上组织上走向了成熟。在政治上,党通过延安整风,使全党团结在毛泽东的旗帜下,实现了党的空前统一和团结……

回溯历史,中国共产党领导人民铸就的团结奋斗精神,印刻在"红军不怕远征难,万水千山只等闲"的红军战士身上,展现在"干惊天动地事,做隐姓埋名人"的"两弹一星"研制者身上,书

---

① 习近平:《高举中国特色社会主义伟大旗帜 为全面建设社会主义现代化国家而团结奋斗——在中国共产党第二十次全国代表大会上的报告》,新华社,2022年10月25日。

写在"杀出一条血路来"的改革开拓者身上,定格在1800多名为打赢脱贫攻坚战献出宝贵生命的党员、干部身上……

团结就是力量。能团结奋斗的民族才有前途,能团结奋斗的政党才能立于不败之地。

一

马克思主义经典作家在创建和领导无产阶级政党时,始终把团结统一作为建党的基本原则。

团结统一是由无产阶级政党的性质决定的。马克思主义认为,工人阶级是人类历史上最进步的阶级,是大工业的产物,而大工业又是许多人的协调劳动,要求它的劳动者具有高度的组织性和纪律性。由于共产党是工人阶级的政党,是整个工人阶级利益的代表,因此,共产党必然是团结统一的,是一个有组织的战斗的整体。

团结统一是无产阶级政党的力量源泉。马克思和恩格斯在创建共产主义者同盟时,把"全世界无产者联合起来"作为基本口号,写入世界无产阶级政党的第一部章程《共产主义者同盟章程》。在总结第一国际经验时,马克思指出:"国际的一个基本原则——团结。如果我们能够在一切国家的一切工人中间牢牢地巩固这个富有生气的原则,我们就一定会达到我们所向往的伟大目标。"[①]列宁强调:"保持党的统一和实现无产阶级先锋队的意志的统一是保证无产阶级专政胜利的基本条件""无论为了尽快地实现无产阶级的最终目的,还是为了在现存的社会基础上坚定不移地进行政治斗争和经济斗争,战斗的无产阶级最亲密无间的团结都是绝对必要的"。可见,无产阶级政党的团结统一是实现无产阶级专政、进行社会主义建设的必要条件。

团结统一是民主集中制的核心要义。民主集中制是马克思主义建党学说的重要内容,是中国共产党的根本组织制度和领导制度。坚持民主集中制是要保证全党在行动上一致,是要维护党的团结统一。

在这方面,巴黎公社的失败,有着惨痛的教训——

[①]《马克思恩格斯全集》第十八卷,北京:人民出版社,1964年版,第180页。

人类历史上的第一个工人阶级政权，是巴黎公社。

1870年7月，法兰西第二帝国为争夺欧洲霸权，以西班牙王位继承人问题为导火索，发动了普法战争，结果法军惨败。9月2日，被围困在色当的法国皇帝拿破仑三世向普鲁士投降。9月4日，巴黎爆发革命，法国资产阶级共和派和奥尔良派分子在巴黎市政厅成立临时国防政府，宣布第二帝国灭亡，第三共和国成立。当时普鲁士占领了法国1/3以上的领土，但他们并没有因法国国王的投降而停止进攻的脚步，10万普军围困巴黎，巴黎人民生活陷入困境，有的居然以猫、狗、老鼠为食。面对敌人的入侵，巴黎人民奋起抗争，以工人为主体的国民自卫军在3个星期里就发展壮大到大约30万人，他们购置了数百门大炮。

巴黎工人推翻了资产阶级反动统治，建立了无产阶级革命政权。3月26日进行公社选举，28日巴黎公社宣告成立。

由于当时法国工人阶级在政治上还不成熟，更由于当时的法国还缺乏无产阶级取得革命胜利的客观历史条件，经济发展的状况还没有成熟到可以铲除资本主义生产方式的程度，巴黎公社只存在了72天，就在反动军队的反扑下失败了。

位于巴黎东部的拉雪兹墓地，是不到200名巴黎公社战士进行最后斗争的地方。这些公社战士在此处战斗，最终寡不敌众，被枪杀于墓地东北角的夏洛纳墙下，这堵墙便被称作巴黎公社社员墙。

1871年巴黎公社失败后，恩格斯在总结巴黎公社失败的教训时指出："巴黎公社遭到灭亡，就是由于缺乏集中和权威。"①

我们分析二十世纪八十年代末九十年代初的东欧剧变，从中不难发现，前东欧国家共产党没有解决好团结统一问题，政党内部出现了严重分裂，是导致其纷纷垮台、丧失政权的一个重要原因。

二十世纪八十年代末九十年代初，在东欧剧变中，各国共产党大都在组织上丧失了团结统一的优势，发生了明显的组织分裂。

前东欧四国共产党的具体名称各不相同。波兰称统一工人党，匈牙利称社会主义工人党，保加利亚、捷克斯洛伐克称共产党。邓

---

① 《马克思恩格斯选集》第四卷，北京：人民出版社，1995年版，第606页。

小平在总结东欧剧变的教训时指出:"东欧的问题首先出在内部。"①

比如,匈牙利社会主义工人党的分裂是从党中央高层领导人的变动和分化开始的。1988年5月,匈共召开全国代表大会,中央领导班子进行了彻底改组,以卡达尔为首的元老全部退出政治局,格罗斯当选为党的总书记。在政坛上以改革派扬名、实则对社会主义失去信心的自由化分子波日高伊、涅尔什、内梅特等都进入了政治局。从此,匈共核心领导层纷争不断,再无团结可言。1989年下半年,匈牙利国内形势愈发严峻,党内矛盾进一步公开化和尖锐化,派别斗争更加激烈。这样,一个曾经拥有72万名党员的执政大党最后分裂成两个小党。党的分裂严重削弱了党的竞争力。在1990年3月和4月间的国会大选中,社会党丧失了执政地位,成为在野党。新的社工党则连国会也未能进入。

无产阶级政党的一个很大优势,在于组织力量的团结统一和坚强有力。党分裂的危害不言而喻。前东欧四国共产党的规模都相当可观,而且40多年来一直处于执政地位。然而,令人惊讶的是,在短短几年中,四国共产党纷纷分裂瓦解。

前事不忘,后事之师。民主集中制是马克思主义政党的根本组织原则。

坚持民主集中制原则是无产阶级政党团结统一的前提条件,动摇和放弃民主集中制只能导致党内派别活动的存在与泛滥,最终丧失团结统一的优势而走向分裂。这是四国共产党留下的最大教训之一。

二

习近平总书记指出:"维护党中央权威和集中统一领导,是我国革命、建设、改革的重要经验,是一个成熟的马克思主义执政党的重大建党原则。"②

回顾一百多年的历程,为了维护党的团结和集中统一,中国共产党也经历过挫折、艰难和磨难。维护党的团结和集中统一,既是中国共产党不断从胜利走向胜利的结果,也是中国共产党永葆生机活力的原因。

---

① 《邓小平文选》第三卷,北京:人民出版社,1993年版,第344页。

② 习近平:《论坚持党对一切工作的领导》,北京:中央文献出版社,2019年版,第157页。

中国共产党从成立之初，就把全党服从中央作为维护党中央权威和集中统一领导的基本规定。土地革命战争时期，针对极端民主化等问题进行了多次斗争，根本上解决的就是党的团结和集中统一领导问题。古田会议之所以是人民军队建设史上的里程碑，正在于明确了党对军队的绝对领导。同样，遵义会议在事实上确立了毛泽东在党中央和红军的领导地位，把思想集中统一到以毛泽东同志为主要代表的马克思主义正确路线上来。对党的正确路线的坚持和维护，既是党的团结和统一的具体体现，更是全党团结起来的旗帜和标志。

中国共产党的团结和集中统一，是建立在对党忠诚、实事求是基础上的，是建立在不掺杂任何私利基础上的。邓小平在谈到"大民主"破坏党的民主集中制原则时指出，在我们党的历史上，曾经犯过这种错误。在中央苏区的时候，有人反对毛主席的正确领导，当时如果毛主席采用"大民主"的方法，完全可以保住他的领导地位，但是他采用了"小民主"的方法，这是从整个党的利益着眼，团结了党。①

中国共产党是有高度统一意志的革命的党。党的六届六中全会明确提出："个人服从组织，少数服从多数，下级服从上级，全党服从中央，党的一切工作由中央集中领导，是党在组织上民主集中制的基本原则，各级党的委员会的委员必须无条件地执行，成为一切党员与干部的模范。"此后，开展了大规模的整风运动，使全党达到了团结和统一，为夺取抗战胜利和全国解放奠定了强大思想政治基础。

新中国成立后，中国共产党经历过无数困难和重大挫折而保持了正确的前进方向，就在于始终坚持维护党的团结和集中统一。1954年，党的七届四中全会通过《关于增强党的团结的决议》，明确规定"党的团结的利益高于一切""党的团结的唯一中心是党的中央"。1956年，党的八大通过的党章明确指出："党的团结和统一，是党的生命，是党的力量所在。经常注意维护党的团结，巩固党的统一，是每一个党员的神圣职责""在党内不容许有违反党的政治路线和组织原则的行为，不容许有分裂党、进行小组织活动、

---

① 《邓小平文集（1949—1974）》中卷，北京：人民出版社，2014年版，第277—278页。

向党闹独立性、把个人放在党的集体之上的行为"。①

党的团结和集中统一，既是旗帜也是标志。党的十一届三中全会后，中国共产党总结党内政治生活正反两方面经验特别是"文化大革命"的惨痛教训，于1980年制定《关于党内政治生活的若干准则》，强调"全党服从中央，是维护党的集中统一的首要条件，是贯彻执行党的路线、方针、政策的根本保证"。这个准则促进党内的团结统一，保证改革开放和社会主义现代化建设顺利进行，发挥了十分重要的作用。

党的十二届二中全会通过的《中共中央关于整党的决定》，向全党提出了"在政治上同中央保持一致"的根本要求。正是因为始终坚持党的集中统一领导，中国共产党才能带领人民，坚定不移推进改革开放，战胜来自各种风险挑战，开创和发展中国特色社会主义，实现人民生活从温饱不足到总体小康、奔向全面小康的历史性跨越。

三

实践和历史证明，党的队伍越团结，力量就越集中和统一，所以"集中统一"需要建立在"团结"的基础之上。

中国共产党百年来创造的重大成就证明，团结一切可以团结的力量是创造奇迹的关键所在，保持团结统一是党始终能够攻坚克难、保持强大战斗力的关键所在。

在新民主主义革命时期，党的团结统一体现在遵义会议后第一代中央领导集体的形成，体现在能够战胜张国焘的分裂主义，进而凝聚最大力量取得革命胜利。

在社会主义革命和建设时期，党的团结统一凝结在建设社会主义的大潮中。在改革开放和社会主义现代化建设新时期，党的团结统一建立在对过去惨痛教训的反思基础上，强化在改革开放伟大进程中；在中国特色社会主义新时代，党的团结统一基于实现中华民族伟大复兴的历史使命、成于全面从严治党的政治品格锻造以及巩固于永远在路上的自我革命纵深实践。可见，中国共产党一方面体现了主动求团结的积极愿望和主体姿态，另一方面展示了主动顺应形势发展需要增强团结统一的坚强能力和昂扬斗志。

---

① 中国革命博物馆：《中国共产党党章汇编》，北京：人民出版社，1979年版，第150页。

团结一切可以团结的力量是中国共产党不断走向强大的重要因素。在《关于建国以来党的若干历史问题的决议》中,毛泽东指出,"统一战线和武装斗争,是战胜敌人的两个基本武器",①加上党本身的建设,就成为革命的"三个法宝"。《中共中央关于党的百年奋斗重大成就和历史经验的决议》指出,团结就是力量。建立最广泛的统一战线,是党克敌制胜的重要法宝,也是党执政兴国的重要法宝。统一战线是党注重团结的实践形式与制度结晶,为正确处理好政党关系、民族关系、宗教关系、阶层关系以及海内外同胞关系等提供了重要支撑。

一百多年来,中国共产党在保持和实现团结统一中成功开辟了一条中国特色社会主义道路,这条道路"不是简单延续我国历史文化的母版,不是简单套用马克思主义经典作家设想的模板,不是其他国家社会主义实践的再版,也不是国外现代化发展的翻版"。②这条道路的最大特点在于始终拥有团结与集中统一的巨大而独特的优势,在优势得到不断发挥中,中国特色社会主义道路越走越开阔。

二、集中统一领导是中国共产党的最高政治原则

中国共产党历来强调"全党的统一性、集中性和服从中央领导的重要性""没有这样坚强的统一的集中的党,便不能应付革命过程中长期残酷复杂的斗争,便不能实现我们所担负的伟大历史任务"。③

习近平总书记在党的二十大报告中指出:"中国共产党是最高政治领导力量,坚持党中央集中统一领导是最高政治原则。"这体现出"党中央权威""集中统一领导"在我国治国理政中的重要地位。

回顾新民主主义革命时期、社会主义革命和建设时期、改革开

---

① 毛泽东:《〈共产党人〉发刊词》(1939年10月4日),《毛泽东选集》第二卷,北京:人民出版社,1991年第2版,第613页。

② 《习近平谈治国理政》第三卷,北京:外文出版社,2020年版,第76页。

③ 《中共中央关于增强党性的决定》,1941年7月1日,《建党以来重要文献选编》第十八册,北京:中央文献出版社,2011年版。

放和社会主义现代化新时期及中国特色社会主义新时代这四个时期党加强集中统一领导的历史进程，表明新时代需要不断筑牢党的集中统一领导的思想根基、不断夯实党的集中统一领导的组织基础、不断完善党的集中统一领导的制度体系、不断强化党的集中统一领导的纪律保障。

一

马克思早在1847年就提出"全世界无产者联合起来！"的口号，以团结的形式凝聚各方力量。在马克思、恩格斯看来"没有权威，就不可能有任何一致的行动"。①恩格斯在《家庭、私有制和国家的起源》中指出，原始社会已经有了集中统一的思想。原始社会中的议事会是由一些权威人物所组合成的，他们共同担负着管理整个氏族的任务。马克思和恩格斯在《就集权问题论德国与法国》一文中就有讨论，要想取得革命的成功、达成一致的行动，党中央就必须具有一定的权威和集中统一领导。正如恩格斯在《论权威》中所指出"在危急关头，大家的生命能否得救，就要看所有的人能否立即绝对服从一个人的意志"。②

后期列宁继承了无产阶级政党建设思想并提出："没有统一的领导中心，没有统一的中央机关报，党的真正统一是不可能的。"③列宁指出要想取得革命的胜利，就必须维护党的集中统一领导，做到思想和组织上的统一，"必须以集中化为前提，并且绝对需要有集中化。"④列宁在为建立独立的布尔什维克党同取消派做斗争时还曾明确指出："世界上的政党，从来就是由地方组织组成的，这些地方组织则由一个中央机关统一起来。"⑤

党的集中统一领导思想贯穿于中国共产党历届领导人的领导思想之中。1956年4月25日，毛泽东在《论十大关系》一文中明确指出"为了建设一个强大的社会主义国家，必须有中央的强有力的

---

① 《马克思恩格斯全集》第三十三卷，北京：人民出版社，1973年版，第368页。
② 《马克思恩格斯选集》第三卷，北京：人民出版社，1995年版，第236页。
③ 《列宁全集》第九卷，北京：人民出版社，1959年版，第154页。
④ 《列宁选集》第一卷，北京：人民出版社，2012年版，第409页。
⑤ 《列宁全集》第十八卷，北京：人民出版社，2007年版，第195页。

统一领导"①。1989年6月16日，邓小平在《第三代领导集体的当务之急》一文中指出："任何一个领导集体都要有一个核心，没有核心的领导是靠不住的。"②

党的十八大以来，习近平总书记多次强调维护党的团结统一的极端重要性，并提出了明确要求。

2012年11月15日，习近平总书记在党的十八届一中全会上的讲话中指出，我们要带头维护中央权威，在思想上政治上行动上同党中央保持高度一致，不折不扣贯彻执行中央的路线方针政策和重大工作部署，心往一处想、劲往一处使，确保中央政令畅通。2013年6月22—25日在中央政治局专门会议上的讲话中他强调，中央政治局的同志要带头自觉维护中央权威，在思想上政治上行动上同党中央保持高度一致，自觉接受党的纪律约束，认真贯彻执行中央政治局作出的决定决策，坚持重大问题按规定请示报告，用实际行动树立中央政治局高度团结统一、步调一致的良好形象。

2014年5月8日，习近平总书记在《办公厅工作要做到"五个坚持"》的讲话中强调，全面就是在思想上政治上行动上全方位向党中央看齐，做到表里如一、知行合一；具体就是不能光口头讲讲，要落实在各个方面、各项工作上；坚定就是党中央提倡的坚决响应，党中央决定的坚决照办，党中央禁止的坚决杜绝，任何时候任何情况下都做到政治立场不移、政治方向不偏。

2016年10月21日，习近平总书记在纪念红军长征胜利八十周年大会上的讲话中指出，我们党面临的"四大考验""四种危险"是长期的、复杂的、严峻的。要坚持党中央集中统一领导，在各级党组织和广大党员、干部中强化政治意识、大局意识、核心意识、看齐意识，确保在思想上政治上行动上始终同党中央保持高度一致。2016年12月，他在主持中共中央政治局民主生活会时强调，党的历史、新中国发展的历史都告诉我们：要治理好我们这个大党、治理好我们这个大国，保证党的团结和集中统一至关重要，维护党中央权威至关重要。

习近平总书记在建党100周年大会上指出："以史为鉴、开创

---

① 中共中央文献研究室：《建国以来重要文献选编》第八册，北京：中央文献出版社，1993年版，第253页。

②《邓小平文选》第三卷，北京：人民出版社，1993年版，第310页。

未来,必须坚持中国共产党坚强领导。"① 十九届六中全会审议通过的《决议》将"坚持党的领导",②视为中国共产党百年奋斗历程中的首要历史经验。

2021年11月8日,党的十九届六中全会中通过的《中共中央关于党的百年奋斗重大成就和历史经验的决议》强调:"党确立习近平同志党中央的核心、全党的核心地位,确立习近平新时代中国特色社会主义思想的指导地位,反映了全党全军全国各族人民共同心愿。"③这是党的十八大以来中国共产党重大的理论和政治成果,是时代的召唤与历史的选择。

二

中国共产党在成立之初,因未能形成一个坚强的党中央领导集体,党内不断出现方向性的错误,使党的事业遭到了沉重打击。

中国共产党在建党初期对党的集中统一领导进行了一系列的探索和积淀。建党初期就要建立像布尔什维克组织严密、纪律严明的政党,还是建立像第二国际社会主义民主党的松散政党这一问题存有争论。经过激烈讨论,党的一大通过的《中国共产党纲领》提出成立中央执行委员会,并选举中央局作为中央的领导机关。虽然争论在一大并没有得到彻底解决,但是推动了集中统一领导思想的发展与定型。

党的二大通过第一部党章并指出:"全国大会及中央执行委员会之决议,本党党员皆绝对服从之;本党一切会议取决于多数,少数绝对服从多数。"④党的三大决定共产党以个人的身份加入中国国民党并强调:"一切政治的言论行动,须受本党之指挥。"⑤党的四大设置中央总书记管理全国党务,各级党组织必须向中央报告工

---

① 《在庆祝中国共产党成立100周年大会上的讲话》,北京:人民出版社,2021年版,第10页。

② 《中共中央关于党的百年奋斗重大成就和历史经验的决议》,北京:人民出版社,2021年版,第65页。

③ 《中共中央关于党的百年奋斗重大成就和历史经验的决议》,北京:人民出版社,2021年版,第65页。

④ 中国革命博物馆:《中国共产党党章汇编》,北京:中央文献出版社,1979年版,第8页。

⑤ 中共中央文献研究室:《建党以来重要文献选编(1921—1949)》第十六册,北京:中央文献出版社,2011年版,第579页。

作。党的五大进一步设立中央政治局、中央政治局常务委员会、中央检查委员会来维护党的集中与统一。党的六大党章将党的组织作为单独一章独立出来，详细规定了我国的根本组织原则民主集中制的基本内容，使党的集中统一领导更加体系化。

坚决肃清一切分裂党的破坏分子，有效防止中央权力的分散。比如，"北上南下之争"是长征途中中共中央和红四方面军领导人张国焘之间关于红军战略方针和发展方向的争论。同时，也是一场反对张国焘分裂主义的斗争。

这场争论要从1935年6月中央红军与红四方面军在懋功地区会师说起。会师后，摆在中共中央面前的首要任务，就是为红军制定正确的战略方针，明确发展方向。但在这个关键问题上，中共中央和张国焘之间产生了分歧和争论。

中共中央考虑到川陕甘地区地域广阔，交通方便，汉族居民较多，帝国主义势力和国民党统治薄弱，而且靠近抗日斗争的前线华北，因此主张红军北上，建立川陕甘革命根据地，以便在北方建立抗日的前进阵地，领导和推进全国的抗日救亡运动。但张国焘却认为，红军应向西退却到人烟稀少、少数民族聚居的川康边地区，或南下攻取成都，以为这样可以避开国民党军强大的军事力量。

为解决这个分歧，6月26日，中共中央在两河口召开政治局扩大会议。会议一致通过了周恩来提出的向北发展，在川陕甘建立根据地的战略方针。

两河口会议上，张国焘虽然也对北上的战略方针表示赞同，但他实际上并没有放弃向川康边地区退却的错误主张。

8月底，右路军历经千辛万苦通过了草地。虽然中央一再催促左路军向右路军靠拢北上，但张国焘却要求已进入草地的红军返回阿坝。9月5日，他命令当时尚在松岗、党坝、卓克基等地的左路军部队停止北上，就地"筹粮待命"。9月8日，他又命令右路军准备南下，"立即设法解决南下的具体问题"，还命令左路军中驻马尔康地区的红四方面军部队，让他们传令军委纵队转移到马尔康待命，如其不服从，就将其扣留。这表明，张国焘为坚持其错误的南下主张，已开始对右路军采用胁迫的方式。

中央再次劝告张国焘，强调如果左路军南下，前途将极端不利，希望左路军立即北上。张国焘无视中央的劝告，甚至背着党中央，给右路军领导人发密电，要右路军"南下，彻底开展党内斗争"。这份至关重要的电报被前敌总指挥部参谋长叶剑英获得。他立即报告了中共中央。就在红军面临分裂的危急时刻，为贯彻既定的北上方针，避免红军内部可能发生的冲突，中共中央于10日凌晨率领红一方面军的红一军、红三军和军委纵队迅速转移，先行北上。同日，中共中央发出《为执行北上方针告同志书》，指出"南下是绝路""中央反对南下，主张北上"，号召红军广大指战员坚决拥护中央的战略方针，迅速北上，创建川陕甘新苏区。同时，致电张国焘，争取左路军立即北上。

9月12日，中共中央政治局在俄界召开扩大会议，作出了《关于张国焘同志的错误的决定》。决定号召红四方面军指战员团结在党中央周围，同张国焘的错误做斗争，并促其北上。

此后，已经北上的红军组成中国工农红军陕甘支队，于10月胜利到达陕北，结束了长征。张国焘则坚持错误，率红四方面军部队南下，另立"中央"，公然走上分裂党和红军的道路。事实证明，南下是行不通的。到1936年6月，南下红军在国民党优势兵力围攻下，损失过半，难以立足，张国焘被迫取消另立的"中央"，同意北上。南下方针不可避免地失败了。

1937年，党中央在延安的扩大会议上作出了《关于张国焘同志错误的决议》，揭发和批判张国焘分裂党中央的错误，表示将其清除出党，以警示后人。张国焘知道自己的处境，赶紧写了一份《我的错误》的声明，过关了事。1938年清明节，张国焘借祭拜黄帝陵之际，叛逃到了国民党方面。

1939年8月25日，中共中央政治局强调："把党团结得像一个人一样，才能使党有所准备来克服目前的困难，反对国内投降主义分裂的危险。"[①]通过实行"一元化"领导，调整党政军民之间的关系，各组织之间相互合作，集中力量、统一指挥，不给敌人任何可以利用的间隙，大大提高了战斗力量。

在解放战争时期，党组织允许各地保留一定的自主权，这在当时的战争情况之下是完全必要的，但也带来了一系列负面效应。

[①] 中共中央文献研究室：《建党以来重要文献选编（1921—1949）》第十六册，北京：中央文献出版社，2011年版，第579页。

如地方组织存在一些无纪律、无政府及地方主义的现象。1948年毛泽东起草的《关于建立请示报告制度》中要求,"各中央局和分局由书记负责(自己动手,不要秘书代劳),每两个月,向中央和中央主席作一次综合报告",①改正以往在请示报告中出现的事前不请示、事后不报告的错误做法,通过请示报告制度加强上下级彼此之间的联系,促进党组织思想和行动上的统一,对防止和克服分散主义、山头主义起到积极作用。随着全国解放进程的加快,党中央在西柏坡召开的"九月会议"中指出:"将一切可能和必须集中的权力集中于中央和中央代表机关手里,以便达到全党全军在方针上、政策上、行动上的完全一致。"②面对全国胜利在望的情况,中国共产党接管的城市越多,越需要全党迅速克服任何无纪律无政府状态,把一切权力集中于中央,推动全国解放进程。

新中国成立后,中国共产党成为全国性的执政党。为了实现从新民主主义时期向社会主义时期顺利转变的目标、改善百废待兴的局面、应对执政之初面临的各种风险挑战,亟须一个强有力的党中央引领新中国进行社会主义革命和建设、稳固国家政权、开辟中国特色社会主义道路。

1954年《关于增强党的团结的决议》提到"党的团结的唯一中心是党的中央"③表示不得有任何违反和损害党中央团结和权威的言行。为适应社会主义改造和大规模经济建设,党对国家的中央领导机构进行改组,增设中央秘书长,协助中央政治局和中央书记处工作。同时对国家机关及企事业单位等实行"双重领导制度"、对国有企业实行"党委领导下的厂长负责制"。党中央围绕社会主义建设的目标对党的组织进行了积极探索,完善党的组织建设,加强党对政府和企业等工作的集中统一领导,为党的集中统一领导提供组织保障。

中国人民在党的集中统一领导之下不断解放思想、与时俱进、实事求是开创中国特色社会主义事业,不断加强党的思想政治建设,将优秀干部团结在党组织的周围,为党的集中统一领导汇集精

---

① 《毛泽东选集》第四卷,北京:人民出版社,1991年版,第1264页。

② 中共中央文献研究室:《建党以来重要文献选编(1921—1949)》第二十五册,北京:中央文献出版社,2011年版,第529页。

③ 中共中央文献研究室:《建国以来重要文献选编》第五册,北京:中央文献出版社,1993年版,第129页。

英智慧。

一方面,领导核心的更新换代为党集中统一领导提供新鲜血液。比如,党的十一届三中全会以后,形成了以邓小平同志为核心的领导集体。他在改革拉开帷幕时强调:"中央要有权威,改革要成功就必须有领导有秩序地进行,没有这一条,就是乱哄哄,各行其是,怎么行呢?"①这体现出在改革开放新时期,要想取得改革开放的胜利,全党就必须与党中央保持高度一致。

另一方面,建立健全党的领导制度,为完善党的集中统一领导提供制度保障。邓小平指出:"强调领导制度、组织制度问题更带有根本性、全局性、稳定性和长期性。"②党的集体领导制度要注意权力不能过分集中,使党的一元化领导变成个别领导的个人领导,要在集中统一的条件下建立一个有民主、有自由的生动活泼的政治局面。《关于党内政治生活的若干准则》提出:"坚持集体领导,反对个人专断。"③党中央集中统一领导是要把集体领导和个人分工正确地结合起来,在讨论问题时必须按照少数服从多数的原则,明确办事程序后各司其职,进一步巩固党的执政地位和执政基础,提高党的领导水平和执政水平。

三

党的十八大以来,在以习近平同志为核心的党中央领导之下,各级党组织和广大党员干部面对"两个大局",集中力量攻坚克难,取得巨大成就,同时为进一步坚持和维护党的集中统一领导作出了一系列重大创新。

党的十八大选举了以习近平同志为核心的党中央领导集体。党的十八届六中全会确立了习近平总书记在党中央的核心地位、全党的核心地位。随后党的十九大将"习近平总书记党中央的核心、全党的核心地位"与"习近平新时代中国特色社会主义思想确立为党的行动指南"写入党章是新时代以来中国共产党取得的重大政治成果。"两个确立"的提出反映了全党全军全国各族人民的真切希望,体现了"两个确立"在党和国家中的重要地位及切实做好"两个维

---

① 《邓小平文选》第三卷,北京:人民出版社,1993年版,第310页。
② 《邓小平文选》第二卷,北京:人民出版社,1994年版,第333页。
③ 中共中央文献研究室:《三中全会以来重要文献选编》上册,北京:中央文献出版社,2011年版,第417页。

护"的必要性。

做好"两个维护"需要把政治建设摆在首位，严明党的政治纪律，为党的集中统一领导提供刚性约束。坚持党的政治纪律，就要同党中央保持高度一致，自觉维护党中央的权威。人不以规矩则废，党不以规矩则乱。2015年10月中共中央印发了《中国共产党纪律处分条例》，并在党的十九大正式将党的纪律建设纳入党的建设的总章程当中，提高党的纪律建设的政治站位。十九大报告中明确指出："坚决维护党中央权威和集中统一领导，严明党的政治纪律和政治规矩，层层落实管党治党政治责任。"[1]但是党的十八大以来一些地方和部门在请示报告上出现了搞变通、选择性汇报工作等问题。2017年10月中共中央政治局在《关于加强党中央集中统一领导的若干规定》中指出中央政治局的同志每年都要坚持向党中央和总书记进行述职，创新请示报告形式。

严格从请示、报告、报备三个方面执行好请示报告制度，更加强调党的集中统一和组织纪律性，克服无组织无纪律的状态。2019年以习近平同志为核心的党中央制定了一系列中央文件，从整体上全方位地加强了党的集中统一领导，提供了具体化和可操作化的全方位措施，并将加强党的集中统一领导融入国家治理体系和治理能力现代化建设当中，对党和国家的发展具有重要的里程碑意义。

三、用党的基本理论武装全党

用党的基本理论武装全党是马克思主义政党建设的基本原则，是中国共产党的优良传统。

回顾中国共产党的百年历史，就是一部理论创新的历史。从毛泽东思想到邓小平理论，从"三个代表"重要思想到科学发展观，再到习近平新时代中国特色社会主义思想，党的思想理论在历史实践中不断创新发展。

党的十八大以来，以习近平同志为核心的党中央高度重视加强党的思想理论建设，要求全党认真学习马克思主义，把握马克思主

---

[1] 习近平：《决胜全面建成小康社会 夺取新时代中国特色社会主义伟大胜利——中国共产党第十九次全国代表大会上的讲话》，《人民日报》，2017年10月28日。

义中国化最新成果，用党的基本理论武装头脑、指导实践、推动工作。

2023年4月3日，在学习贯彻习近平新时代中国特色社会主义思想主题教育工作会议上，习近平总书记强调："我们党始终高度重视理论武装，每逢重大历史关头，都要用党的创新理论统一全党思想，每次党内集中教育也都坚持把理论学习作为首要任务并贯穿始终，为全党团结统一奠定坚实思想基础。"①

一

中国共产党诞生于半殖民地半封建社会，工人阶级人数很少，农民小资产阶级占绝大多数。

大革命失败后，党把工作重心由城市转向农村，走农村包围城市、武装夺取政权的革命武装之路。保持党在思想上和组织上的纯洁性，进而保持党的无产阶级先锋队性质，这是当时党的建设亟待解决的突出问题。为此，以毛泽东为主要代表的中国共产党人作出积极探索。

1923年11月，党的三届一次中央执行委员会全体会议通过《教育宣传问题议决案》，强调"共产党员人人都应是一个宣传者"，要树立"健全的唯物主义的宇宙观及社会观及'集体主义'的人生观"。

1928年11月，毛泽东在《井冈山的斗争》中明确地提出了"无产阶级的思想领导"问题，强调"我们感觉无产阶级思想领导的问题，是一个非常重要的问题""若不给以无产阶级的思想领导，其趋向是会要错误的"。②

1929年12月，中国共产党召开了古田会议，通过了《古田会议决议》，首先强调纠正党内错误思想，确立政治观念没有错误为入党首要条件，要求把党内思想教育作为最为迫切的任务之一，提出"政治工作是红军的生命线"③的论断，奠定了中国共产党思想建党的理论和原则。1935年瓦窑堡会议通过《中央关于目前政治

---

① 习近平：《在学习贯彻习近平新时代中国特色社会主义思想主题教育工作会议上的讲话》，《求是》，2023年第9期。
② 《毛泽东选集》第一卷，北京：人民出版社，1991年版，第77页。
③ 《建党以来重要文献选编（1921—1949）》第十二册，北京：中央文献出版社，2011年版，第98页。

形势与党的任务决议》，明确指出吸收新党员应该注意到社会成分，但不是主要的标准；"党不惧怕非无产阶级党员政治水平的不一致，党用共产主义教育去保证提高他们到先锋队的地位""应该使党变为一个共产主义的熔炉"。① 这些论述进一步丰富了古田会议确定的思想建党原则，将全党对思想建党内涵的认识提到了新的高度。

1937年7月，发生卢沟桥事变，抗日战争全面爆发，如何在抗战的大环境中保持党的无产阶级先锋队性质，再次成为党亟待解决的重大问题。为了克服党内的非无产阶级思想，也为了解决党内长期存在的教条主义，1938年，毛泽东在党的六届六中全会上第一次向全党提出了"马克思主义的中国化"②的战略任务。

在中共党史上，以"反对主观主义以整顿学风、反对宗派主义以整顿党风、反对党八股以整顿文风"为主要内容的延安整风，达到了使全党洗洗澡、治治病的目的，被党内称为"一场思想上的革命"。

我们回顾这段历史，《改造我们的学习》《整顿党的作风》《反对党八股》等三篇文章不得不提。

1941年5月，毛泽东在延安高级干部会议上作了《改造我们的学习》的报告，尖锐批判了主观主义作风，被视作整风的思想动员。

毛泽东毫不讳言党内存在的问题，"党内缺乏调查研究客观实际状况的浓厚空气，'闭塞眼睛抓麻雀'、'瞎子摸鱼'，粗枝大叶，夸夸其谈，满足于一知半解。"而在历史研究方面，"许多马克思列宁主义的学者也是言必称希腊，对于自己的祖宗，则对不住，忘记了。"他将理论与实际的关系用箭与靶来作比，称脱离实际的理论学习为"无的放矢"，由此引发了一系列大讨论。

1942年2月1日，毛泽东在中央党校开学典礼上作了《整顿学风党风文风》的报告。收入《毛泽东选集》时更名为《整顿党的作风》，对培育我党理论联系实际、密切联系群众、批评和自我批评的三大优良作风起到重要作用。七天后，毛泽东在延安干部会上发表了《反对党八股》的演说。

---

① 《建党以来重要文献选编（1921—1949）》第十二册，北京：中央文献出版社，2011年版，第549页。

② 《建党以来重要文献选编（1921—1949）》第十五册，北京：中央文献出版社，2011年版，第651页。

这次演说之后，一些党政机关把学习的重点放在自查本单位的文件、指示、会议、文章等，看有无党八股残留。许多单位还检查领导接待群众是否打"官腔"，领导学习和讲话是否交给秘书或他人办理。还有的单位检查发出的公文是否空话连篇等。这些举措，有力推动了整风的深入进行。

由此，延安整风的三项主要内容全部浮出水面——反对主观主义以整顿学风、反对宗派主义以整顿党风、反对党八股以整顿文风。

毛泽东认为，对干部存在的问题要慎之又慎，要教育和挽救干部，只"整"思想，"治病救人"。"惩前毖后"和"治病救人"，顾名思义，要以科学的态度分析批判过去的错误，以便今后的工作不重蹈覆辙。揭发错误、批评缺点的目的，就如医生治病是为了救人，为了使犯错误的人变成好同志，这绝非痛快一时、乱打一顿就能奏效的。这既是延安整风的总体方针，也是之后党内教育一以贯之的原则。

据中央文献研究室主编的《毛泽东传》记录，毛泽东曾强调，要团结过去犯过错误的同志，建设一个统一的党。过去对犯错误的同志只是惩罚，这一次我们主要是弄清思想，总结经验教训。我们强调产生错误的社会原因，不强调个人责任。因此，组织结论作宽大些。

对于"治病救人"在延安整风中的运用，达到了使全党洗洗澡、治治病的目的，主要有五方面表现：一是不轻易进行组织处分，尽量团结多数人共同应对外部严峻的困难和强大的敌人。二是有自由批评的浓厚空气，负责同志随时接受干部和群众的监督与批评。三是给犯过错误的同志承认错误、改正错误的机会，让他们在工作中改正错误。四是开党的重要会议和起草重要文稿、文件时，请犯过错误的同志一道参加，而不是一掌推开。五是党的七大选举中央委员时，建议党代表加强团结，也要选举犯过错误并承认错误、改正错误的同志。

延安整风的一大亮点，就是实行开门整风。在广大群众的监督评议下，很多单位和领导干部改正和化解了工作中一些缺点和矛盾，保持了党同群众的血肉联系。

整风期间，一些单位的整风检查委员会的成员里，除了领导外，还选举若干干部群众参加。1943年，《关于继续开展整风运动的决定》中号召全党"必须极大地提倡民主，公开号召参加整风的一切同志大胆说话，互相批评，提倡各学习单位出墙报写文章，批评领导，批评工作"。

据《陈云文选》记载："延安整风时期，毛泽东同志首先集中了几十个高级干部开了几个月的整风会议，大家面对面地指名道姓，进行批评和自我批评，认真总结建党以来的经验教训。"

在总结历史经验阶段，高级干部的批评和自我批评尤为深入。1941年9月，在中央政治局整风会议上，博古等曾经在历史上犯过错误的负责同志，都在会上进行了沉痛检讨。

博古说，"遵义会议"前不仅是军事上的错误，要揭发过去的错误，必须从思想方法上、从整个路线上来检讨。我过去只学了一些理论，拿了一些公式教条来反对人家，是"洋教条反对土教条"。

随后，张闻天更是亲赴农村，以实际行动"补课"。1942年1月，他率领延安农村工作调查团，对陕北神府、绥德、米脂、子洲和晋西北的兴县进行了调查。历时一年两个月，完成了经典调研报告《出发归来记》，为中央决策提供了宝贵建议。

1942年3月19日，在中央政治局扩大会议上，毛泽东指出，我党必须实行公开的自我批评，不怕家丑外扬，隐藏是不能教育党员的。今后凡重要问题都要召集大的会议，征求同志们的意见。中央要听同志们的意见，党要听党外人士的意见。党员只是1%，我们要听99%人士的意见。共产党的作用，就是要集中人民的意见，作出决议，并坚持下去。

1943年中央政治局整风会议上，周恩来的自我批评极为深刻。他用半个月时间，写了5万多字的学习笔记，并作了五天的发言，对自己各时期的工作进行了深刻反思，他的发言是中央两次整风会议中讲得最细、时间最长的。这些细节，都体现了共产党人的党性修养和磊落情怀。

经过普遍的马克思列宁主义理论教育，党内存在的各种错误思想特别是主观主义和教条主义的思想得到了纠正，全党的马克思主义理论水平得到了提高。

第一，学风革命，马克思列宁主义的学习和正确方法是党在思想上进行自我革命的前提。一是明确学风革命的目的：以马克思列宁主义的观点方法改造主观主义的观点方法。毛泽东在《改造我们的学习》的报告中指出，在党的学习和研究工作中存在着"忽视现实和历史以及对马克思列宁主义僵化认识"①的问题,要改造"全党的学习方法和学习制度",以"马克思列宁主义的态度"取代"主观主义的态度"。二是明确学风革命的内容:马克思列宁主义基本原理和方法,中国的历史和中国革命的现状。1941年9月,以毛泽东为组长、王稼祥为副组长的中央组要求中央研究组和高级研究组学习六大以来党的重要文件、列宁《共产主义运动中的"左派"幼稚病》、艾思奇《新哲学大纲》、李达《辩证唯物论教程》、河上肇《经济学大纲》;1941年11月,又新增了季米特洛夫在共产国际七次大会上的报告;1942年4月,中宣部又规定了22个整风运动的必读文件。三是探索了一系列推进学风革命的具体路径:在高级干部中成立研究小组,组织学习整风文件,取得一定效果后再在全党展开;根据文化水平、工作经验等将干部分类,针对性地设计学习方向和学习计划;重视学风革命的一体推进,将包括军队干部在内的所有党员干部都纳入学风革命的体系中来。

第二,党风革命,遏制宗派主义倾向是党在思想上进行自我革命的保障。宗派主义现象在党内早已有之,1941年党中央印发的《关于增强党性的决定》中就列举了政治上自由行动、组织上自成系统、思想上个人主义等宗派主义的各种表现。但由于当时党内对之前"左"的错误认识不够,没有形成一致意见,因此只能从增强党性的角度谈解决宗派问题。整风运动过程中,毛泽东在《整顿党的作风》中揭示了党内宗派主义思想的各种表现和原因所在,明确了反对宗派主义的目标和任务:一是反对"在党内闹独立"的宗派主义现象;二是反对干部关系方面的宗派主义残余。整风运动过程中,全党上下系统地学习了整顿"三风"的文件,开展了一系列反对宗派主义的运动,"批评与自我批评"的工作方针得到充分贯彻,宗派主义倾向得到遏制,宗派主义思想的弊病得到祛除,为党进行组织革命提供了思想保障。

第三,文风革命,肃清"党八股"的遗毒是党在思想上进行自我革命的关键。党八股作为主观主义和宗派主义的表现形式,"如果不除去……真正的马克思主义就不能得到广泛的传播和发展"。②

---

① 中共中央文献研究室、中央档案馆:《建党以来重要文献选编》第十九册,北京:中央文献出版社,2022年版,第797页。

② 中共中央文献研究室、中央档案馆:《建党以来重要文献选编》第十九册,北京:中央文献出版社,2021年版,第68页。

延安整风时期，毛泽东多次在讲话和文章中指出要肃清党八股的遗毒，在《反对党八股》中，他列举了党八股的八条罪状，向全党提出"必须抛弃党八股，采取生动活泼新鲜有力的马克思列宁主义的文风"的要求。在党中央的指示下，干部、党员广泛地开展了改善文风的运动，各单位、各党员先开展自我检查，再相互交流，查找和解决自身工作中存在的党八股问题，逐步形成了马克思列宁主义的文风。

1945年4月，党的六届七中全会通过《关于若干历史问题的决议》，对建党以后特别是党的六届四中全会至遵义会议前党的历史经验教训进行了实事求是的总结，运用马克思列宁主义基本原理解决中国实际问题的思想自觉进一步增强。延安整风克服了长期盛行的把马克思主义教条化、把共产国际指示神圣化和绝对化的错误倾向，推动全党在思想上政治上组织上达到了空前团结与统一，为夺取抗日战争及中国革命的最终胜利奠定了坚实的基础。

在延安整风打下的坚实基础上，党的七大把马克思主义基本原理同中国革命具体实际相结合的重要理论成果——毛泽东思想确立为全党的指导思想，马克思主义理论在中国有了重大创新和发展。也是在党的七大上，刘少奇概括总结了"毛泽东同志的建党路线"，①即"首先着重在思想上、政治上进行建设，同时也在组织上进行建设"②的建党路线，使中国共产党即使在工人成分还不占大多数时，"也能够建成并已经建成一个工人阶级的马克思列宁主义政党"。③经过中国共产党人的实践探索和理论总结，从思想上建党、从理论上教育全党的格局得以建立。

二

新中国成立后，中国共产党成为执政党，党内成员的思想意识也随之发生了变化，党的建设面临许多新情况、新问题。

新中国成立前夕，毛泽东就在党的七届二中全会上告诫全党："务必使同志们继续地保持谦虚、谨慎、不骄、不躁的作风，务必使同志们继续地保持艰苦奋斗的作风"，④要求广大党员干部要经得

---

① 《刘少奇选集》上卷，北京：人民出版社，1981年版，第329页。
② 《刘少奇选集》上卷，北京：人民出版社，1981年版，第330页。
③ 《刘少奇选集》上卷，北京：人民出版社，1981年版，第330—331页。
④ 《毛泽东选集》第四卷，北京：人民出版社，1991年版，第1438—1439页。

起执政的考验。这个时期,党员数量迅速增加,新党员思想作风不纯、老党员居功自傲,官僚主义、命令主义等问题突出。

在此背景下,1950年5月,党中央发出《关于在全党全军开展整风运动的指示》,要求严格整顿全党的作风。1951年,《中国共产党第一次全国组织工作会议关于整顿党的基层组织的决议》要求对全体党员进行共产党员标准八项条件教育,强调这是"每个共产党员所应该和必须具有的条件",①提出为克服"党在组织上和思想上的不纯洁的现象……党必须认真地、谨慎地'对于我们党的组织有计划、有准备、有领导地进行一次普遍的整理'"。②这次整党还和"三反"运动结合起来,查处了刘青山、张子善等贪污典型案件,给全党上了一次生动的、影响深远的廉政教育课。

1951年5月,中国共产党召开第一次全国宣传工作会议,提出"用马列主义的思想原则在全国范围内和全体规模上教育人民,是我们党的一项最基本的政治任务",③根据党中央的要求,报纸、出版社、广播、电影、学校及其他文化教育机构,开始向社会各界人民群众大力宣传马克思列宁主义、毛泽东思想和中国共产党的各项主张。之后,《毛泽东选集》第一至第三卷出版发行,在党员、干部、知识分子和社会各界人民群众中形成了理论学习热潮,提高了党员的马克思主义理论水准、促进了人民群众思想转变。也是在这个时期,以毛泽东同志为主要代表的中国共产党人提出了关于社会主义建设的一系列重要思想,推动了马克思列宁主义基本原理同中国具体实际的"第二次结合",为中国共产党探索和发展中国特色社会主义及面向全党的创新理论武装奠定了重要的思想基础。

"文化大革命"结束以后,党和国家面临何去何从的重大历史关头。1977年2月7日,经华国锋批准,"两报一刊"联合发表社论《学好文件抓好纲》。"两报一刊"是《人民日报》《解放军报》《红旗》杂志,这三家报刊的联合社论是当时最高宣传权威。此次发表的社论提出这样一个号召:"凡是毛主席作出的决策,我们都坚决维护;凡是毛主席的指示,我们都始终不渝地遵循。"这就是

---

① 《建国以来重要文献选编》第二册,北京:中央文献出版社,2011年版,第188页。

② 《建国以来重要文献选编》第二册,北京:中央文献出版社,2011年版,第185—186页。

③ 《刘少奇选集》下卷,北京:中共党史出版社,2011年版,第147页。

"两个凡是"。

针对"两个凡是",有一篇非常重要的文章,即《实践是检验真理的唯一标准》。1978年5月11日,《光明日报》以特约评论员署名发表《实践是检验真理的唯一标准》。新华社于当天转发了这篇文章的全文,《人民日报》《解放军报》也于5月12日转发了这篇文章。文章发表后,引起了各方关注,成了全国性的真理标准问题大讨论的导火索。

这篇重要文章的原作者是南京大学哲学系教师胡福明,后经过多人多次修改,最后由主持中央党校工作的胡耀邦审定,5月10日先在中央党校《理论动态》第60期全文发表,5月11日在《光明日报》以特约评论员文章发表。文章提出,实践不仅是检验真理的标准,而且是唯一标准。

许多干部群众和理论工作者都赞成文章的观点,并要求按"实践标准"去处理大量历史遗留问题。但也有一些人不赞成或不接受文章的观点,而坚持"两个凡是"错误观点的人更是立即出来加以反对,并施加很大压力。有的说新华社转发此文是错误的,"新华社和《人民日报》犯了错误"。有的批评这篇文章"理论上是荒谬的,思想上是反动的,政治上是砍旗帜的"。有的甚至批评《人民日报》很"不慎重",要求中宣部把好关。

来自"两个凡是"派的指责,使胡耀邦等人面临着巨大的政治压力。随高压而来的是理论界一片鸦雀无声。这样下去,真理标准问题的讨论就会面临夭折的危险。

此时,邓小平对《实践是检验真理的唯一标准》一文,给予了坚决有力的支持。

1978年5月19日,邓小平在接见中央文化部核心领导小组负责人时明确表示:"文章符合马克思列宁主义嘛,扳不倒嘛!"在中央高层领导中,邓小平最早站出来明确表态。

为"纠正'文化大革命'的错误,彻底扭转十年内乱造成的严重局面",①1978年6月2日,邓小平在全军政治工作会议上发表讲

---

① 《中国共产党简史》,北京:人民出版社、中共党史出版社,2021年版,第217页。

话,明确号召"拨乱反正,打破精神枷锁,使我们的思想来个大解放"。①一场关于真理标准的大讨论在全党全社会展开,成为正本清源、拨乱反正和改革开放的思想先导。

1978年11月10日至12月15日,中央召开工作会议。会上,围绕真理标准讨论问题,又展开了长时间激烈交锋。结果是,"实践标准"获得肯定。邓小平在会议闭幕式上作了《解放思想,实事求是,团结一致向前看》的重要讲话。他说,不打破思想僵化,不大大解放干部和群众的思想,四个现代化就没有希望。

1978年12月18日至22日,党的十一届三中全会召开。其最重要的贡献,就是把党的工作重点转移到现代化建设上来,抛弃了"以阶级斗争为纲"的错误方针。十一届三中全会公报提出,对经济管理体制要着手认真改革,这是在中央全会上第一次提出"改革"这个词;公报还提出要努力采用各国先进技术经验,这就是"开放"。三中全会还重新确立了解放思想、实事求是的思想路线。

关于真理标准问题的讨论,是继"五四运动"、延安整风运动之后的又一次思想解放运动。它打破了过去盛行的个人迷信和教条主义的精神枷锁,为大规模进行拨乱反正奠定了思想理论基础。

邓小平指出:"只有解放思想,坚持实事求是,一切从实际出发,理论联系实际,我们的社会主义现代化建设才能顺利进行,我们党的马列主义、毛泽东思想的理论也才能顺利发展。从这个意义上说,关于真理标准问题的争论,的确是个思想路线问题,是个政治问题,是个关系到党和国家的前途和命运的问题。"②

邓小平还指出,"什么叫毛泽东思想?毛泽东思想就是把马列主义普遍真理同中国的具体实践相结合,根据中国的实际,运用马列主义原理,寻求自己革命的道路,包括方式。毛泽东同志最伟大的功绩就是这一条"。③为此,他针对"两个凡是"提出按照毛泽东思想的本来面貌对待毛泽东思想。"毛主席从来就提倡把马列主义的真理同中国革命的具体实践相结合,不是照抄照搬某句话。毛主席历来反对本本主义。我们对待毛泽东思想也是一

---

① 《邓小平文选》第二卷,北京:人民出版社,1994年版,第119页。
② 《邓小平文选》第二卷,北京:人民出版社,1994年版,第143页。
③ 《邓小平思想年谱》,北京:中央文献出版社,1998年版,第174—175页。

样。"①邓小平在回答"什么是马克思主义"特别是"什么是毛泽东思想"时,突出反对了"两个凡是"的新本本主义。

党的十一届三中全会以后,中国共产党人提出了"中国特色社会主义"的重大命题,对经济文化相对落后的国家"什么是社会主义、怎样建设社会主义"这个时代课题作出了重大理论回应,创立了邓小平理论;根据新的变化要求不断创新发展,加深对什么是社会主义、怎样建设社会主义和建设什么样的党、怎样建设党的认识,形成"三个代表"重要思想;在全面建成小康社会进程中推进实践创新、理论创新、制度创新,深刻认识和回答了新形势下实现什么样的发展、怎样发展等重大问题,形成了科学发展观,形成中国特色社会主义理论体系,实现马克思主义中国化新的飞跃。

三

党的十八大以来,中国特色社会主义进入新时代。面对党的建设一度宽松软所带来的突出问题,特别是党员在理想信念、政治定力等方面存在的严重问题,以习近平同志为核心的党中央以作风建设为切入点,在纵深推进全面从严治党中突出强调党员干部对理想信念的坚定,对初心使命的坚守和践行。

2013年开始,党中央面向全党先后开展了以"为民、务实、清廉"为主要内容的党的群众路线教育实践活动,2015年开展"三严三实"专题教育,2016年开展"学党章党规、学系列讲话,做合格党员"的"两学一做"学习教育,2019年自上而下分两批开展"不忘初心、牢记使命"主题教育,2021年开展党史学习教育,等等。每一次教育都采取学习理论、听取意见、查摆问题、开展批评、整改落实、建章立制等环节步骤,形成"学""做""改"环环相扣的党内集中教育新路径。

习近平总书记多次深刻阐述理论武装的重要意义,并强调"要炼就'金刚不坏之身',必须用科学理论武装头脑,不断培植我们的精神家园"。②伴随中国特色社会主义进入新时代,中国处在一个重大的历史节点上,"两个大局"的紧密交织,迫切要求中

---

①《邓小平思想年谱》,北京:中央文献出版社,1998年版,第96页。
② 习近平:《坚持用马克思主义及其中国化创新理论武装全党》,《求是》,2021年第22期。

国共产党人思考和回答"新时代坚持和发展什么样的中国特色社会主义、怎样坚持和发展中国特色社会主义，建设什么样的社会主义现代化强国、怎样建设社会主义现代化强国，建设什么样的长期执政的马克思主义政党、怎样建设长期执政的马克思主义政党"①的时代课题。以习近平同志为核心的党中央把马克思主义基本原理同中国具体实际相结合、同中华优秀传统文化相结合，对时代课题作出一系列理论回应，创立了习近平新时代中国特色社会主义思想。

习近平新时代中国特色社会主义思想，既包含党治国理政的一系列新理念新思想新战略，也贯穿着中国共产党人的理想信念、政治品格、价值追求、精神境界、作风操守等加强党性锻炼的一系列要求。

持续推进实践基础上的理论创新，并用党的创新理论武装全党，是对中国共产党百余年思想理论建设的历史总结，也是对中国共产党自身建设特色优势的更加完整的概括，更是对马克思主义政党建设规律的科学揭示。

当前，有的党员、干部理论学习主动性不强、积极性不高、兴趣不浓，"小和尚念经——有口无心"，对待学习走形式装样子；有的学习不系统不深入，蜻蜓点水，满足于一知半解、浅尝辄止，知其言不知其义，知其然不知其所以然，全面学、深入学、学深悟透短板明显；有的学风不正，学用脱节，学一套做一套，不能有效地把理论学习与实际工作紧密结合起来，不善于把学习成果转化为增强党性和推动工作的实效，学用"两张皮"。

历史和现实表明，理论学习不深入不彻底，思想统一就没有基础，行动统一更无从谈起，党的团结统一就会受到影响。面对前进道路上的严峻风险挑战，必须把进一步加强党的创新理论武装作为重中之重，做到心往一处想、劲往一处使，把党锻造成一块攻无不克、战无不胜的坚硬钢铁。

面对复杂形势和艰巨任务，面对前所未有的风险挑战，要赢得优势、赢得主动、赢得未来，必须不断提高运用马克思主义分析和解决实际问题的能力，不断提高运用习近平新时代中国特色社会主

---

①《中共中央关于党的百年奋斗重大成就和历史经验的决议》，北京：人民出版社，2021年版，第25—26页。

义思想指导我们应对重大挑战、抵御重大风险、克服重大阻力、化解重大矛盾、解决重大问题的能力，以更宽广的视野、更长远的眼光来思考把握未来发展面临的一系列重大问题，在经风雨、见世面中长才干、壮筋骨，练就担当作为的硬脊梁、铁肩膀、真本事。

作为百年大党，只要坚持用党的基本理论武装全党，使党的全部工作更好体现时代性、把握规律性、富于创造性，实现全党思想意志行动的统一，中国共产党就一定能够始终得到人民拥护和支持，团结带领人民创造中华民族千秋伟业。

第二章

坚持党在中国式现代化建设中的领导地位

📔 考 题

为什么要强调中国共产党在中国式现代化建设中的领导地位？

📖 习近平总书记指出

党的二十大报告明确指出："中国式现代化是中国共产党领导的社会主义现代化。"这是对中国式现代化定性的话，是管总、管根本的。为什么要强调党在中国式现代化建设中的领导地位？这是因为，党的领导直接关系中国式现代化的根本方向、前途命运、最终成败。

——2023年2月7日，在新进中央委员会的委员、候补委员和省部级主要领导干部学习贯彻习近平新时代中国特色社会主义思想和党的二十大精神研讨班上的讲话在欧美世界中，"现代"（Modern）一词不仅泛指从中世纪结束以来一直延续到今天的一个"长时程"，也含有革新、发展、进步的价值意涵，专指不同于中世纪的精神与特征。①随着工业革命等一系列变革所带来的新的生活方式、生产方式和思维方式，不断猛烈地冲击和改变着人类社会的原有形态，"现代化"（Modernization）一词应运而生，被用来描述这一异常迅猛的变化过程，即成为现代的、适应现代需要之意。

现代化是近现代中国所面临的最大时代课题。而且也只有到了近代，这一课题才具有特别突出而紧迫的意义，因为现代化首先是一个时代性概念。由于中国所面临的现代化课题从一开始就是与全球化即西方资本主义的全球性扩张联系在一起的，所以如何处理现代化与西方化的关系，始终是一个充满着矛盾的复杂问题。经过一百多年为现代化而持续探索和奋斗的过程，中国已经走过了"向西方学习"的阶段，开启了独立探索"中国式现代化"的新阶段。

党的二十大报告进一步明确："从现在起，中国共产党的中心任务就是团结带领全国各族人民全面建成社会主义现代化强国、实现第二个百年奋斗目标，以中国式现代化全面推进中华民族伟大复兴。"②

一、从大历史观深刻把握中国式现代化

中国式现代化是"走自己的路"，坚持和发展中国特色社会主义的现代化。探索和阐释中国式现代化新道路，要以"历史转变为世界历史"的"大历史观"为出发点，从实现"中华民族伟大复兴"的历史使命和现实基础看中国式现代化，从建设"中国特色社会主义"的创新实践和理论创造看中国式现代化，从创造"人类文明新形态"的世界意义和人类未来看中国式现代化。

---

① 罗荣渠：《现代化新论》，北京：北京大学出版社，1993年版，第5—6页。
② 习近平：《高举中国特色社会主义伟大旗帜　为全面建设社会主义现代化国家而团结奋斗：在中国共产党第二十次全国代表大会上的报告》，北京：人民出版社，2022年版，第21页。

一

现代化这种变革是世界发展的历史潮流,是世界各国发展普遍面临的任务。正如马克思、恩格斯在《共产党宣言》中所描述的:"资产阶级在它不到一百年的阶级统治中所创造的生产力,比过去一切世代创造的全部生产力还要多,还要大。""资产阶级由于开拓了世界市场,使一切国家的生产和消费都成为世界性的了。""过去那种地方和民族的自给自足和闭关自守状态,被各民族的各方面的互相往来和各方面的互相依赖所代替了。""它迫使一切民族——如果它们不想灭亡的话——采用资产阶级的生活方式;它迫使它们自己那里推行所谓的文明,即变成资产者。一句话,它按照自己的面貌为自己创造出一个世界。""它使未开化和半开化的国家从属于文明的国家,使农民的民族从属于资产阶级的民族,使东方从属于西方。"①

当资本主义现代化迅速发展并向海外扩张时,我国明、清王朝的统治者仍闭关自守、做"天朝王国"的美梦。

1840年鸦片战争战败后,由于西方列强的侵略掠夺和封建统治的腐败落后,中国逐步沦为半殖民地半封建社会,"国家蒙辱、人民蒙难、文明蒙尘,中华民族遭受了前所未有的劫难"。②为摆脱任人宰割的悲惨命运和寻求破解民族危亡之策,我国社会各阶层纷纷登上历史舞台,前赴后继地探索以实现国家现代化为最终目标的各种救国方案。

晚清以来现代化意识的发端萌芽——以林则徐、魏源为代表的封建地主阶级开明派的相关思想。1840年鸦片战争的惨败,使林则徐、魏源等人开始认真思考避免国家走向落后衰败的方法,其探索成果主要有迈出主动了解西方的第一步、提出"师夷之长技以制夷"的思想、形成向西方学习的具体主张等。

1861年1月11日,圆明园被烧之后一病不起的咸丰帝,在他所剩不多的时日里作出了一道重要的批示,批准了恭亲王奕訢会同军机大臣桂良、文祥上奏的《通筹夷务全局酌拟章程六条折》,总

---

① 《马克思恩格斯选集》第一卷,北京:人民出版社,2012年版,第404—405页。
② 《中共中央关于党的百年奋斗重大成就和历史经验的决议》,北京:人民出版社,2021年版,第1页。

理衙门设立,"师夷之长技以制夷"的洋务运动由此开端。

"师夷之长技以制夷",是整个洋务运动一以贯之的最重要思想。而这个思想,第一次鸦片战争后林则徐、魏源就已提出,却直到第二次鸦片战争之后才得以实施。

鸦片战争中,林则徐根据敌我军力和武备优劣之势,提出以守海口为主的近岸防御思想。他主张"以守为战,以逸待劳,固守藩篱,使之坐困"的海防战略。"若令师船整队而出,远赴外洋,并力严驱,非不足以操胜算。第洪涛巨浪,风信靡常,即使将夷船尽数击沉,亦只寻常之事,而师船既经远涉,不能顷刻收回,设有一二疏虞,转为不值,仍不如以守为攻,以逸待劳之百无失也。""此时不值与之海上交锋,而第固守藩篱,亦足使之坐困也。"① 林则徐建议清廷从长计议,着手海军建设:"船炮水军断非可已之事,即使逆夷逃归海外,此时亦不可不亟为筹划,以为海疆久远之谋。"② 然而,这些建议并没有引起清廷的重视,甚至招致批评。

林则徐与略晚的魏源,皆认识到西方列强之优势在于船坚炮利,因此,船炮力量与先进装备成为中国海防之必需。魏源还将林则徐"制炮必求极利,造船必求极坚"的构想,升华为"师夷之长技以制夷"的思想,强调"善师四夷者,能制四夷;不善师外夷者,外夷制之"。③

魏源是中国近代史上杰出的爱国主义思想家、地理学家、文学家,更是近代中国最早"睁眼看世界"的先进知识分子之一。湖湘文化"经世致用"的实用主义精神对魏源"师夷之长技以制夷"思想的形成影响十分明显。

面对晚清深重的社会危机、民族危机以及近在眼前的鸦片战争的失败,以魏源为代表的一批中国人开始从"天朝大国""夏夷之辨"的心态中觉醒,积极寻求中国"救亡图存"的良策,进而提出了"师夷之长技以制夷"的先进思想。

"师夷之长技以制夷"的主要观点和内容涉及方方面面,主要包含主张学习西方先进的军事技术并改革兵制,开展正常的对外贸易、兴办实业以及对西方采取宽容开放、兼收并蓄的态度等内容。

---

① 林则徐:《林则徐集·奏稿》,北京:中华书局,1963年版,第762、884页。
② 杨国桢:《林则徐书简》,福州:福建人民出版社,1985年版,第182页。
③ 魏源:《海国图志》,李巨澜评注,郑州:中州古籍出版社,1999年版,第267页。

这应该是近代中国最具远见卓识的救国思想之一，开创了近代倡导改革、引进西方器物和思想的新风尚，成了近代中国向西方学习进程中的思想先导和近代中国社会变革的先声。

遗憾的是，由于统治势力的墨守成规，尤其是封建统治势力中的顽固派把西方先进的工艺技术一概称之为"奇技淫巧"的无知，使得魏源"师夷之长技以制夷"的先进思想未能得到晚清腐朽统治势力的肯定。

带有资本主义色彩的现代化建设方案的提出——以洪秀全、洪仁玕为代表的农民阶级的相关思想。曾游历于境外的洪仁玕于太平天国运动后期写下的《资政新篇》，集中反映了其在封建制度框架内发展资本主义的政治主张。

如果说到太平天国运动，不能不提及洪仁玕（1822—1864）。因为他是洪秀全1843年创立拜上帝会最先的信徒之一。尤其是到了这个运动的晚期，洪仁玕总理天国政务，所起的作用更大，《资政新篇》更是为这一农民起义留下了难能可贵的一笔精神财富。

纵观洪仁玕的思想观念，远甚于天国芸芸众生，甚至比天王洪秀全还高出一等。1858年6月，洪仁玕从香港出发，路经广东、江西、安徽，于翌年4月辗转抵达天京。洪秀全即刻晤面，颇为欣赏洪仁玕所学的西方文化，不到一个月即封其为干王，晋位军师，总管天国朝政。

洪仁玕随即根据他在香港、上海等地多年所见所学，撰写了《资政新篇》一书，作为太平天国长远发展的资政纲领。洪秀全对《资政新篇》逐条审批，然后作为太平天国的官书颁发。

《资政新篇》强调"事有常变，理有穷通"，应因时制宜，审势而行，"法西洋之善法，变风气之法度"，与"西人并雄"。全书的主要内容是：政治上主张加强中央统一领导，发扬"公议"，办报纸以传递讯息、监督政府；经济上主张筑铁路、建银行、办实业、开矿山；文化上主张兴医院、办学校、改进文风；法律上主张"慎杀"，善待轻罪，建立保护人身的司法制度；外交上主张取消藩属制，向西方国家开放，各国平等往来；等等。洪仁玕企图在农民革命基础上建立资本主义制度，具有进步意义，涂饰了现代文明的鲜明色彩。连曾国藩幕僚赵烈文也惊呼："此文颇有见识，于夷情为谙熟，以此量之，似贼中不为无人也。"

《资政新篇》所列的改革构想，具有时代的超前性，不仅超越了魏源的《海国图志》，连日后那些只主张学习西方技术、不主张借鉴西方制度的洋务派也自叹不如，甚至维新派也相较逊色。遗憾的是，由于当时中国缺乏实现这一纲领的社会条件和阶级基础，加上太平天国晚期仍然处在紧张激烈的战争环境中，所以这些革新举措根本无暇顾及，也难以逐一实施，《资政新篇》堪称一纸空文。

近代以来现代化建设的初步实践——以曾国藩、李鸿章为代表的封建地主阶级洋务派的相关思想。在太平天国运动和西方列强入侵的内外交困中，洋务派从真正意义上开始将"师夷"付诸实践，不仅提出"中学为体，西学为用"的现代化思路，还试图通过建立现代工业体系来"自强、求富"。此外，他们还积极推动教育、科技、外交现代化，从诸多方面迈出了现代化实践的第一步。

在1840年的中英鸦片战争中，素来不为大清帝国正视的"英夷"击败了清军，并迫使清政府签订了丧权辱国的《南京条约》。鸦片战争的惨败和城下求和的耻辱，极大地震撼着"天朝上国"的有识之士。

这样，在十九世纪六十年代，"师夷之长技以制夷"成为朝野有识之士的共同呼声；"制器"、办"洋务"成为一种时代的潮流。经过鸦片战后20年的酝酿，1861年年初，恭亲王奕䜣等人上奏清政府，成立了总理各国事务衙门。一场寻求自强的洋务运动悄悄拉开了序幕。

在曾国藩、李鸿章等洋务派官僚主持下，开始译洋书、兴洋学、建工厂、筑铁路、开矿山、炼钢铁，这是一场在继承中国封建官办工业传统基础上开始的、从重工业起步的近代工业化道路。正是在洋务派主持下，洋务运动逐渐推进。中国拥有了第一批机器生产的兵工厂、造船厂、纺织厂、钢铁厂和煤矿、铁矿场，创办了第一家轮船公司，铺设了第一条铁路，架设了第一条电线，建立了第一支海军舰队，开设了第一批外语、科技学校，派遣了第一批留美、留欧学生，翻译了第一批科技书籍，出现了中国近代第一代科技人才，造就了中国第一代产业工人，并通过"官督商办"和"官商合办"等形式,产生了第一批从地主、官僚、买办商人转化来的近代民族资产阶级。"自强""求富"的洋务运动,为中国近代资本主义的产生和发展提供了必要条件,使中国开始自觉地向世界资本主义轨道上靠拢,启动了中国早期近代化。

按照洋务派"中学为体,西学为用"的指导方针,办洋务必须以恪守封建统治的传统模式为前提,其宗旨是维护和巩固封建专制统治。

从中国现代化的总体格局看,洋务运动理应承担的历史任务是在中国前现代社会中引入并聚合现代性因素,实现现代化的最初启动。如果仅仅赋予它这样的历史使命,应该承认,洋务运动大体完成了自己的使命。然而,人们并非仅仅赋予它如此简单的历史使命,而是期望它能够使中国一跃成为现代化的国家。从这方面看,洋务运动又远未完成其历史使命,反而使古老的民族又失去了一次经济腾飞的机会。

《辛丑条约》签订后为挽救统治危机而进行的现代化改革——以慈禧为代表的封建地主阶级保守派推行的清末新政。1900年,八国联军侵华战争后,封建地主阶级保守派也被迫走上通过改革来尝试挽救统治危机的道路。

清末新政是从清光绪二十七年(1901)清廷下诏宣布变法到清宣统三年(1911)清廷覆亡前夕这段历史时期里,清政府在迭经内忧外侮之后所推进的一场以自救为根本目的的社会变革运动。这场变革运动的前期主要从行政制度、经济、军事、教育、司法等方面着手,力图一改积贫积弱的困境。日俄战争之后,苦于新政"实效未彰",危局日益加深,乃谋求政治体制的变革,酝酿采取君主立宪体制以期"满洲朝基永久确固"。①但还没等清廷实现其目标,历史潮流已经席卷清王朝而去,清末新政也告别历史舞台。

清末新政彻底失败了,从国家角度而言,也没有改变积贫积弱的局面。但其作为一场深层次的全面的现代化运动,仍旧留下了诸多可资借鉴之处。

---

① 夏新华、胡旭晟:《近代中国宪政历程:史料荟萃》,北京:中国政法大学出版社,2004年版,第37页。

触及封建政体的现代化改革思想——以康有为、梁启超为代表的资产阶级维新派的相关主张。1894年，甲午战争的失败使中国知识分子认识到"祖宗之法不可变"的思想已不合时宜，因此以康有为、梁启超等为代表的资产阶级维新派掀起了触及封建政体的现代化改革，由于改革的激进性使其遭到封建保守势力的强烈抵制，最终不可避免地走向失败。

"有心杀贼，无力回天，死得其所，快哉！快哉！"1898年9月28日，谭嗣同、康广仁、林旭、杨深秀、杨锐、刘光第6人在北京菜市口慷慨赴死，史称戊戌六君子。持续103天的戊戌变法宣告失败。

一百多年前的那个变革与保守并存的时代，甲午之殇，中日签订《马关条约》，西方列强侵略之下，中国被一块块分割为列强的"势力范围"，以康有为、梁启超为代表的维新党人寻找救国救民道路。

1895年，康、梁发起的公车上书失败后，维新派积极进行宣传和组织活动，著书立说，介绍外国变法经验教训，在各地创办了许多报刊、学会、学堂，为变法制造舆论，培养人才。维新变法运动逐渐在全国兴起。

1897年冬，德国出兵强占胶州湾，激起全国愤慨，维新变法运动迅速高涨。康有为连续上书光绪帝，指出形势迫在眉睫，变法势在必行。1898年1月29日，康有为上《应诏统筹全局折》（第六次上书），请求光绪皇帝厉行变法，指出"能变则全，不变则亡，全变则强，小变仍亡"。康有为的上书受到光绪帝的肯定。

1898年4月，康有为、梁启超在北京发起成立保国会。6月11日，光绪帝颁布了"明定国是"诏书，变法正式开始，到9月21日慈禧太后发动政变，共103天，史称"百日维新"。康有为、梁启超、谭嗣同等维新派人士寄希望于通过光绪帝倡导学习西方，提倡科学文化，改革政治、教育制度，发展农、工、商业。但以慈禧太后为首的顽固派从一开始就百般阻挠变法。9月21日，慈禧太后发动政变，囚禁光绪帝，重新"训政"，继而大肆捉拿维新派。康有为已于政变前一日离开北京到上海，并在英国人的保护下逃到香港。梁启超则在日本人的掩护下从天津逃亡日本。9月28日，谭嗣同、杨锐、林旭、刘光第、康广仁、杨深秀等六人被杀。其他维新派人士和参与新政及倾向变法的官员，或被囚禁，或被罢黜，或被放逐。政变之后，除京师大学堂（北京大学前身）被保留下来，其余各种新政措施全被取消。

戊戌变法以悲剧性的失败告终，但是作为一次重要的政治变革，它被永远载入史册。戊戌六君子影响了一批又一批致力于中华民族伟大复兴的后来者。

近代以来，第一份现代化蓝图的绘制——以孙中山为代表的资产阶级革命派的相关思想。以孙中山为代表的资产阶级革命派不仅推翻了两千多年的封建帝制，还提出了近代以来中国现代化建设的第一份蓝图。

1918年6月，天气炎热，在上海莫利爱路29号寓所，孙中山在伏案疾书，他俨然成了书斋学者。

因约法被轻忽，孙中山发起"护法运动"，号召议员南下广州，组成非常国会。孙中山当选海陆军大元帅。但是，拥兵自重的西南军阀并不想俯首听命，甘为前驱，而是想要控制地盘，扩张势力，并通过改组军政府，架空孙中山。孙中山通电斥责，武人争雄，南北一丘之貉。回上海之前，孙中山愤然辞去了海陆军大元帅一职。

三民主义是一面大旗，这面旗帜的内涵必须充实，必须明了三民主义的理论基础与实施方略。经过近两年的撰述，孙中山最主要的大著《建国方略》（又名《孙文学说》）最终完成。

《建国方略》集中地体现了孙中山对中国工农业、交通等实现现代化的宏大设想。这部洋洋11万多字的纲领性著作，描绘了孙中山理想中建设新国家的六大计划。

《建国方略》的主要内容包括：修建10万英里的铁路，以五大铁路系统把中国的沿海、内地和边疆连接起来；修建遍布全国的公路网，修建100万英里的公路；开凿、整修全国的水道和运河，大力发展内河交通和水利、电力事业等。

在中国北部、中部及南部沿海各修建一个像纽约港那样的世界水平的大海港，是孙中山一生孜孜以求的一个大目标。孙中山在《建国方略之二——实业计划》中最早提出在"三峡建坝"的理想："当以水闸堰其水，使舟得以逆流而行，而又可资其水力。"这是中国人首次提出三峡水利开发的设想。

但是，孙中山构想其《建国方略》之时，正值中国内忧外患、人民贫病交加的历史低谷，基于当时的现实条件，几乎是不可能完成的任务。

1925年3月12日凌晨1时30分，孙中山弥留之际，不能连续讲话，只是断断续续地不断重复着"和平""奋斗""救中国"……3月12日9时30分，一代伟人孙中山因患肝癌医治无效，不幸在北京病逝。

实践证明，在旧中国保守僵化走回头路，或者照抄照搬西方，而不从根本上推翻帝国主义、封建主义的反动统治，创造有利于现代化的政治条件，都是不可能在中国成功实现现代化的。毛泽东在回顾和总结这一段中国人向西方学习的经历时说："自从一八四〇年鸦片战争失败那时起，先进的中国人，经过千辛万苦，向西方国家寻找真理。洪秀全、康有为、严复和孙中山，代表了在中国共产党出世以前向西方寻找真理的一派人物。那时，求进步的中国人，只要是西方的新道理，什么书也看。向日本、英国、美国、法国、德国派遣留学生之多，达到了惊人的程度。国内废科举，兴学校，好像雨后春笋，努力学习西方。我自己在青年时期，学的也是这些东西。这是西方资产阶级民主主义的文化，即所谓新学，包括那时的社会学说和自然科学，和中国封建主义的文化即所谓旧学是对立的。学了这些新学的人们，在很长的时期内产生了一种信心，认为这些很可以救中国，除了旧学派，新学派自己表示怀疑的很少。要救国，只有维新，要维新，只有学外国。那时的外国只有西方资本主义国家是进步的，它们成功地建设了资产阶级的现代国家。日本人向西方学习有成效，中国人也想向日本学。在那时的中国人看来，俄国是落后的，很少人想学俄国。这就是十九世纪四十年代至二十世纪初期中国人学外国的情形。"①

毛泽东还对此有过进一步生动的描述："自从1840年鸦片战争失败起，先进的中国人，经过千辛万苦，向西方国家寻找真理。""很奇怪，为什么先生老是侵略学生？中国人向西方学了不少，但是行不通，理想总是不能实现。""十月革命一声炮响，给我们送来了马克思列宁主义。十月革命帮助了全世界的也帮助了中国的先

---

①《毛泽东选集》第四卷，北京：人民出版社，1991年版，第1469—1470页。

进分子，用无产阶级的宇宙观作为观察国家命运的工具，重新考虑自己的问题。走俄国人的路——就是结论。"①

这也表明，作为现代化后起的中国，只能适应世界无产阶级革命新要求，将旧民主主义革命转变为新民主主义革命才有可能成功。正是顺应这一新趋势，我国爆发了彻底的反帝反封建的"五四命运动"，才开始了中国历史的新纪元，为中国共产党的成立做了思想理论和组织工作的准备。

二

作为以追求"德先生"（Democracy，民主）和"赛先生"（Science，科学）为主要内容的思想解放运动，五四在中国现代化进程中的意义就在于，它标志着中国人对西方现代文明的理解，已经达到了思想的深层结构。陈独秀明确提出："伦理的觉悟，为吾人最后觉悟之最后觉悟。"②这一时期中西文化比较所要解决的新问题是：高擎民主和科学旗帜，学习西方文化，批判封建文化，并在此基础上建构中国新文化。

广义的五四运动包括1915年兴起的新文化运动和1919年五六月的爱国群众运动两大内涵。

新文化运动肇始于陈独秀在1915年9月创办的《青年杂志》。陈独秀是激进的革命家，参加过辛亥革命活动，但辛亥革命的流产使他和那一代先进分子开始反思，要以宣传思想文化来弥补辛亥革命的缺陷。他以吹响思想启蒙号角为己任，高举民主与科学两面大旗，向传统的封建思想、文化、道德宣战。一年后，《青年杂志》更名为《新青年》。陈独秀、李大钊等主要撰稿人在《新青年》上发出了时代呐喊：要拥护"德先生"（民主），不得不反对旧礼教、旧政治；要拥护"赛先生"（科学），不得不反对旧思想、旧文化。以陈独秀为旗手的先进知识分子，以《新青年》为主要阵地，掀起了对封建主义旧思想、旧文化、旧礼教的猛烈批判运动。这个批判运动横扫封建愚昧的广度和鞭挞旧制度的深度，前所未有。

同初期新文化运动时期相比，发生在1919年5月4日的五四

---

① 《毛泽东选集》第四卷，北京：人民出版社，1991年版，第1469—1471页。
② 陈独秀：《吾人最后之觉悟》，《青年杂志》第一卷第6号，1916年2月。

爱国运动，其变化主要有三点：第一，初期新文化运动反对的矛头主要指向封建旧文化、旧礼教，而这时更突出的是一场反对西方列强强权政治、为民族谋复兴的伟大爱国运动。第二，初期新文化运动的活动层面主要是在人数毕竟有限的知识阶层中，活动方式主要是在刊物和报纸上展开的激烈论战，而后者却是规模空前、有成千上万各阶层群众投入的爱国群众运动，活动方式也更加激进得多。第三，五四运动后，马克思主义在中国先进分子中开始广泛传播。

这两个阶段又一脉相承，难以截然分开。前者对后者起了启蒙、觉醒作用。从某种意义上说，没有新文化运动就没有五四这样空前规模的爱国群众运动，也不可能形成独特的爱国、进步、民主、科学的五四精神。

五四的转折意义就在于，与新文化运动相伴随的是反帝反封建的爱国政治运动，中国工人阶级作为一支独立的政治力量登上了历史舞台，马克思主义开始在中国广泛传播，并且在二者相互结合的基础上诞生了中国共产党，中国历史开启了新方向。从此，中国的现代化就从旧式的现代化转变为一种新式的现代化，掀开了历史的新篇章。

五四运动的导火索是巴黎和会上中国外交的失败。1919年1月18日，第一次世界大战结束，中国作为战胜国之一，派出了陆征祥、顾维钧等5位代表参加在巴黎召开的会议。巴黎和会不顾中国提出的维护国家领土主权的三项提案，背信弃义，把德国在青岛及山东的特权，全部转让给日本。

5月初，巴黎和会上中国外交失败的消息传到国内，激起各界人士的强烈义愤。5月4日下午二时，北京大学、北京高等师范以及工业、农业、医学、政法等十几所专科以上学校的3000余名学生，高呼"还我青岛""取消21条""外争主权，内除国贼"等口号，冲破反动军警的阻挠，从四面八方会聚到天安门前，举行抗议集会，并火烧签订21条时的外交次长、卖国贼曹汝霖的家——赵家楼。一场震惊中外的反帝爱国运动在北京爆发！

反动军警当场逮捕32名爱国学生。反动政府的倒行逆施更激起了社会各界义愤，纷纷支持学生的爱国行动。

6月3日，北京各校学生2000余人走上街头，展开反帝爱国演讲，当天有170名学生被捕。6月4日，4000多名学生上街演讲，又有700余人被捕。消息传到上海，具有光荣革命传统的工人阶级挺身而出，投入反帝爱国斗争的行列，发起影响深远的"六五"政治大罢工。"五四运动"进入了第二阶段。

北京、上海的反帝爱国运动迅速波及全国各地，济南、青岛、天津、南京、杭州、宁波、武汉、南昌、扬州、安庆、厦门、广州等一百多个大中城市。此时五四运动的性质已经发生了重大变化，中心由北京转到了上海，主力由学生转变为工人。以这次大罢工为标志，中国工人运动已从经济斗争转向政治斗争，中国工人阶级以独立的姿态登上政治舞台，为中国共产党的建立奠定了阶级基础。

北洋政府迫于压力，宣布罢免曹、章、陆的职务，五四运动取得了初步胜利。

6月28日是巴黎和会的签字日。此前北洋政府曾电令中国专使，如期在巴黎和约上签字。消息传出，再次引起全国人民的义愤。驻巴黎的中国使团收到要求拒签和约的电报7000余份，旅法华侨和留学生1万多人于28日凌晨包围中国使团寓所，警告专使如与会签字，当即扑杀。中国专使最终拒绝赴会签字，五四运动取得了重大胜利。

作为中国新民主主义革命的开端，五四运动是一次彻底的反帝反封建的爱国运动，是一场广泛传播民主和科学的新文化运动，是一次伟大的思想解放运动，为后来马克思主义在中国的传播奠定了基础。

爱国、进步、科学、民主，是公认的"五四精神"。同时，五四运动的影响远不止于此。它不仅涵盖对中国思想文化、政治发展方向、教育制度改革、文学艺术潮流的影响，也为中国共产党的建立做了思想上、干部上的准备。

巴黎和会作为帝国主义的分账会议，直接嘲笑了西化派的天真，从而预示着中国将要走上一条既有别于传统社会又有别于西方的现代化之路。

中国共产党一经诞生，就义无反顾地把为中国人民谋幸福、为中华民族谋复兴确立为自己的初心使命，义无反顾地担负起探索现代化道路的重任，为此在新民主主义革命和新中国成立之初就对这一问题进行了持续探索。1940年《新民主主义论》的发表，标志着中国共产党找到了一条通过新民主主义现代化建设，逐步过渡到社会主义的理想道路。

当时，尽管中国没有发展工业化的政治前提，中国共产党仍念念不忘工业化。1944年5月，毛泽东在陕甘宁边区的一次讲话明确指出："共产党是要努力于中国的工业化的。""日本帝国主义为什么敢于这样地欺负中国，就是因为中国没有强大的工业，它欺侮我们的落后。因此，消灭这种落后，我们全民族的任务。老百姓拥护共产党，是因为我们代表了民族和人民的要求。但是，如果我们不解决经济问题，如果我们不能建立新式工业，如果我不能发展生产力，老百姓就不一定拥护我们。"①

在党的七大报告中，毛泽东又指出："中国工人阶级的任务，不但是为着建立新民主主义的国家而斗争，而且是为着中国的工业化和农业近代化而斗争。"②新中国成立前夕，毛泽东在党的七届二中全会上宣布："中国将由农业国转变为工业国""我们不但善于破坏一个旧世界，我们还将善于建设一个新世界。"③经依据根据地建设的经验，1945年毛泽东在党的七大上对未来新民主主义国家建设的基本原则和大政方针作了进一步阐释。在此基础上，新中国成立前夕召开的七届二中全会和随后形成的《共同纲领》，详细规定了党在全面执政后的奋斗目标、建设路径、具体方法，细化了之前的相关设想和原则规定，标志着新民主主义现代化理论日臻成熟。

三

人类近代文明的发展历程表明，从传统社会走向现代社会，这既是人类社会形态的一次转型，也是文明方式的一次转换，而这一历史转换必然要经历现代化的洗礼。在马克思看来，人类现代化的实践进程也就是世界历史的形成过程，现代化是人类社会进步发展的重要动力。

正因为如此，马克思基于唯物史观立场，在《共产党宣言》中充分肯定了资本主义对人类文明的贡献，认为资产阶级"由于开拓了世界市场，使一切国家的生产和消费都成为世界性的了"，现代化大工业"把世界各国人民互相联系起来，把所有地方性的小市场

---

① 《毛泽东文集》第三卷，北京：人民出版社，1996年版，第146—147页。
② 《毛泽东选集》第三卷，北京：人民出版社，1991年版，第1081页。
③ 《毛泽东选集》第四卷，北京：人民出版社，1991年版，第1439页。

联合成为一个世界市场,到处为文明和进步做好了准备"。人类开始真正形成了世界范围的普遍交往。

马克思的思想启示人们,现代化作为人类近代文明的发展形式,是每一个民族国家都需要认真面对的时代课题。现代化在其内涵展开方面,则表现为经济上的工业化,即用现代机器生产取代手工生产,大力发展市场经济;政治上的民主化与法治化,即用民主主义思想取代封建专制观念,以法治取代人治;思想上的理性化,即以民主和科学的理念取代教会的精神独裁;等等。

由于历史原因,中国是被动进入世界现代化发展大潮之中的,即中国的现代化是一种追赶型现代化。自鸦片战争以来,中华民族一代又一代仁人志士为了实现国家的现代化殚精竭虑、前赴后继,付出了大量的心血、精力甚至是生命,无论是洋务运动、戊戌变法还是辛亥革命,每一次重大历史变革的背后都饱含着艰辛曲折的现代化探索历程。直到中国共产党的诞生,才使得中国的现代化实践步入了一条正确的发展之路。

时代选择了中国共产党,而中国共产党带领中国人民肩负起了实现中国现代化的历史重任。新中国成立伊始,中国就将现代化提到国家发展的战略高度。

新中国成立之初,我国积贫积弱、民生凋敝,还有那满目疮痍的战争创伤。1952年我国国内生产总值仅为679亿元,人均国内生产总值为119元。农业和手工业占国民经济比重达90%,工业极其落后。仅有的一点重工业,多为列强在华设立的修理厂以及为其提供廉价原料、半成品的矿山和工厂。几乎没有真正的机器制造业,更没有现代化的国防工业,钢铁工业也非常薄弱。

当时的情况正如毛泽东指出的那样:"现在我们能造什么?能造桌子椅子,能造茶碗茶壶,能种粮食,还能磨成面粉,还能造纸。但是,一辆汽车、一架飞机、一辆坦克、一辆拖拉机都不能造。"①

2019年8月9日,中央纪委国家监委机关报公众号发表一篇《从一穷二白到全面建成小康》的文章,其中有这样一个场景描述——

> 侯波,中国摄影家,曾担任毛泽东专职摄影师12年,毛泽东生前公开发表的700多幅照片中,有侯波拍摄的400多幅。

---

① 《毛泽东文集》第六卷,北京:人民出版社,1999年版,第329页。

开国大典那天，毛泽东在天安门城楼上足足站了6个小时没有休息。宣告新中国成立、广场上万众欢腾、受阅的三军部队依次通过。侯波在镜头里发现，毛泽东的表情始终凝重。

150毫米"花炮"、德制七九步枪、捷克式轻机枪。受阅的武器是"万国牌"，很多还是别国淘汰的旧品。

一辆装甲车正行驶到天安门西侧，突然因为机械故障熄了火。后面装甲车里的战士急中生智，赶快把自己这辆车开上前去，顶住前面开不动的车，一直顶到西长安街。

这个过程，城楼上的毛泽东看得清清楚楚。那天的心情，毛泽东后来说"又愉快又不愉快"。"中国解放我是很高兴的，但是总觉得中国的问题还没有完全解决，因为中国很落后，很穷，一穷二白。"

当时的新中国是世界上最贫穷的国家之一，经济水平不要说与同时期资本主义发达国家和苏联无法相比，就是与国情相近的印度也有很大差距。在这样的基础上，加快社会主义建设，实现人民普遍丰衣足食、安居乐业，难度可想而知。

为改变这种状况，中国共产党创造性提出了"四个现代化"的目标任务。以毛泽东同志为主要代表的中国共产党人在力争新中国财政经济好转后，于1953年公布了党在过渡时期的总路线："中华人民共和国成立，到社会主义改造基本完成，这是一个过渡时期。党在这个过渡时期的总路线和总任务，是要在一个相当长的时期内，逐渐实现国家的社会主义工业化，并逐步实现对农业、手工业和资本主义工商业的社会主义改造。"①中国顶住西方帝国主义对我国的封锁和围攻，"一边倒"地向苏联学习，进行有计划的经济建设，从1951年起着手编制第一个五年计划，1953年正式实施，1956年提前完成。在中国确立起社会主义基本制度，成功实现了中国历史上最深刻最伟大的社会变革，为当代中国一切发展进步奠定了根本政治前提和制度基础。1954年，毛泽东在第一届全国人民代表大会的开幕词中提出："我国人民应当努力工作——准备在几个五年计划之内，将我们现在这样一个经济文化上落后的国家，建设成为一个工业化的具有高度现代文明程度的伟大国家。"②1956

---

① 《建国以来毛泽东文稿》第四册，北京：中央文献出版社，1990年版，第301页。
② 《建国以来毛泽东文稿》第四册，北京：中央文献出版社，1990年版，第554页。

年2月至4月,毛泽东等中央领导人经过系统的调查研究,察觉到苏联模式的局限和缺点,提出以苏为鉴,独立自主地探索适合中国国情的社会主义建设道路,进行马克思主义基本原理同中国具体实际"第二次结合"的探索,明确指出我们的中心任务是"向自然开战,发展我们的经济,发展我们的文化……巩固我们的新制度,建设我们的国家"。①

1956年4月25日,毛泽东在中央政治局扩大会议上,作了《论十大关系》的报告:"从发展的眼光看,尤其是对于革命而言,一穷二白并不是坏事儿,它恰恰是一种机遇。穷就要革命,富的革命就困难。科学技术水平高的国家,就骄傲得很。我们是一张白纸,正好写字。"②

在这张富有无限可能的白纸上,中国共产党带领全国人民开始对社会主义现代化建设进行艰辛探索。

二十世纪五六十年代,中国面临着严峻的国际形势,研制核武器,发展原子能工业,是国家独立、民族自强的重要保障。

为了给国内的社会主义建设创造一个和平安定的环境,1955年1月15日,中共中央书记处召开扩大会议,提出了中国建立和发展原子能事业的战略决策。1955年3月21日,毛泽东在中国共产党全国代表会议上,向全党发出要"钻现代化的国防""钻原子能"的号召。

1956年4月25日,毛泽东在《论十大关系》的报告中强调,中国不但要有更多的飞机和大炮,而且还要有原子弹。

我国第一个核武器研制基地选址在青海湖北岸金银滩草原。世世代代居住在这里的1075户牧民,舍小家为大家,仅用三天时间就全部举家西迁。

1962年,以周恩来为首的专门领导机构成立,我国优秀的科技人员和国防建设指战员均投入到原子弹的研制中。研制原子弹任务十分艰巨,在一无图纸、二无资料的情况下,科研人员用计算尺、算盘,进行理论计算工作。饥饿难耐的时候,有的人拿酱油冲一杯汤,有的人冲一杯糖水。"加餐后"立刻又埋头科研工作。

---

① 《毛泽东文集》第七卷,北京:人民出版社,1999年版,第216页。
② 《毛泽东文集》第七卷,北京:人民出版社,1999年版,第43—44页。

1964年1月，高浓铀235研制成功；5月1日，酒泉原子能联合企业加工出合格的原子弹部件；6月6日，青海西北核武器研制基地成功进行了一比一模型爆轰试验。

1964年10月16日15时，巨大的蘑菇云在新疆罗布泊荒漠腾空而起，中国第一颗原子弹爆炸成功，用事实向世界庄严宣告：中国人民依靠自己的力量，掌握了原子弹技术，打破了超级大国的核垄断。

1964年，周恩来在第三届全国人民代表大会第一次会议上提出："把我国建设成为一个具有现代农业、现代工业、现代国防和现代科学技术的社会主义强国""为了实现这个伟大的历史任务，从三个五年计划开始，我国国民经济发展，可以按两步走来考虑：第一步，建立一个独立的比较完整的工业体系和国民经济体；第二步，全面实现农业、工业、国防和科学技术现代化，使我国经济走在世界的前列。"① 此后虽出现了失误和曲折，但仍在新中国积贫积弱的基础上，建立起独立的比较完整的工业体系和国民经济体系，取得了社会主义革命和建设独创性理论成果和巨大成就现代化建设奠定了根本的政治前提、丰厚的物质基础和宝贵的经验理论准备。

1978年召开的党的十一届三中全会开创了中国改革开放和现代化建设新的历史进程。党带领人民进行改革开放新的伟大革命，极大激发了广大人民群众的积极性、主动性、创造性，成功开辟了中国特色社会主义道路。在科学分析国际国内形势、深刻总结历史经验教训的基础上，党对我国社会主义现代化建设进行新的部署。1979年3月，邓小平明确指出："过去搞民主革命，要适合中国国情，走毛泽东同志开辟的农村包围城市的道路。现在搞建设，也要适合中国国情，走出一条中国式的现代化道路。"②

短短三十年间，在旧中国遗留的废墟上，中国共产党领导人民逐步建立起一套独立完整的工业体系和国民经济体系，为社会主义现代化奠定了宝贵的物质基础。

党的十一届三中全会召开不久，1979年3月21日，邓小平在会见外宾时就提出："我们的概念与西方不同，我姑且用个新说法，

---

① 《周恩来选集》下卷，北京：人民出版社，1984年版，第439页。
② 《改革开放三十年重要文献选编》上册，北京：中央文献出版社，2008年版，第32页。

叫作中国式的四个现代化。"① 同年3月30日，在党的理论工作务虚会上，邓小平第一次正式提出了"中国式现代化"的命题。他强调："过去搞民主革命，要适合中国情况，走毛泽东同志开辟的农村包围城市的道路。现在搞建设，也要适合中国情况，走出一条中国式的现代化道路……中国式的现代化，必须从中国实际出发……中央认为，我们要在中国实现四个现代化，必须在思想政治上坚持四项基本原则。这是实现四个现代化的根本前提。"② 1979年10月4日，在出席座谈会时，邓小平讲话指出："我们开了大口，本世纪末实现四个现代化。后来改了个口，叫中国式的现代化，就是把标准放低一点。特别是国民生产总值，按人口平均来说不会很高。我们到本世纪末国民生产总值能不能达到人均上千美元？等到人均达到上千美元的时候，我们的日子可能就比较好过了。就是降低原来的设想，完成低的目标，也得很好地抓紧工作，要全力以赴，抓得很细，很具体，很有效。"③

1979年12月6日，邓小平在会见日本首相大平正芳时，根据我国经济发展的实际情况，第一次提出了"小康"概念以及在20世纪末我国达到"小康社会"的构想。邓小平说："我们要实现的四个现代化，是中国式的四个现代化。我们的四个现代化的概念，不是像你们那样的现代化的概念，而是'小康之家'。"④

"小康"出自《诗经》"民亦劳止，汔可小康。惠此中国，以绥四方"。从古到今，"小康"一直是中国人对衣食丰足、安居乐业社会状态的恒久守望。

"中国式现代化"，用了这个从几千年中华文明中孕育的词。一代代中国人的期待，成为中国共产党领导现代化建设的目标。

1987年8月党的十三大召开前夕，邓小平明确阐述了"三步走"战略：我国经济20世纪走两步，达到温饱和小康，21世纪用30年到50年时间再走一步，达到中等发达国家水平。中国共产党创造性地用"小康"这个充分吸收中华优秀传统文化精髓的概念来

---

① 中央文献研究室编：《邓小平年谱（1975—1997）》上卷，北京：中央文献出版社，2004年版，第496页。
② 《邓小平文选》第二卷，北京：人民出版社，1994年版，第163—164页。
③ 中央文献研究室编：《邓小平年谱（1975—1997）》上卷，北京：中央文献出版社，2004年版，第563—564页。
④ 《邓小平文选》第二卷，北京：人民出版社，1994年版，第237页。

诠释中国式现代化，在推进中国式现代化理论和实践创新上具有重要意义。这个阶段，中国经济发展进入快车道，我国国内生产总值先后超过意大利、法国、英国、德国、日本，成为世界第二大经济体，实现了从生产力相对落后到经济总量跃居世界第二的历史性突破，为推进中国式现代化提供了充满活力的体制保障和快速发展的物质基础。

四

2021年7月1日，中国共产党百年华诞，天安门广场见证历史性盛典。

习近平总书记代表党和人民庄严宣告："经过全党全国各族人民持续奋斗，我们实现了第一个百年奋斗目标，在中华大地上全面建成了小康社会，历史性地解决了绝对贫困问题，正在意气风发向着全面建成社会主义现代化强国的第二个百年奋斗目标迈进。"①

"民亦劳止，汔可小康。"千年夙愿，百年奋斗，今朝梦圆。

历史将永远铭记这一光荣的时刻！这标志着中国式现代化向前迈出了一大步，在我国社会主义现代化建设进程中具有里程碑意义。

党的十八大以来，中国特色社会主义进入新时代，以习近平同志为核心的党中央顺应我国经济社会发展新要求和广大人民群众新期待，提出"到2020年全面建成小康社会"的奋斗目标，赋予全面小康更高的标准、更丰富的内涵。全面建成小康社会，是惠及全体人民的小康，是城乡区域共同发展的小康，是发展更平衡、更协调、更可持续的小康，是经济建设、政治建设、文化建设、社会建设、生态文明建设"五位一体"全面进步的小康。

为确保全面建成小康社会目标如期实现，党中央从坚持和发展中国特色社会主义的全局出发，提出"四个全面"战略布局，将全面建成小康社会置于引领位置，把全面深化改革、全面依法治国、全面从严治党作为确保实现全面建成小康社会的战略举措。党

---

① 习近平：《在庆祝中国共产党成立100周年大会上的讲话》，北京：人民出版社，2021年版，第2页。

的十九大强调,全面建成小康社会要突出抓重点、补短板、强弱项,把脱贫攻坚作为重中之重,采取了许多具有原创性的精准扶贫举措,打赢了人类历史上规模最大、力度最强的脱贫攻坚战,全国832个贫困县全部摘帽,近1亿农村贫困人口实现脱贫,历史性地解决了困扰中华民族几千年的绝对贫困问题,为全面建成小康社会奠定了基础。

中国特色社会主义进入新时代以来,中国绘制了一幅绚丽多姿的高质量发展画卷:经济总量突破百万亿元,人均国内生产总值超过1.2万美元,多年对世界经济贡献率超过30%;"嫦娥揽月""北斗组网""天问探火""蛟龙入海",重大创新成果接连不断,全球创新指数排名大幅提升;货物加服务贸易总额也于2020年跃居全球第一位……

德国前总理默克尔任内曾到访中国多个城市,卸任之际,她表示期待着未来有机会再到中国的农村看一看。长期关注中国的巴西前总统罗塞夫说,我们必须关注中国特色社会主义道路,关注中国的发展和变革,中国的崛起进程是不可逆转的。2013年起担任俄罗斯驻华大使的杰尼索夫认为,在中国共产党带领下,许多对其他国家来说难以完成的任务在中国都完成了,这不仅造福中国人民,也为各国树立了榜样。①

一个国家选择什么样的现代化道路,是由其历史传统、社会制度、发展条件、外部环境等诸多因素决定的。国情不同,现代化途径也会不同。实践证明,一个国家走向现代化,既要遵循现代化一般规律,更要符合本国实际,具有本国特色。中国式现代化既有各国现代化的共同特征,更有基于自己国情的鲜明特色。

什么是中国式现代化?2023年8月16日出版的第16期《求是》杂志发表习近平总书记的重要文章《中国式现代化是强国建设、民族复兴的康庄大道》,明确概括了中国式现代化5个方面的中国特色。

第一,人口规模巨大的现代化。这是中国式现代化的显著特

---

① 郝薇薇、刘华、杨依军(参与记者:韩墨、韩梁、郑汉根):《读懂今天的中国,必须读懂中国共产党——国际社会眼中的新时代中国非凡十年》,《人民日报》,2022年7月26日第3版。

征。人口规模不同，现代化的任务就不同，其艰巨性、复杂性就不同，发展途径和推进方式也必然具有自己的特点。现在，全球进入现代化的国家也就20多个，总人口10亿左右。中国14亿多人口整体迈入现代化，规模超过现有发达国家人口的总和，将极大地改变现代化的世界版图。这是人类历史上规模最大的现代化，也是难度最大的现代化。

超大规模的人口，既能提供充足的人力资源和超大规模市场，也带来一系列难题和挑战。光是解决14亿多人的吃饭问题，就是一个不小的挑战。还有就业、分配、教育、医疗、住房、养老、托幼等问题，哪一项解决起来都不容易，哪一项涉及的人群都是天文数字。我们想问题、作决策、办事情，首先要考虑人口基数问题，考虑我国城乡区域发展水平差异大等实际，既不能好高骛远，也不能因循守旧，要保持历史耐心，坚持稳中求进、循序渐进、持续推进。

第二，全体人民共同富裕的现代化。这是中国式现代化的本质特征，也是区别于西方现代化的显著标志。西方现代化的最大弊端，就是以资本为中心而不是以人民为中心，追求资本利益最大化而不是服务绝大多数人的利益，导致贫富差距大、两极分化严重。一些发展中国家在现代化过程中曾接近发达国家的门槛，却掉进了"中等收入陷阱"，长期陷于停滞状态，甚至严重倒退，一个重要原因就是没有解决好两极分化、阶层固化等问题。

中国式现代化坚持发展为了人民、发展依靠人民、发展成果由人民共享，在推动全体人民共同富裕上取得重要进展，特别是党的十八大以来打赢脱贫攻坚战，使近1亿农村贫困人口脱贫。现在，我们已经形成促进全体人民共同富裕的一整套思想理念、制度安排、政策举措。要在推动高质量发展、做好做大"蛋糕"的同时，进一步分好"蛋糕"，着力解决好就业、分配、教育、医疗、住房、养老、托幼等民生问题，构建三次分配协调配套的制度体系，规范收入分配秩序，规范财富积累机制，依法引导和规范资本健康发展，逐步扩大中等收入群体、缩小收入分配差距，让现代化建设成果更多更公平惠及全体人民，坚决防止两极分化。实现共同富裕是一个长期任务，必须久久为功，咬定青山不放松，不断取得新进展。

第三，物质文明和精神文明相协调的现代化。既要物质富足，也要精神富有，是中国式现代化的崇高追求。物质贫困不是社会主义，精神贫乏也不是社会主义。西方早期的现代化，一边是财富的积累，一边是信仰缺失、物欲横流。今天，西方国家日渐陷入困境，一个重要原因就是无法遏制资本贪婪的本性，无法解决物质主义膨胀、精神贫乏等痼疾。

中国式现代化既要物质财富极大丰富，也要精神财富极大丰富、在思想文化上自信自强。要坚持两手抓、两手硬，促进物质文明和精神文明相互协调、相互促进，让全体人民始终拥有团结奋斗的思想基础、开拓进取的主动精神、健康向上的价值追求。要顺应人民日益增长的精神文化需求，建设具有强大凝聚力和引领力的社会主义意识形态，加强理想信念教育和"四史"宣传教育，培育和弘扬社会主义核心价值观，发展社会主义先进文化，推出更多优秀文艺作品，不断丰富人民精神世界，提高全社会文明程度，促进人的全面发展。

第四，人与自然和谐共生的现代化。尊重自然、顺应自然、保护自然，促进人与自然和谐共生，是中国式现代化的鲜明特点。近代以来，西方国家的现代化大都经历了对自然资源肆意掠夺和生态环境恶性破坏的阶段，在创造巨大物质财富的同时，往往造成环境污染、资源枯竭等严重问题。我国人均能源资源禀赋严重不足，加快发展面临更多的能源资源和环境约束，这决定了我国不可能走西方现代化的老路。

中国式现代化坚持可持续发展，坚持节约优先、保护优先、自然恢复为主的方针，坚定不移走生产发展、生活富裕、生态良好的文明发展道路，为实现中华民族永续发展开辟了广阔前景。要牢固树立和践行"绿水青山就是金山银山"的理念，坚持山水林田湖草沙一体化保护和系统治理，推进生态优先、节约集约、绿色低碳发展，加快发展方式绿色转型，提升生态系统多样性、稳定性、持续性，积极稳妥推进碳达峰碳中和，以高品质的生态环境支撑高质量发展。

第五，走和平发展道路的现代化。坚持和平发展，在坚定维护世界和平与发展中谋求自身发展，又以自身发展更好维护世界和平与发展，推动构建人类命运共同体，是中国式现代化的突出特征。西方国家的现代化，充满战争、贩奴、殖民、掠夺等血腥罪恶，给广大发展中国家带来深重苦难。中华民族经历了西方列强侵略、凌辱的悲惨历史，深知和平的宝贵，绝不可能重复西方国家的老路。

中国式现代化坚持独立自主、自力更生，依靠全体人民的辛勤劳动和创新创造发展壮大自己，通过激发内生动力与和平利用外部资源相结合的方式来实现国家发展，不以任何形式压迫其他民族、掠夺他国资源财富，而是为广大发展中国家提供力所能及的支持和帮助。我们要始终高举和平、发展、合作、共赢旗帜，奉行互利共赢的开放战略，不断以中国新发展为世界提供新机遇。积极参与全球治理体系改革和建设，践行真正的多边主义，弘扬全人类共同价值，推动落实全球发展倡议和全球安全倡议，努力为人类和平与发展作出更大贡献。

文章最后强调，新中国成立特别是改革开放以来，我们用几十年时间走完西方发达国家几百年走过的工业化历程，创造了经济快速发展和社会长期稳定的奇迹，为中华民族伟大复兴开辟了广阔前景。实践证明，中国式现代化走得通、行得稳，是强国建设、民族复兴的唯一正确道路。

二、实现中国式现代化才能实现中华民族伟大复兴

2022年3月6日下午，人民大会堂。

全国政协十三届五次会议农业界、社会福利和社会保障界委员联组会上，来自四川的益西达瓦委员给习近平总书记展示了"悬崖村"今昔对比的两张照片——阿土列尔村的万丈陡壁上，曾经摇摇欲坠的藤梯，已经换成了结实的钢梯。

"2017年两会上，您提到的让您揪心的'悬崖村'变了样，请总书记放心。"益西达瓦告诉总书记，村民们搬到了山下的集中安置点，住进了楼房，山上建起了民宿，正在大力发展旅游业。

从藤梯到钢梯到楼梯，"悬崖村"的变迁记录了一个彪炳史册的人间奇迹。党的十八大以来，我国平均每年1000多万人摆脱贫困，相当于一个中等国家的人口脱贫。无数个"悬崖村"翻越了世世代代难以逾越的"贫困大山"，困扰中华民族几千年的绝对贫困

问题得到历史性解决。

这样的奇迹，写在960多万平方公里的中国大地上，写在中国式现代化新道路上。这是一条我们自己走出来的路。

一

现代化是民族振兴和大国崛起的基石。近代以来，各民族的振兴和大国的崛起，都伴随着现代化的进程。离开了现代化，民族振兴和国家崛起就成了空中楼阁。因此，实现现代化就成为民族振兴、国家崛起的必由之路。

第一次工业革命造就了英国的崛起，第二次工业革命推动了德国、美国的腾飞，第三次工业革命促进了工业国家整体地走向现代化并实现了民族振兴，新科技革命则推动了后工业社会的来临。

中国式现代化具有本国特点和优势，是推进中华民族伟大复兴的必由之路。

中国式现代化能够推进中华民族伟大复兴，其中一个重要原因是，自新中国成立以来，特别是改革开放以来，党和政府明确了经济和社会发展远大目标、长期规划及其道路、方针、步骤，坚持走适合本国国情的工业化道路。

新中国成立伊始，中国共产党就非常重视发展工业。毛泽东深刻指出："没有独立、自由、民主和统一，不可能建设真正大规模的工业。没有工业，便没有巩固的国防，便没有人民的福利，便没有国家的富强。"①

在完成对农业、手工业和资本主义工商业的社会主义改造后，我国就提出了把我国建设成为一个具有现代化农业、现代化工业、现代化国防和现代化科学技术的社会主义强国发展目标。如何走出一条适合中国国情的工业化道路，以毛泽东同志为主要代表的中国共产党人，提出了关于社会主义建设的一系列重要思想，成为中国经济建设的重要指引。毛泽东多次强调"中国人民及其政府必须采取切实的步骤，在若干年内逐步建立重工业和轻工业，使中国由农业国变为工业国"，指出"我国的经济建设是以重工业为中心，这一点必须肯定。但是同时必须充分注意发展农业和轻工业"。

早在二十世纪五十年代，中国就开始制定发展国民经济五年

---

① 《毛泽东选集》第三卷，北京：人民出版社，1991年版，第1080页。

计划，此后一直坚持下来。五年计划成为国家经济发展的根本指导方针。

中央在《关于编制一九五三年计划及五年建设计划纲要的指示》中提出：" 工业化的速度首先决定于重工业的发展，因此我们必须以发展重工业为大规模建设的重点……特别是确保那些对国家起决定作用的，能迅速增强国家工业基础与国防力量的主要工程的完成。" 因为没有重工业，就不可能为农业、轻工业提供必要的设备、燃料、原料和材料，在工业发达国家对我国实施封锁的环境下，工业化的进程就会受到制约。我国以重工业优先发展开启工业化进程不同于一般的产业发展顺序，这既是学习借鉴苏联的经验，也是综合国外政治经济形势和我国体制优势在工业化道路上进行的探索和创新。

二十世纪六十年代，中国提出分两步走实现现代化的战略构想：第一步，建立一个独立的比较完整的工业体系和国民经济体系；第二步，全面实现农业、工业、国防和科技现代化。然而，在当时的历史条件下，这一目标未能实现。改革开放以来，邓小平基于中国的国情和特点正式提出要实现 "中国式的现代化" 的战略思想。他说："中国式的现代化，必须从中国的特点出发。"①

为了加速工业化、现代化进程，我国坚持科技是第一生产力的战略指导思想，实施科技兴国、科教兴国的方针。中国采取 "两条腿走路" 的办法：一方面全面加强工业化，为国家全面现代化打下坚实基础，争取主要工业指标赶上发达国家二十世纪七十年代至八十年代的水平；另一方面，为在世界高科技领域占有一席之地，大力推进新科技革命。可见，中国式现代化，与世界现代化相互关联，是世界现代化的继承和发展，而不是脱离世界现代化进程。党的十八大以来，党中央对中国现代化进程提出更高要求。党的二十大强调，全面建成社会主义现代化强国，总的战略安排是分两步走，即从2020年到2035年基本实现社会主义现代化；从2035年到本世纪中叶把我国建成富强民主文明和谐美丽的社会主义现代化强国。到2035年，我国发展的总体目标包括："经济实力、科技实力、综合国力大幅跃升，人均国内生产总值迈上新的大台阶，达到中等发达国家水平；实现高水平科技自立自强，进入创新型国家前列；建成现代化经济体系，形成新发展格局，基本实现新型工业

---

① 《邓小平文选》第二卷，北京：人民出版社，1994年版，第164页。

化、信息化、城镇化、农业现代化；基本实现国家治理体系和治理能力现代化。"①

二

中国式现代化坚持人民至上理念，坚持社会主义的现代化方向，其最终目标是实现人自由而全面发展，彰显了中国特色社会主义"共同富裕"的本质要求，体现了社会主义制度的优越性，从根本上克服了西方资本主义现代化的内在矛盾。

世界现代化源自西方国家，但并非只有西方国家走向现代化的一条道路。现代化并不等于西方化，中国式现代化打破了"现代化＝西方化"的迷思。

"中国式现代化，深深植根于中华优秀传统文化，体现科学社会主义的先进本质，借鉴吸收一切人类优秀文明成果，代表人类文明进步的发展方向，展现了不同于西方现代化模式的新图景。"②中国式现代化就是具有中国特色、适合中国国情的现代化，是以中国共产党领导的、坚持走中国特色社会主义道路的现代化。中国式现代化是世界现代化进程的重要组成部分，积极借鉴世界现代化的宝贵经验，也为世界现代化作出积极贡献。中国式现代化具有世界现代化的共性，与各国现代化相互关联、相互促进、相互借鉴，又坚持本国特色、走本国道路。

"中国特色社会主义道路是实现社会主义现代化、创造人民美好生活的必由之路。"③中国特色社会主义理论体系，是指导全党和全体人民实现中国式现代化、全面推进中华民族伟大复兴的科学理论。只有坚持中国特色社会主义的指导，中国式现代化才能坚持正确的政治方向和经济、社会、文化发展方向，才能全面推进中华民族伟大复兴。中国特色社会主义制度，是中国式现代化根本制度。中国特色社会主义制度的核心，是坚持中国共产党的领导。实现中

---

① 习近平：《高举中国特色社会主义伟大旗帜　为全面建设社会主义现代化国家而团结奋斗：在中国共产党第二十次全国代表大会上的报告》，北京：人民出版社，2022年版，第24页。

② 《习近平在学习贯彻党的二十大精神研讨班开班式上发表重要讲话强调　正确理解和大力推进中国式现代化》，《人民日报》，2023年2月8日。

③ 习近平：《决胜全面建成小康社会　夺取新时代中国特色社会主义伟大胜利》，北京：人民出版社，2017年版，第16页。

国式现代化、全面推进中华民族伟大复兴，必须始终自觉维护党中央的权威和集中统一领导，确保党始终总揽全局、协调各方。党的领导，既体现在团结带领全体人民为实现社会主义建设和改革开放的目标以及中国式现代化而努力奋斗上，也体现在党为实现中华民族伟大复兴指明前进方向上。同时，要改进党的领导方式和执政方式，保证党领导人民有效治理国家。

中国特色社会主义制度，是人民当家做主的制度，坚持人民至上、以人民为中心。人民是历史的创造者，是决定党和国家前途命运的根本力量。中国式现代化坚持人民主体地位和全心全意为人民服务的根本宗旨。人民代表大会制度，是人民当家做主的好制度，是坚持党的领导、人民当家做主、依法治国有机统一的根本政治制度安排，是中国式现代化和全面推进中华民族伟大复兴的根本政治制度。实现中国式现代化，不仅要推进工业现代化、农业现代化、科学技术现代化，而且要实现国家治理体系和治理能力的现代化；要不断完善人民代表大会制度和体制机制，保证其依法行使立法权、监督权、决定权、任免权；要充分发挥人大常委会、人大代表的作用。

依法治国，是中国特色社会主义的本质要求，也是中国特色社会主义制度的重要组成部分。党的领导是人民当家做主和依法治国的根本保证，人民当家做主是社会民主政治的本质特征，依法治国是党领导人民治理国家的基本方式。实现中国式现代化，必须坚持党的领导、人民当家做主和依法治国的有机统一。

三

"把建设美丽中国摆在强国建设、民族复兴的突出位置""加快推进人与自然和谐共生的现代化"。在 2023 年 7 月 17 日至 18 日召开的全国生态环境保护大会上，习近平总书记深刻阐释生态文明建设在党和国家事业发展全局中的重要地位。

中华民族作为人类社会中最早之一进入文明阶段，并至今没有中断过自身文明发展的唯一文明体，很早就对人与自然的关系有了朴素的认识，在处理人与自然关系方面创造出了很多中国生态智慧。

在中国古代哲学中，"天人合一"如同一颗璀璨的星辰，其光芒穿透了时间的长河，至今仍照耀着人们的思考路径。这一理念采用了独特的视角，深度挖掘了人与自然关系的哲学内涵，从而成为理解人与自然和谐共生的核心钥匙。如《老子》中说："人法地，地法天，天法道，道法自然。"《孟子》中说："不违农时，谷不可胜食也；数罟不入洿池，鱼鳖不可胜食也；斧斤以时入山林，材木不可胜用也。"《荀子·天论》中说："万物各得其和以生，各得其养以成。"这些质朴深邃的自然观都强调自然界的运动变化有其客观规律，人类要遵循自然界的客观规律，按照与自然法则相适宜的方式行事，在保护好自然界的基础上进行生产活动，体现了"天人合一"的生态智慧。

以"天人合一"思想为代表的中国古代传统生态观念为我们理解和实现人与自然和谐共生提供了宝贵的理论资源，为中国生态文明建设提供了丰富的思想滋养，对于我们在当代推动生态文明建设，实现人与自然和谐共生，具有重要的启示和借鉴意义。

"中华民族向来尊重自然、热爱自然，绵延5000多年的中华文明孕育着丰富的生态文化。"①习近平总书记汲取了中华文明天人合一、万物并育的生态智慧，深度提炼和深刻挖掘了其中的思想精髓，进而形成了习近平生态文明思想，以思想之光照亮加快推进人与自然和谐共生的现代化之路。

党的十八大把生态文明建设纳入中国特色社会主义事业"五位一体"总体布局，凸显了生态文明在中国特色社会主义发展中的重要地位。党的十九大提出"人与自然是生命共同体"，将"坚持人与自然和谐共生"作为新时代坚持和发展中国特色社会主义的十四条基本方略之一，并首次将"美丽"作为建设社会主义现代化的重要目标，提出"为把我国建设成为富强民主文明和谐美丽的社会主义现代化强国而奋斗"。2018年5月召开的全国生态环境保护大会正式确立了习近平生态文明思想，深刻回答了"为什么建设生态文明、建设什么样的生态文明、怎样建设生态文明"的重大理论和实践问题，这为我们推进新时代生态文明建设提供了根本遵循和行动指南。党的二十大报告中指出："中国式现代化是人与自然和谐共生的现代化。"

中国式现代化，汲取发达国家在工业化进程中先污染后治理甚至只污染不治理的教训，坚持绿色发展，站在人与自然和谐共生的

---

① 习近平：《推动我国生态文明建设迈上新台阶》，《求是》，2019年第3期。

高度谋发展，促进人与自然共同发展。中国式现代化建设，始终尊重自然、顺应自然、保护自然。以建设美丽中国为宗旨，坚持山水林田湖草沙一体化保护和系统治理，统筹产业结构调整、污染治理、生态保护。以国家重点生态功能区、生态保护红线、自然保护地为重点，加快实施重要生态系统保护和修复重大工程，提升生态系统多样性、稳定性和持续性。

中国式现代化汲取了发达国家盲目发展、过度耗费能源和自然原材料以及加速全球气候变暖的教训，大力推动经济社会发展绿色化、低碳化，以形成绿色低碳的生产方式和生活方式。党的二十大强调："尊重自然、顺应自然、保护自然，是全面建设社会主义现代化国家的内在要求。必须牢固树立和践行'绿水青山就是金山银山'的理念，站在人与自然和谐共生的高度谋划发展。"①要努力实现碳达峰、碳中和，坚持有计划分步骤地实施碳达峰行动。要完善能源消耗总量和强度调控。控制化石能源消费，逐步推进碳排放总量和强度"双控"制度，实现能源清洁低碳高效利用。要深入推进工业材料、能源革命。提高煤炭、油气、水资源深度开发利用，推动核电、光伏、风能等新能源高效研发利用。不断完善碳排放统计核算制度、碳排放市场交易制度，提升生态系统碳汇能力和参与应对气候变化全球治理能力。

四

实现共同富裕，是中国人千百年来追寻的梦想。而如今，在我们全面推进中国式现代化的进程当中，具备了实现共同富裕更加完备的条件。党的二十大报告强调，中国式现代化是全体人民共同富裕的现代化。"实现全体人民共同富裕"是中国式现代化的本质要求之一。

不同于西方发达国家，中华民族伟大复兴是在人口众多的国度里推进的。西方发达国家现代化以减少企业劳动力、降低生产成本为出发点和落脚点，容易造成工人失业、劳动力过剩、劳资矛盾尖锐以及社会动荡。中国式现代化不照搬这一模式。

---

① 习近平：《高举中国特色社会主义伟大旗帜 为全面建设社会主义现代化国家而团结奋斗：在中国共产党第二十次全国代表大会上的报告》，北京：人民出版社，2022年版，第49—50页。

新中国成立以来,中国始终是全球范围人口最为庞大的国家之一。"在中华人民共和国成立之初的 1950 年,中国拥有总人口 5.54 亿,占世界人口的 21.9%"。目前,我国依然是世界上人口最多的国家之一,人口问题始终是我国面临的全局性、长期性、战略性问题。我国这个世界上最大发展中国家实现现代化,意味着比现在所有发达国家人口总和还要多的中国人民将进入现代化行列。

在人类发展史上,还不存在一个人口超过十亿的国家成功完成现代化的先例。因此,其他国家的现代化能够提供的经验是有限的,中国没有办法通过"简单模仿"或对域外做法实行"拿来主义"而实现本国现代化,其现代化进程具有鲜明的自我探索性质,"逢山开路,遇水架桥"是中国推进现代化的内在要求。

中国式现代化要充分考虑中国人口众多的因素,兼顾现代化和人口规模,不能只顾一头。"人多有好的一面,也有不利的一面。在生产还不够发展的条件下,吃饭、教育和就业就都成为严重的问题。"① 因此,党中央历来重视人口问题。党的二十大报告强调:"中国式现代化是人口规模巨大的现代化。我国十四亿多人口整体迈进现代化社会,规模超过现有发达国家人口的总和,艰巨性和复杂性前所未有,发展途径和推进方式也必然具有自己的特点。"

中国式现代化要大力推动科技创新,提高生产效率,促进经济发展,但尽力避免和消除发达国家现代化所产生的弊端。贫困不是社会主义,贫富悬殊也不是社会主义,共同富裕才是中国特色社会主义的本质要求、最大优势和最突出特色。中国式现代化谋求的是全体人民的共同富裕,不是少数人的富裕。全体人民共同富裕,是实现中华民族伟大复兴的前提和基础。大力推进中国式现代化,才能实现全体人民共同富裕,实现中华民族伟大复兴的宏伟目标。"中国式现代化是全体人民共同富裕的现代化。"因此,"我们把实现人民对美好生活的向往作为现代化建设的出发点和落脚点,着力维护和促进社会公平正义,着力促进全体人民共同富裕,坚决防止两极分化。"②

《中华人民共和国国民经济和社会发展第十四个五年规划和

---

① 《邓小平文选》第二卷,北京:人民出版社,1994 年版,第 164 页。
② 习近平:《高举中国特色社会主义伟大旗帜　为全面建设社会主义现代化国家而团结奋斗:在中国共产党第二十次全国代表大会上的报告》,北京:人民出版社,2022 年版,第 22 页。

2035年远景目标纲要》把坚持以人民为中心作为"十四五"时期经济社会发展必须遵循的原则之一，强调坚持人民主体地位，坚持共同富裕方向，始终做到发展为了人民、发展依靠人民、发展成果由人民共享，维护人民根本利益，激发全体人民积极性、主动性、创造性，促进社会公平，增进民生福祉，不断实现人民对美好生活的向往。

中国式现代化不是一部分人、少数人的现代化，而是全体人民的现代化。人口规模巨大，加上全体人民共同富裕的现代化，既是中国制度优越性的最好例证，也是中国式现代化创造人类文明新形态的最好例证。

中国式现代化的最终目标是实现中华民族伟大复兴，保障全体人民共同富裕。实现这一目标，要积极推进中国式现代化建设，促进经济发展和科技创新，提高生产效率，增强国家总体经济实力，大幅提升人均GDP水平。从一定意义上说，GDP标志着一个国家的经济总量和总体经济实力，但由于人口等错综复杂的原因，只有人均GDP才能更加准确地衡量一个国家的富裕程度。国际上也是用人均GDP划分各国的发展程度。人均GDP4万—5万美元的国家，属于发达国家、高收入国家。人均GDP1万—2万美元的国家属于中等发达国家，或中等收入国家。广大发展中国家都属于欠发达国家、低收入国家或贫困国家。

中国是最大的发展中国家。改革开放以来，我们坚持以经济建设为中心，经济快速发展，国家经济总量早已达到世界第二位。但我国人口众多、超过14亿，按人均计算GDP依然排在比较靠后的位置，远达不到发达国家水准。因此，中国式现代化高度重视人均GDP的增长。我国发展的总体目标是到2035年，人均国内生产总值达到中等发达国家水平。这一目标的确立，反映了我国对民生改善、人民致富的高度重视，也反映了党和政府对基本国情实事求是的认识。可以预见，随着这一目标的实现，全体人民共同富裕的程度将大幅提升，中华民族伟大复兴的步伐将大大加快。

五

走和平发展道路，是中国式现代化的鲜明特征和必然选择。习近平总书记在论述中国现代化建设必须坚持的方向时强调，我国现代化是"走和平发展道路的现代化"。这一重要论断，根植历史与现实,有力回击了"文明冲突论"和"国强必霸论"的迷思,为解决人类问题贡献了中国智慧和中国方案。

中国式现代化始终走和平发展道路,即通过和平方式获取现代化发展的资源,通过和平方式拓展生存空间、改善发展条件,通过和平方式实现自身的发展和现代化。和平稳定的国际环境,特别是与周边国家的良好关系,是国家崛起、民族振兴必不可少的外部条件,也是现代化本身的重要内容。西方国家推动了工业革命和世界现代化进程,但同时,其工业革命和现代化是靠掠夺殖民地半殖民地进行原始积累的。原始积累是资本主义现代化所不可缺少的条件。它一方面推动了资本主义现代化,另一方面又阻碍了殖民地半殖民地的发展,使之陷入历史性的贫困落后,沦为资本主义宗主国的原料产地、商品倾销市场以及政治、外交的附属品。资本主义现代化造成世界范围的贫富悬殊、两极分化。而这恰恰是政治不平等、社会动荡、战乱不断、恐怖主义活动猖獗的根源。要解决当今世界面临的问题,必须消除资本主义现代化的弊端,探索实现新型现代化的道路。

中国式现代化是走和平发展道路的现代化,坚决不走一些国家通过战争、殖民、掠夺等方式实现现代化的老路。"我们坚定站在历史正确的发展中谋求自身中国式现代化是新型现代化。中国式现代化发展、合作、共赢旗帜,在坚定维护世界和平与发展,又以自身发展更好维护世界和平与发展。"①

新中国成立初期就确定了独立自主的外交政策,坚定不移地捍卫国家主权、领土完整,坚定不移地反对帝国主义的侵略,义无反顾地抗美援朝、保家卫国。二十世纪六十年代,毛泽东提出"三个世界"的理论,坚决支持第三世界国家人民反对帝国主义、殖民主义,争取民族独立和解放。中国在自身并不富裕的情况下,给予他们无私援助,帮助他们修建铁路、公路、医院、学校。改革开放以来,中国坚持独立自主的和平外交政策,坚持走和平发展道路。中国坚决反对霸权主义和强权政治,自己也不搞霸权主义。中国反对以大欺小、以强凌弱、弱肉强食,坚决维护世界的和平与稳定,反对侵略战争,也反对各种形式的冷战和冷战思维。中国主张国与

---

① 习近平:《高举中国特色社会主义伟大旗帜 为全面建设社会主义现代化国家而团结奋斗:在中国共产党第二十次全国代表大会上的报告》,北京:人民出版社,2022年版,第23页。

国之间通过和平方式解决争端，通过谈判防止发生冲突和战争，国与国之间要谋求互利共赢，不搞零和博弈。中国也坚定反对和防止民族分裂主义、宗教极端主义及各种形式的恐怖主义。

三、党的领导是中国式现代化的根本保证

"只有我们中国共产党人实现了。"

2020年10月，"十四五"规划即将布局，习近平总书记到广东考察，参观汕头开埠文化陈列馆，在《建国方略》相关规划图前，驻足感慨。

《建国方略》绘就了近代中国谋求现代化的第一幅蓝图：修建160万公里公路、约16万公里铁路、3个世界级大海港，还有建设三峡大坝……在当时看来，梦想的实现遥不可及。而今日中国，在中国共产党领导下，高铁飞驰领跑世界，公路纵横牵起城乡，世界大港十之有七，现代化程度远超当初的设想，强国建设、民族复兴展现出不可逆转的光辉前景。

历史充分证明，党的领导是中国式现代化的根本保证。在实现国家现代化和社会主义现代化目标的过程中，中国共产党是根本领导核心和最高政治领导力量，能够通过自主选择现代化道路与制度，建构中国式现代化的秩序。

一

以1840年鸦片战争为标志的历史时代，是近现代中国所有问题的基本前提。在此历史背景下，由于资产阶级"首次开创了世界历史"，[1]"它按照自己的面貌为自己创造出一个世界"。[2]资产阶级摧毁一切万里长城，把一切民族都卷到文明中来了，并使东方从属于西方。[3]因此，中国逐步成为半殖民地半封建社会，中华民族遭受了前所未有的劫难。

从那时起，实现中华民族伟大复兴，就成为中国人民和中华

---

[1]《马克思恩格斯选集》第一卷，北京：人民出版社，2012年版，第194页。
[2]《马克思恩格斯选集》第一卷，北京：人民出版社，2012年版，第404页。
[3]《马克思恩格斯选集》第一卷，北京：人民出版社，2012年版，第404—405页。

民族最伟大的梦想①，无数仁人志士为此苦苦求索、进行各种尝试，但都以失败告终。探索中国现代化道路的重任，历史地落在了中国共产党身上。

在人类现代化历史征程中，西方国家率先进行了探索。在经历文艺复兴、宗教改革和启蒙运动的洗礼后，以十八世纪六十年代开启的英国工业革命、1789年发生的法国革命和1917年爆发的俄国革命等为标志的各种形式的社会革命或社会运动，以及战后世界范围的现代化运动，一起构成了近现代世界现代化运动的基本图景。面对世界意义的社会变革和现代化运动，中国共产党的伟大业绩在于要同时完成社会革命和现代化运动的双重使命和任务。

第一，中国共产党人以新文化运动为号角，以"五四运动"为契机，开启中国人寻求自我解放的思想反思，引导中国朝着共产主义的文化思想方向迈进。

作为主义觉醒者，中国共产党人以马克思主义为指导思想，并通过民族形式的马克思主义，实现了马克思主义的中国化。②作为政治觉醒者，中国共产党在一盘散沙的旧中国，建立了具有严密组织纪律性和远大理想的政治力量集团，成为一百多年来中国大地上最具时代意义的开天辟地的大事变。

第二，中国共产党人在生命和牺牲面前，实现主义殉道、生命殉道、光荣殉道，从而成为中国革命光明的指引。

一百多年来，中国共产党以牺牲与贡献，成功塑造了中华民族自强不息的光荣形象，成为中国社会涅槃重生中最有前途和最具光明的力量集团。

中国共产党经过一系列革命战争，推翻了帝国主义、封建主义、官僚资本主义三座大山，实现了民族独立、人民解放，结束了中华民族任人宰割、饱受欺凌的时代，为实现中华民族伟大复兴创造了根本社会条件。③

就自我革命而言，"经过不懈努力，党找到了自我革命这一跳出治乱兴衰历史周期率的第二个答案，确保党永远不变质、不变

---

① 《马克思恩格斯选集》第一卷，北京：人民出版社，2012年版，第780—781页。
② 《中共中央文件选集》第十一册，北京：中共中央党校出版社，1991年版，第658—659页。
③ 习近平：《在庆祝中国共产党成立100周年大会上的讲话》，《求是》，2021年版，第14页。

色、不变味"。①中国共产党长于洞察时代大势、把握历史主动,善于解放思想、锐意进取,勇于继往开来、拨乱反正,敢于坚持真理、自我扬弃,领导了世界历史上一国范围内最大规模的社会改革进步运动。

第三,打碎旧世界的革命型领导者,实现工业化、现代化和民族复兴的领导者。中国共产党在世界上最大的农业型落后国家进行政治革命,对内实现对传统封建势力和官僚买办势力的阶级革命,对外完成民族国家进入现代国际体系的主权诉求,捍卫民族国家独立,建立和培育了无产阶级主导的新型现代化的政治生态;进行经济革命和建设,顺应战后世界科技进步和经济发展潮流,追求和实现工业化、现代化;进行社会革命在新时代实现广泛领域的社会变革和创新进步,追求中华民族伟大复兴。

毋庸置疑,在中国的所有政治集团中,中国共产党是最积极、最坚决、最彻底进行社会组织和政治动员,并推动国家和民族走向独立和解放、追求现代化和国家强大的政治力量。

二

与"早发内生型"的西方资本主义现代化不同,中国共产党领导下的中国式现代化属于"晚发外生型""中国式现代化,是中国共产党领导的社会主义现代化,既有各国现代化的共同特征,更有基于自己国情的中国特色"。②

中华人民共和国成立后,中国共产党明确提出"建设起强大的现代化的工业、现代化的农业、现代化的交通运输业和现代化的国防的任务"的"四个现代化"。全面建设社会主义时期,中国共产党提出建设"现代农业、现代工业、现代国防和现代科学技术的社会主义强国"③与实现"四个现代化"并联式发展的指导思想,成功完成了从农业国到工业国的转型,奠定了实现中国式现代化的物质基础。改革开放以来,借鉴新中国成立以来的现代化实践经验,中国共产党领导全国人民推进的现代化呈现出步步为营、稳中

---

① 习近平:《高举中国特色社会主义伟大旗帜 为全面建设社会主义现代化国家而团结奋斗——在中国共产党第二十次全国代表大会上的报告》,《人民日报》,2022年10月26日。

② 习近平:《高举中国特色社会主义伟大旗帜 为全面建设社会主义现代化国家而团结奋斗》,北京:人民出版社,2022年版,第22页。

③《周恩来选集》下卷,北京:人民出版社,1984年版,第132、439页。

求进、精益求精的特质，"从'外在拉动型'转向'自觉内生型'，实现了现代化自主性、科学性、共生性的有机统一"，[①]这与单线突进、串联式的西方现代化有着本质上的区别。具体而言，从党的十三大提出的"三步走"战略，到党的十五大提出的新"三步走"战略，再到党的十九大提出、党的二十大重申的全面建成社会主义现代化强国的"两步走"战略安排，中国共产党随着改革开放的深入推进根据问题导向和人民的实际需求将追求的现代化目标置于宏观的战略安排之中，与时俱进地调整方针政策，确保中国式现代化走得通、行得稳。

党的二十大报告明确指出："中国式现代化，是中国共产党领导的社会主义现代化。"这是对中国式现代化定性的话，是管总、管根本的。为什么要强调党在中国式现代化建设中的领导地位？这是因为，党的领导直接关系中国式现代化的根本方向、前途命运、最终成败。

在长期探索和实践基础上，特别是经过党的十八大以来在理论和实践上的创新突破，中国共产党成功推进和拓展了中国式现代化。

一是在认识上不断深化。党的十八大以来，中国特色社会主义进入新时代，以习近平同志为主要代表的中国共产党人，坚持把马克思主义基本原理同中国具体实际相结合、同中华优秀传统文化相结合，创立了习近平新时代中国特色社会主义思想，实现了马克思主义中国化时代化新的飞跃，为中国式现代化提供了根本遵循。进一步深化对中国式现代化的内涵和本质的认识，概括形成中国式现代化的中国特色、本质要求和重大原则，初步构建中国式现代化的理论体系，使中国式现代化更加清晰、更加科学、更加可感可行。

二是在战略上不断完善。以习近平同志为核心的党中央明确坚持和发展中国特色社会主义，总任务是实现社会主义现代化和中华民族伟大复兴，在全面建成小康社会的基础上，分两步走在21世纪中叶建成富强民主文明和谐美丽的社会主义现代化强国，以中国式现代化推进中华民族伟大复兴。明确"五位一体"总体布局和"四个全面"战略布局，深入实施科教兴国战略、人才强国战略、乡村振兴战略等一系列重大战略，为中国式现代化提供坚实战略支撑。

[①] 吴忠民：《中国现代化论》，北京：商务印书馆，2019年版，第506页。

三是在实践上不断丰富。以习近平同志为核心的党中央推进一系列变革性实践、实现一系列突破性进展、取得一系列标志性成果，推动党和国家事业取得历史性成就、发生历史性变革。全面建成小康社会、实现第一个百年奋斗目标，如期打赢脱贫攻坚战、完成了消除绝对贫困的艰巨任务，建成世界上规模最大的教育体系、社会保障体系、医疗卫生体系，生态环境保护发生历史性、转折性、全局性变化等，为中国式现代化提供了更为完善的制度保证、更为坚实的物质基础、更为主动的精神力量。

近年来，中国共产党之所以能够在理论和实践上创新突破，成功推进和拓展了中国式现代化，根本在于有习近平总书记作为党中央的核心、全党的核心掌舵领航，在于有习近平新时代中国特色社会主义思想科学指引。实践雄辩证明，"两个确立"是新时代党和国家事业取得历史性成就、发生历史性变革的决定性因素，是党和人民应对一切不确定性的最大确定性、最大底气、最大保证。

中国共产党领导的现代化尽管也出现过曲折，但这只是探索中付出的代价，获得的是更加成熟的现代化战略、更加辉煌的现代化成就。需要指出的是，中国共产党不仅成功地领导中国人民创造了一个又一个现代化奇迹，而且给中国现代化打上了鲜明的中国烙印。人们都知道，实践是人有目的地改造世界的物质活动过程。实践的目的性，贯穿在实践活动的全过程。实践会检验并修正实践的目的性，但实践始终不是无目的性的活动。实践目的一旦在实践活动过程中转化为客观现实，那就证明其目的是正确的。于是，由这样的实践目的转化而来的现实，也就打上了其鲜明的目的性烙印。

中国共产党领导的现代化，必定是体现中国共产党人的纲领、宗旨、指导思想和奋斗目标的现代化。这种目的，不是主观设定的，而是在系统总结历史经验、深入剖析现实情况、充分考虑各种条件的基础上形成的指导思想和战略目标，并且是伴随实践的发展不断调整和完善的。中国共产党领导全国各族人民实现现代化的历史征程，作为近现代以来中华民族伟大复兴进程中的伟大实践及其取得的伟大成就，不仅一而再，再而三地证明了中国共产党领导的现代化目的即中国共产党领导的现代化指导思想和战略目标是正确的，而且开辟了一条打有中国共产党人鲜明目的性烙印的现代化新道路。

中国式现代化新道路，最本质的特征是中国共产党的领导。推进中国式现代化关键在党。这是一条在中国共产党领导下实现中华民族伟大复兴的历史进程中走上成功坦途的现代化之路。

四、以人民为中心推进中国式现代化

党的二十大报告指出，"中国式现代化是人口规模巨大的现代化""全面建设社会主义现代化国家，必须充分发挥亿万人民的创造伟力"。这充分表明，中国式现代化是以人民为中心、发挥广大人民群众主动性的现代化。

习近平总书记指出："江山就是人民，人民就是江山。中国共产党领导人民打江山、守江山，守的是人民的心。"[①]中国共产党根基在人民、血脉在人民、力量在人民。中国共产党自诞生起就一直紧紧依靠广大人民群众干事创业，在人民群众的支持下实现了中华民族从站起来、富起来到强起来的伟大飞跃。

当前，以人民为中心推进中国式现代化，需要将人民群众视作根本推动力量，调动最广大人民群众的积极性、主动性、创造性，形成人人参与、人人贡献、人人享有的磅礴力量，为有效应对中国式现代化进程中面临的问题与挑战、实现中华民族伟大复兴提供根本动力。

一

现代化的本质要求与最终目标是人的现代化。中国式现代化始终坚持以人民为中心的发展理念，牢牢把握人民群众作为历史创造者的主体地位。[②]

习近平总书记指出："我们党领导人民全面建设小康社会、进行改革开放和社会主义现代化建设的根本目的，是要通过发展社会

---

① 习近平：《在中国共产党第二十次全国代表大会上的报告》，新华社，2022年10月16日。
② 唐亚林：《人民本位观：基于经典现代化理论反思的多维度考察及其构建路径》，《行政论坛》，2022年第4期。

生产力，不断提高人民物质文化生活水平，促进人的全面发展。"①中国共产党领导全体人民在中国式现代化建设进程中，通过人民主体地位的确立与保障、人民本位观的塑造与建构，创造了"以人民为中心"的中国式现代化的主体力量。

首先，人民是历史的创造者，是决定党和国家前途命运的根本力量，是中国特色社会主义现代化建设的主体力量。

中国共产党成立之初，就充分认识到了人民的主体地位，坚持"从群众中来，到群众中去"的群众路线，带领全体人民群众取得了现代化发展的巨大成就。

回顾中国共产党的百年奋斗历程，中国共产党始终坚持以人民为中心，通过广泛发动人民群众积极投身新民主主义革命与社会主义现代化建设事业，创造了高速发展的生产力和巨大的物质财富。在中国共产党的领导下，中国人民取得脱贫攻坚战的巨大胜利，全面建成小康社会，人民群众的获得感、幸福感、安全感显著增强，共同富裕取得新成效。历史实践证明，中国特色社会主义现代化建设离不开人民群众的伟大创造力。

2022年11月，在亚太经合组织工商领导人峰会上发表的书面演讲中，习近平主席阐释道："中国经济社会的更好发展，归根结底要激发14亿多人民的力量。我们将坚持以人民为中心，继续提高人民生活水平，使中等收入群体在未来15年超过8亿，推动超大规模市场不断发展。"②

"人口规模巨大"既是压力与考验，也意味着优势与红利。随着人口受教育程度和技能水平的提高，人口规模巨大为中国式现代化提供了充裕的劳动力资源和人才基础，这是经济社会高质量发展的基础性、战略性支撑。同时，超过14亿多人口、其中4亿以上中等收入群体，每年进口商品和服务约2.5万亿美元；超大人口规模、超大国土空间、超大经济体量、超大国内市场……一个人口规模巨大的现代化中国，承载着世界对新时代新机遇的期待。深厚的人力资源基础和超大规模市场优势叠加，将为中国式现代化提供强大的动力引擎和不竭的动力源泉。

---

① 《习近平关于社会主义经济建设论述摘编》，北京：中央文献出版社，2017年版，第19页。

② 《坚守初心　共促发展　开启亚太合作新篇章——在亚太经合组织工商领导人峰会上的书面演讲》，新华社，2022年11月17日。

根据世界银行数据库资料，2021年，中国14.12亿的人口规模已超过世界三大经济体的人口规模之和（美国3.32亿、欧盟4.47亿、日本1.26亿），也超过现阶段所有高收入国家12.41亿的人口总和。2022年1月17日，国家统计局公布数据显示，按年平均汇率折算，2021年我国人均国内生产总值为12551美元，比较接近高收入国家的"门槛线"。

中国即将进入高收入国家行列，并在此基础上基本实现社会主义现代化和建成社会主义现代化强国目标，意味着世界高收入国家人口总数增长超过了一倍。与此同时，作为目前全世界唯一一个在"人均收入中等"阶段就做到"经济总量巨大"的经济体，同时具备"人均中等，总量巨大"两大重要国情特征，使中国以巨大的国内需求成为全球优质要素资源的引力场，吸引它们进来开拓中国经济发展，从而为中国经济发展注入加速度，彰显中国经济巨大潜力，中国在世界经济发展中的稳定器功能也将进一步增强。

让14亿多中国人民携手迈入现代化，是一项繁重、复杂的系统工程，必须坚持走中国特色社会主义道路，彰显中国特色社会主义制度的优越性，促进各地区各部门、各行各业、各条战线全面参与，心往一处想、劲往一处使，汇聚起中国式现代化建设的强大合力。

其次，人民当家做主是中国国家制度体系的根本出发点，人民群众的主体地位通过中国的政治制度体系得以保障。

《中华人民共和国宪法》规定："中华人民共和国的一切权力属于人民。人民行使国家权力的机关是全国人民代表大会和地方各级人民代表大会。"[①]人民代表大会制度是中国的根本政治制度，充分保障了人民在社会主义现代化建设中的主体地位，使人民群众能够行使自己的权力，从而动员和组织人民群众参与中国式现代化建设。进入新时代后，以习近平同志为核心的党中央领导中国人民，通过不断的实践探索和理论提炼，创造性地建构了全过程人民民主的政治形态，进一步夯实了人民群众在社会主义现代化建设中的主体地位。

全过程人民民主既能够通过人民代表大会制度保障人民群众

---

① 《中华人民共和国宪法》，新华社，2018年3月22日。

行使国家权力,也可以依靠基层自治制度实现人民自我管理。同时,公共政策过程的民主化,也为人民行使权力与维护权利提供了途径。①

"以人为本"是中国式现代化的价值观,实现人民利益和满足人民需求是社会主义现代化建设的价值旨归。人的全面自由发展与人类解放是社会主义现代化的伟大理想追求,中国共产党在带领全体人民追求这一宏大理想的进程中,形成了相信人民、依靠人民、支持人民当家做主的"人民本位观",创造了人民主体力量的价值基础。人民本位观坚持人民生命至上、人民意志人民利益至上的根本原则,将人的需求满足和人的幸福追求作为最高执政目标,致力于让人民"过上好日子"。②

中国式现代化建设以人民需求为导向,创造了巨大的物质财富和丰富的社会主义精神文明,维护了社会主义社会的民主、法治、公平、正义等价值,满足了人民群众物质性与精神性的双重需求。

中国共产党始终把人民利益和人民需求放在心上,赢得了广大人民的衷心拥护,从而创造了社会主义现代化建设的主体合力。

二

"我们究竟需要什么样的现代化?怎样才能实现现代化?"

2023年3月15日,习近平总书记出席中国共产党与世界政党高层对话会,就这一发人深省的"现代化之问",给出中国答案——坚守人民至上理念,秉持独立自主原则,树立守正创新意识,弘扬立己达人精神,保持奋发有为姿态。

这鲜明体现了中国式现代化的基本价值取向,科学回答了"为了谁"这一根本问题。"人民至上"正是中国式现代化的出发点和落脚点,更是以中国式现代化实现中华民族伟大复兴的根本立场。

中国式现代化的强大生命力就在于其人民性。这与许多欧美国家的早期现代化探索存在着根本性差异。几百年来,西方现代化实践以"资本至上"作为根本展开逻辑,在利润驱动下将"人"作为实现资本增值的工具,导致资本对"人"的异化,大大贬低了

---

① 张君:《全过程人民民主:新时代人民民主的新形态》,《政治学研究》,2021年第4期。

② 唐亚林:《人民本位观:基于经典现代化理论反思的多维度考察及其构建路径》,《行政论坛》,2022年第4期。

"人"的基本尊严，造成贫富两极分化不断加剧，社会不平等和阶层分化问题日益凸显，严重损害了人民群众的切身利益。相比之下，中国现代化道路的探索是基于"人民性"的逻辑展开的，是人民利益、公共利益、社会利益驱动的现代化，秉持的是人民至上的价值理念。中国共产党是马克思主义政党，党的性质和宗旨决定了中国共产党必须矢志不渝地践行"为中国人民谋幸福、为中华民族谋复兴"的初心使命，以"人的解放"和实现人自由而全面发展为价值导向，推进以人民为中心的现代化。

回顾党的一百多年奋斗历程，人民性贯穿于现代化探索的全过程。在半殖民地半封建时期，实现民族独立、人民解放是中国共产党的中心任务，也是开展现代化建设的前提条件，为此，中国共产党领导全国各族人民推翻了"三座大山"，建立了新中国。为了摆脱贫穷落后的面貌，站起来的中国人民在中国共产党的领导下逐步形成了"四个现代化"的实践探索，有力地推动了社会发展进步。改革开放之初，党中央作出了把全党工作重点转移到社会主义现代化建设上来的战略决策，大力推进改革开放，推动了社会生产力飞跃发展和人民生活水平的不断提高。

党的十八大以来，以习近平同志为核心的党中央高度重视社会主义现代化建设的根本价值取向，提出"只有坚持以人民为中心的发展思想，坚持发展为了人民、发展依靠人民、发展成果由人民共享，才会有正确的发展观、现代化观"。也正是在人民至上的基本价值取向的引领下，中国式现代化成功规避了"资本至上"的陷阱，消除了绝对贫困问题，实现了人民生活从温饱不足到全面小康的历史性跨越，开启了共同富裕的新征程。

党的二十大报告指出，一切脱离人民的理论都是苍白无力的，一切不为人民造福的理论都是没有生命力的。习近平总书记指出："一百年来，我们取得的一切成就，是中国共产党人、中国人民、中华民族团结奋斗的结果。"[①]中国共产党坚持人民至上的百年历史经验告诉我们：人民是社会历史的主体，是历史的创造者，社会历史的进步，离不开人民。不同时代社会的主要矛盾与主要任务虽然不同，坚持人民至上在不同时代又呈现出不同的表现形式，但它的

---

① 习近平：《在庆祝中国共产党成立100周年大会上的讲话》，《光明日报》，2021年7月2日。

本质内涵是一样的，那便是我们要尊重人民的主体地位，激发人民的创造活力，解决时代的主要矛盾，完成时代的伟大任务，创造人民群众的美好生活。

人民是历史的创造者，只有从人民的利益出发，为人民的利益奋斗，才能真正推动历史进步。中国共产党始终秉持着人民至上的初心与立场，以无私奉献、不怕牺牲的精神状态，为实现中华民族伟大复兴提供了强大的价值支撑与精神力量。只有真正发挥人民群众的历史主体作用，把握好为人民谋幸福的政治方向，永葆党的政治本色与先进品质，才能更加自觉地维护人民利益，实现党的执政价值，才能激发出蕴藏在人民之中的创造活力，为实现第二个百年奋斗目标提供不竭的力量源泉。

一百多年来，中国共产党始终坚持党的领导与尊重人民历史主体地位相结合，充分调动人民群众投身于革命、建设与改革的伟大实践中，汇聚起强大的民族凝聚力和向心力。在新时代，实现中华民族伟大复兴的中国梦需要凝聚全国各族人民的力量，始终保持党与人民群众的密切联系，将把握历史发展规律和大势、掌握党和国家事业发展的历史主动与尊重人民群众主体地位、实现人民根本利益与要求结合起来，从人民群众的根本利益出发，筑牢公平的治理基础，彰显正义的价值追求，缩小贫富差距，实现共同富裕。

一代又一代的中国共产党人，在中国共产党的百年历史上用不同的时代话语表述着"坚持人民至上"的思想，我们要坚持人民至上这一重要法宝，激发最广大人民群众的潜在力量，以中国式现代化全面推进中华民族伟大复兴，共同绘制出一幅美丽的中国梦画卷。

三

中国式现代化既强调现代化建设成果全体人民共享，又注重现代化建设成果代际共享，还为世界现代化发展开辟新境界。

首先，持续推进共同富裕，实现现代化建设成果全体人民共享。

党的二十大报告指出，"中国式现代化是全体人民共同富裕的现代化""不断实现发展为了人民、发展依靠人民、发展成果由人民共享，让现代化建设成果更多更公平惠及全体人民。"

关于"为什么人的问题"上，坚持以人民为中心，以实现人的自由全面发展为根本目标，区别于西方现代化的资本逻辑。中国式现代化和西方发达国家现代化的本质区别是中国要实现14亿多人口的现代化即共同富裕。

共同富裕，从量上而言，是实现全体人民，而不是少数地区、少数人的富裕，当然这种富裕不是同步富裕，而是分阶段性的实现富裕。从质上看，共同富裕不是单纯指的物质富裕，而是从物质文明、精神文明、社会文明等方面全方位、立体化的富裕，涵盖的内容广泛。正如习近平总书记指出的："共同富裕是社会主义的本质要求，也是一个长期的历史过程。"①

习近平总书记提出构建橄榄型收入分配格局，整体脱贫，实现共同富裕。2021年8月17日，习近平总书记在中央财经委员会第十次会议上指出："共同富裕是社会主义的本质要求，是中国式现代化的重要特征。"党的二十大报告在社会建设上的战略部署强调"扎实推进共同富裕"。全体人民共同富裕不是少数人的富裕，也不是整齐划一的平均主义。要允许一部分人先富起来，同时要强调先富带后富、帮后富。按照党中央部署，到"十四五"末全体人民共同富裕迈出坚实步伐，到2035年全体人民共同富裕取得更为明显的实质性进展，到二十一世纪中叶全体人民共同富裕基本实现。要坚持循序渐进，充分估计长期性、艰巨性、复杂性，实打实把一件件事办好，扎实推进共同富裕。

中国共产党坚持把实现人民对美好生活的向往作为现代化建设的出发点和落脚点，着力维护和促进社会公平正义，着力促进全体人民共同富裕，坚决防止两极分化。由于中国富裕程度还不高，又面临城乡差距、地域差距和收入差距不平衡等难题，在坚持中发展仍然是党执政兴国的第一要务，同时，要把发展起来积攒的财富分配好，也就是把蛋糕切好。实现共同富裕，切好蛋糕，要求"完善分配制度"，建立初次分配、再次分配和第三次分配的制度体系、"实施就业优先战略""实施积极应对人口老龄化国家战略"。这是党中央着眼于新时代新征程、针对新形势、新情况和从中国现实与未来所做出的重大战略部署。

---

① 习近平：《高举中国特色社会主义伟大旗帜　为全面建设社会主义现代化国家而团结奋斗——在中国共产党第二十次全国代表大会上的报告》，《人民日报》，2022年10月17日。

其次，促进人与自然和谐共生，实现现代化建设成果代际共享。

中国式现代化立足于全人类可持续发展的高度，倡导"人与自然和谐共生的现代化"。一是强调促进人与自然和谐共生。人与自然和谐共生是中国式现代化的重要特征，是全面建设社会主义现代化国家的内在要求，是推动高质量发展的应有之义。中国共产党一直探索人与自然的关系，尤其是进入新时代，中国式现代化正处于追赶和超越阶段，在这个阶段，习近平总书记强调人与自然和谐发展的长远大计，人与自然和谐共生的现代化是中国式现代化的内在要求。

在目标上，党和国家站在人类命运共同体的高度上，秉持着中华民族永续发展的理念，实现人与自然和谐共生，坚持可持续发展战略。

在认识上，尊重自然，顺应自然。在人与自然的关系上，人类首先要正确认识、尊重自然规律。人类不能无限制向自然索取和浪费资源，要按照自然的规律认识和改造自然，否则就会遭到自然无情报复。

二是强调"加快发展方式绿色转型"。绿色经济已经成为全球产业竞争的制高点，加快绿色发展就是要彻底改变"杀鸡取卵、竭泽而渔"的发展方式。"现代化主要是一种心理态度、价值观和生活方式的改变过程"①。中国式现代化是人与自然和谐共生的现代化，既要创造更多物质财富和精神财富以满足人民日益增长的美好生活需要，也要提供更多优质生态产品以满足人民日益增长的优美生态环境需要。习近平总书记在出席世界经济论坛的演讲中说过，要彻底解决人与自然剑拔弩张的紧张关系，就需要构筑尊崇自然、绿色发展的生态体系，把生态文明观作为人们的行为准则和价值理念，"倡导绿色、低碳、循环、可持续的生产生活方式"。习近平总书记关于坚持绿色发展的论述，为中国式现代化走出一条人与自然和谐共生的道路指明了方向。

三是强调"提升生态系统多样性、稳定性、持续性"。尊重自然、顺应自然、保护自然是中国式现代化的内在要求。建设美丽中国是现代化强国的重要目标，是人的现代化的内在要求，是人与自

---

① 罗荣渠：《现代化新论》，北京：北京大学出版社，1993年版，第9页。

然命运共同体的民族大计。

四是强调"有计划分步骤实施碳达峰行动"。实现碳达峰和碳中和，是贯彻新发展理念、构建新发展格局，推动高质量发展的内在要求，是一场广泛而深刻的经济社会系统性变革。中国式现代化道路必须创新发展模式。推动绿色低碳发展是中国特色社会主义现代化道路的内在要求，是对其他国家现代化发展模式的经验总结，是对长期以来中国粗放型增长方式的修复，是人民对美好生态环境的期待和向往。人与自然和谐共生超越和批判了人类中心主义，坚持了马克思主义的立场、观点和方法，是中国式现代化的内在要求。

人类现代化过程中，既实现了经济增长，也加剧了人与自然的矛盾。中国式现代化是坚持人与自然和谐共生现代化。"人终于成为自己的社会结合的主人，从而也就成为自然界的主人，成为自身的主人——自由的人"。[1]

推动构建人类命运共同体，不断推进世界人民福祉。

中国式现代化始终坚持人类命运共同体理念，不仅着眼于实现中华民族伟大复兴，更放眼于为世界人民谋幸福、谋发展。中国式现代化坚持和平发展，拓宽了世界发展中国家走向现代化的路径，创造了人类文明新形态，为人类和平与发展作出新的突出贡献。中国式现代化坚持高质量发展、绿色发展，使世界各国共享经济发展成果，不断改善世界人民生活水平，为世界范围内消除贫困、实现共同繁荣与清洁美丽贡献中国力量。

---

[1]《马克思恩格斯选集》第三卷，北京：人民出版社，1995年版，第760页。

第三章

不断推进马克思主义中国化时代化

📔 考　题

中国共产党为什么能,中国特色社会主义为什么好?

📖 习近平总书记指出

一个民族要走在时代前列,就一刻不能没有理论思维,一刻不能没有正确思想指引。中国共产党为什么能,中国特色社会主义为什么好?归根到底是因为马克思主义行。马克思主义之所以行,就在于党不断推进马克思主义中国化时代化并用以指导实践。

——2022年1月11日,在省部级主要领导干部学习贯彻党的十九届六中全会精神专题研讨班上的讲话马克思主义是中国共产党立党立国、兴党兴国的根本指导思想。马克思主义要在中国行、要在历史行，就必须推进马克思主义中国化时代化。

中国共产党始终坚持把马克思主义基本原理同中国具体实际相结合、同中华优秀传统文化相结合，不断创新党的理论，形成了马克思主义中国化时代化的重大成果和思想飞跃。习近平总书记在党的二十大报告提出"中国化时代化的马克思主义行"的重要论断，不仅是从党的百年理论创新史中得到的历史答案，更是在新时代的理论探索和创新中得出的现实结论。

一、马克思主义中国化时代化的历史进程

一切划时代的思想体系的真正内容，是产生这些体系的时代需要。马克思主义的问世顺应了时代和实践呼唤。

十九世纪四十年代马克思主义的诞生，源于马克思、恩格斯对所处时代和世界的深入考察，以及对历史运动本质和时代发展方向的深刻把握。马克思主义吸收了人类历史上一切有价值的思想文化成果，"回答了人类先进思想已经提出的种种问题"。① 作为"无产阶级解放"和"使整个社会摆脱阶级划分"的学说，② 科学社会主义的思想及其实践深刻改变了人类历史发展进程。

马克思主义发展史，就是马克思主义者在推进马克思主义本土化时代化过程中不断进行理论创新的历史。一切真正的马克思主义者、有作为的马克思主义者，都是用发展着的马克思主义指导新的实践才取得成功；"躺着的马克思主义"（列宁语）、"死的马克思主义"（毛泽东语）必然以失败告终。"一个党，一个国家，一个民族，如果一切从本本出发，思想僵化，迷信盛行，那它就不能前进，它的生机就停止了，就要亡党亡国。"③

---

①《列宁选集》第二卷，北京：人民出版社，2012年版，第309页。
② 参见《马克思恩格斯选集》第一卷，北京：人民出版社，2012年版，第291页；《马克思恩格斯选集》第四卷，北京：人民出版社，2012年版，第203页。
③《邓小平文选》第二卷，北京：人民出版社，1994年版，第143页。

一

1818年5月5日，马克思诞生在德国特里尔城。早在中学时代，他就树立了为人类幸福而工作的志向。大学时代，马克思广泛钻研哲学、历史学、法学等知识，探寻人类社会发展的奥秘。在《莱茵报》工作期间，马克思犀利抨击普鲁士政府的专制统治，维护人民权利。1843年移居巴黎后，马克思积极参与工人运动，完成了从唯心主义到唯物主义、从革命民主主义到共产主义的转变。1845年，马克思、恩格斯合作撰写了《德意志意识形态》，第一次比较系统地阐述了历史唯物主义基本原理。1848年，马克思、恩格斯合作撰写了《共产党宣言》，一经问世就震动了世界。恩格斯说，《共产党宣言》是"全部社会主义文献中传播最广和最具有国际性的著作，是从西伯利亚到加利福尼亚的千百万工人公认的共同纲领"。

1848年，席卷欧洲的资产阶级民主革命爆发。革命失败后，马克思深刻总结革命教训，力求通过系统研究政治经济学，揭示资本主义的本质和规律。1867年问世的《资本论》是马克思主义最厚重、最丰富的著作，被誉为"工人阶级的《圣经》"。

马克思留下的最有价值、最具影响力的精神财富，就是以他名字命名的科学理论——马克思主义。这一理论照亮了人类探索历史规律和寻求自身解放的道路。

马克思有一句名言："批判的武器当然不能代替武器的批判，物质力量只能用物质力量来摧毁；但是理论一经群众掌握，也会变成物质力量。"①马克思主义主要由哲学、政治经济学、科学社会主义三大组成部分构成。这三大组成部分分别来源于德国古典哲学、英国古典政治经济学、法国空想社会主义，然而，最终升华为马克思主义的根本原因，是马克思对人类社会发展规律的深刻把握。

在整个人类发展的历史长河中，才能透视出历史运动的本质和时代发展的方向。正如列宁所说，"凡是人类社会所创造的一切，他都有批判地重新加以探讨，任何一点也没有忽略过去。凡是人类思想所建树的一切，他都放在工人运动中检验过，重新加以探讨，加以批判，从而得出了那些被资产阶级狭隘性所限制或被资产阶级

---

① 《马克思恩格斯选集》第一卷，北京：人民出版社，1995年版，第9页。

偏见束缚住的人所不能得出的结论"。①马克思的思想理论源于那个时代又超越了那个时代，既是那个时代精神的精华又是整个人类精神的精华。

《共产党宣言》发表以来，马克思主义在世界上得到广泛传播。"第一国际"等国际工人组织相继创立和发展，在不同时期指导和推动了国际工人运动的联合和斗争。马克思主义政党在世界范围内如雨后春笋般建立和发展起来，人民第一次成为自己命运的主人。

列宁领导的十月革命取得胜利，社会主义从理论变为现实，打破了资本主义一统天下的世界格局。

马克思、恩格斯积极支持被压迫民族和人民的解放斗争。进入20世纪后，以列宁为代表的马克思主义者继承和发展马克思主义民族理论，指导和支持殖民地半殖民地国家民族解放运动。第二次世界大战结束后，一大批获得独立和解放的民族国家建立起来，彻底瓦解了帝国主义的殖民体系。

二

马克思主义深刻改变了世界，也深刻改变了中国。中华民族在几千年的历史进程中创造了灿烂的中华文明，为人类文明进步作出了重大贡献。1840年鸦片战争后，西方列强凭着坚船利炮轰开了中国的大门，中华民族陷入内忧外患的悲惨境地。

帝国主义的野蛮侵略和中国人民的深重苦难引起了马克思高度关注。第二次鸦片战争期间，马克思撰写了十几篇关于中国的通讯，向世界揭露西方列强侵略中国的真相，为中国人民伸张正义。马克思、恩格斯高度肯定中华文明对人类文明进步的贡献，科学预见了"中国社会主义"的出现，甚至为他们心中的新中国取了靓丽的名字——"中华共和国"。

近代以后，争取民族独立、人民解放和实现国家富强、人民幸福就成为中国人民的历史任务。在旧式的农民战争走到尽头，资产阶级革命派领导的革命和西方资本主义的其他种种方案纷纷破产的情况下，十月革命一声炮响，为中国送来了马克思列宁主义，给苦苦探寻救亡图存出路的中国人民指明了前进方向、提供了全新选择。

---

① 《列宁选集》第四卷，北京：人民出版社，1995年版，第284—285页。

马克思主义在近代西学东渐大潮中传入中国后的思想演进过程，是为解决中国面临的现实问题而与中国本土思想文化不断融合的过程。在这个历史大潮中，一个以马克思主义为指导、一个勇担民族复兴历史大任、一个必将带领中国人民创造人间奇迹的马克思主义政党——中国共产党应运而生。

从中国共产党的历史看，早期中国共产党人在研究、接受马克思主义的过程中，尝试将马克思主义科学理论与中国实际相结合，并据此解决中国问题。

1919年，李大钊辨析"问题与主义"时指出："我们只要把这个那个的主义，拿来做工具，用以为实际的运动，他会因时、因所、因事的性质情形生一种适应环境的变化。"[①] 中国共产党成立后，他进一步强调：应该细细地研考马克思的唯物史观，怎样应用于中国今日的政治经济情形。恽代英提出："我们的任务，在寻求一个适合国情，而又合于共产主义的方针来"；"解决中国的问题，自然要根据中国的情形，以决定中国的办法"。[②] 在马克思主义中国化的思想启程阶段，这些认识是初步的，也是深刻的，为后来实现马克思主义中国化奠定了思想基础。

马克思主义中国化是一个从不完全自觉逐渐上升到实践自觉和理论自觉的历史过程。中国共产党人研究判断中国革命在世界无产阶级革命时代所处历史方位，不断加深对中国国情、中国革命基本规律和特点的认识，在研究总结经验教训的过程中，推动马克思主义的中国化。

在一个半殖民地半封建的东方大国，农民占人口绝大多数，分散的小农经济、小生产广泛存在，同时遭受西方列强侵略和压迫，中国革命的条件与马克思、恩格斯分析的西方国家无产阶级革命的条件，以及列宁分析的俄国革命的条件，都不相同。"选择一条什么样的道路才能把中国革命引向胜利，是马克思主义发展史上前所未有的难题。"[③]

实践的观点是马克思主义首要的、基本的观点。马克思主义是用来解决实际问题的，如果只是把它空谈一阵，束之高阁，并不实行，那么这种理论再好也没有意义。中国共产党把马克思主义作为

---

① 《李大钊全集》第三卷，北京：人民出版社，2013年版，第51页。
② 《恽代英全集》第四卷，北京：人民出版社，2014年版，第273页。
③ 习近平：《更好把握和运用党的百年奋斗历史经验》，《求是》，2022年第13期。

一种新的思想武器，并不意味着能顺理成章、自然而然地用它来解决中国革命问题。在党的幼年时期，对于这种新的思想武器，到底该持什么样的态度、如何有效指导中国革命实践，中国共产党人经历了一个艰难的认识和探索过程。

二十世纪二十年代末至三十年代初，党内出现以王明为代表的"左"倾教条主义、冒险主义等错误，把共产国际的指示和苏联经验神圣化，照搬照抄，使中国革命遭遇了严重挫折。

自1927年建立井冈山革命根据地之后，工农革命军在赣西、赣南、闽西、湘赣边境等地陆陆续续取得了胜利，并建立了多个革命根据地。1931年11月，红一方面军粉碎敌人的第三次"围剿"后，中华苏维埃第一次全国代表大会在江西瑞金召开，宣告中华苏维埃共和国临时中央政府成立，此后不断发展壮大，并在1933年第四次反"围剿"胜利后达到鼎盛时期。而同年5月，国民党在蒋介石的亲自指挥下开展了更大规模的第五次"围剿"，从军事上、经济上对中央苏区进行压缩，同时大量购置军火和训练军官，决心消灭共产党及其领导的红军。此次反"围剿"历时整整一年之久，尽管红军战士顽强抵抗浴血奋战，但还是处于被动，在一次次失利后，被迫放弃中央苏区，开始了长征。

这次反"围剿"的失败归结于中共中央实行了错误的军事战略。以王明为代表的一批"党内理论家"，虽然熟读马克思、恩格斯、列宁的著作，但是并没有掌握贯穿其中的立场、观点、方法，不会具体地分析和解决中国的革命问题，而是简单套用马克思主义关于无产阶级革命的一般原理，照抄照搬俄国十月革命城市武装起义的经验。其结果是，导致中国革命一度几乎陷入绝境。

王明早年在莫斯科中山大学留学，因成绩优异受到当时的校长米夫的赏识，并将其作为未来的中共领导人进行培养，而这种培养的目的是为了牢牢掌握中国共产党，因此在这种"培养"过程中使王明形成了一种教条化的马克思列宁主义思想。1930年米夫作为共产国际驻中国代表被派往中国。之后，他在王明回国后极力将王明推上中共领导人的位子。

1934年10月，由于第五次反"围剿"的失败，中共中央和中央红军被迫撤出中央苏区，向湘西转移，拉开了长征的序幕。10月21日，中央红军从赣县王母渡至信丰县新田间突破国民党军第一道封锁线，沿粤赣边、湘粤边、湘桂边西行，至11月15日突破了国民党军第二、第三道封锁线；然而当时红军领导人一味退却，消极避战，使红军继续处于不利地位。中央军委决定从兴安、全州之间抢渡湘江，经浴血奋战，于12月1日渡过湘江（即第四道封锁线），由于连续苦战，红军由8万余人锐减5万余人，剩余3万余人。

　　第五次反"围剿"的失败和长征初期的严重损失，使党和中央红军陷入极端危险的境地。因此，在随后占领遵义后，中共中央1935年1月召开了政治局扩大会议，也就是遵义会议，集中解决了当时具有决定意义的军事和组织问题，事实上确立了毛泽东在党中央和红军的领导地位，开始确立以毛泽东同志为主要代表的马克思主义正确路线在党中央的领导地位，在最危急关头挽救了党、挽救了红军、挽救了中国革命，是中国共产党历史上一次重大转折，是坚持马克思主义中国化解决中国具体问题的成功典范。

　　对于教条主义及其危害，毛泽东认识得很早很深刻。1930年5月，他在《调查工作》（即后来的《反对本本主义》）中一针见血地指出："马克思主义的'本本'是要学习的，但是必须同我国的实际情况相结合。我们需要'本本'，但是一定要纠正脱离实际情况的本本主义。"①

　　毛泽东是马克思主义中国化的伟大开拓者。土地革命、武装斗争、农村革命根据地建设、统一战线和党的建设等开创性实践，在延安时期结出马克思主义中国化的理论硕果。在《中国的红色政权为什么能够存在？》《井冈山的斗争》等文章中，毛泽东分析了在白色政权的包围中，产生一小块或若干块红色政权区域是可能的。根本原因在于，在半殖民地半封建社会的中国，买办豪绅阶级之间的分裂和战争是持续的，这是中国自身最为具体的国情。1930年年初，毛泽东撰写了《星星之火，可以燎原》，文章批判了那种在全国范围内的、包括一切地方的、先争取群众后建立政权的理论是错误的，"是于中国革命的实情不适合的"，而这种错误理论的来源，"主要是没把中国是一个许多帝国主义国家互相争夺的半殖民地这件事认清楚"，也就是没有将中国具体国情认识清楚。

---

①《毛泽东选集》第一卷，北京：人民出版社，1991年版，第111—112页。

这几篇文章，是毛泽东在马克思主义指导下、在充分调研和实践的基础上形成的，可以看出毛泽东将马克思主义与中国具体实际相结合来解决中国面临的具体问题的思想已经萌芽，开辟了一条农村包围城市、武装夺取政权的正确革命道路。

从毛泽东基于农村调查来看中国革命道路和实践的大量文章论述中可以看到，这时马克思主义中国化的概念尽管还没提出，但是马克思主义中国化的思想已经逐步形成。

1935年1月，以总结第五次反"围剿"的经验教训为主要议题的遵义会议召开。遵义会议纠正了王明"左"倾冒险主义在军事上的错误，事实上确立了毛泽东在党中央和红军的领导地位，开始确立以毛泽东为主要代表的马克思主义正确路线在党中央的领导地位。28年后，毛泽东在一次会见外宾时指出："真正懂得独立自主是从遵义会议开始的。"①

遵义会议后，党和红军在历经艰难曲折、跨过生死攸关的转折之后，由此踏上了新的征程。四渡赤水、抢渡金沙江、强渡大渡河、飞夺泸定桥、翻越夹金山、鏖战腊子口……中央红军在毛泽东等指挥下，立刻呈现出新的面貌，显示出强大的生机和活力，好像忽然获得了新的生命，迂回曲折，处处主动，生龙活虎，左右敌人。

但也要看到，由于一直处于紧张的战争状态，给革命事业造成严重危害的教条主义还没有来得及从思想上进行认真清理。如果不解决这个问题，就难以避免错误再次发生。因此，毛泽东在1938年召开的扩大的六届六中全会上鲜明提出马克思主义中国化的命题，强调"使马克思主义在中国具体化""按照中国的特点去应用它，成为全党亟待了解并亟须解决的问题""在这个问题上，我们队伍中存在着的一些严重的错误，是应该认真地克服的"。②所谓"一些严重的错误"，就是指王明"左"倾教条主义。

何为马克思主义中国化？1938年10月，毛泽东在《中国共产党在民族战争中的地位》中讲道："对于中国共产党人说来，就是要学会把马克思列宁主义的理论应用于中国的具体环境……离开中国特点来谈马克思主义，只是抽象的空洞的马克思主义。因此，使

---

① 《毛泽东文集》第八卷，北京：人民出版社，1999年版，第339页。
② 《中共中央文件选集》第十一册，北京：中共中央党校出版社，1991年版，第658—659页。

马克思主义在中国具体化，使之在其每一表现中带着必须有的中国特性，即是说，按照中国的特点去应用它，成为全党亟待了解并亟须解决的问题。"①马克思主义应该有新鲜活泼、为中国老百姓喜闻乐见的中国作风和中国气派，国际主义的内容应该和民族的形式结合起来。这是对马克思主义中国化最系统、最精彩的表述。

为进一步提高全党的马列主义水平，纠正党内各种非无产阶级思想，中国共产党于1941年至1945年开展了一次大规模的党内学习教育运动——延安整风。这次整风的目的，主要是解决党内长期存在的主观主义、宗派主义和党八股（简称"三风"），使全党上下思想保持一致，以便更好地团结起来。这是中国共产党历史上一次全党范围的普遍的马克思主义思想教育运动。

通过整风运动，提高了党员的马列主义理论水平，实现了在以毛泽东为核心的党中央领导下全党新的团结和统一，为抗日战争的胜利和新民主主义革命在全国的胜利，奠定了重要的思想政治基础。通过整风运动，中国共产党不仅初步确立了实事求是、理论联系实际的思想路线，破除了将苏共经验和共产国际指示神圣化的教条主义，而且在中共七大将马克思主义中国化的第一个理论成果——毛泽东思想确定为党的指导思想，从而极大地推动了马克思主义中国化的进程，对中国革命和建设事业产生了深远的影响。

三

新中国成立后，马克思主义中国化时代化在新的历史时期的革命和建设实践中继续推进。中国共产党领导人民进行社会主义革命，创造性地走出一条适合中国国情的社会主义改造道路，完成从新民主主义到社会主义的转变，确立了社会主义基本制度。

党的八大对社会主义改造基本完成后国内主要矛盾和主要任务作出新的判断，提出把我国逐步建成"四个现代化"的社会主义强国，领导人民全面开展大规模的社会主义建设。特别是苏共二十大后，毛泽东进一步提出："最重要的是要独立思考，把马列主义的基本原理同中国革命和建设的具体实际相结合……现在是社会主义革命和建设时期，我们要进行第二次结合，找出在中国怎样建设社

---

① 《毛泽东选集》第二卷，北京：人民出版社，1991年版，第534页。

会主义的道路。"① "现在我们有了自己的初步实践,又有了苏联的经验和教训,应当更加强调从中国的国情出发,强调开动脑筋,强调创造性,在结合上下功夫,努力找出在中国这块大地上建设社会主义的具体道路。"②

中国共产党结合新的实际,提出关于社会主义建设的一系列重要思想,包括社会主义是一个很长的历史阶段,严格区分和正确处理敌我矛盾和人民内部矛盾,正确处理我国社会主义的十大关系,走出一条适合我国国情的工业化道路,尊重价值规律,在党与民主党派的关系上实行"长期共存,互相监督"的方针,在科学文化工作中实行"百花齐放,百家争鸣"的方针等。③这些独创性理论成果是毛泽东思想的重要组成部分,为改革开放新时期继续推进马克思主义中国化时代化提供了理论生长点。

如同新民主主义革命时期,新中国成立后到改革开放前,马克思主义中国化时代化进程也经历过严重曲折。但是有实事求是思想传统和推进马克思主义理论创新历史传统的中国共产党,在"文化大革命"结束后不久就开展了真理标准大讨论,重新恢复和确立了解放思想、实事求是的马克思主义思想路线。

1981年6月党的十一届六中全会通过《关于建国以来党的若干历史问题的决议》,首次从世界观和方法论高度对"毛泽东思想的活的灵魂"作出阐释,指出:"毛泽东思想的活的灵魂,是贯串于上述各个组成部分(即决议概括的六个方面的内容——引者注)的立场、观点和方法,它们有三个基本方面,即实事求是,群众路线,独立自主。毛泽东同志把辩证唯物主义和历史唯物主义运用于无产阶级政党的全部工作,在中国革命的长期艰苦斗争中形成了具有中国共产党人特色的这些立场、观点和方法,丰富和发展了马克思列宁主义。"④

第二个历史决议还基于对新中国成立以来正反两方面经验,特

---

① 中共中央文献研究室编:《毛泽东年谱(1949—1976)》第二卷,北京:中央文献出版社,2013年版,第557页。

② 吴冷西:《十年论战——1956—1966中苏关系回忆录》,北京:中央文献出版社,1999年版,第24页。

③《中共中央关于党的百年奋斗重大成就和历史经验的决议》,北京:人民出版社,2021年版,第12—13页。

④《中国共产党中央委员会关于建国以来党的若干历史问题的决议》,北京:人民出版社,1981年版,第47页。

别是"文化大革命"教训的总结，对党的十一届三中全会以来逐步确立的"适合我国情况的社会主义现代化建设的正确道路"即中国式现代化道路，初步作出理论层面的概括，阐述了十个要点，表明中国共产党开始形成对社会主义建设的新认识。在此基础上，1982年党的十二大提出"建设有中国特色的社会主义"重大命题。邓小平说："我们的现代化建设，必须从中国的实际出发。无论是革命还是建设，都要注意学习和借鉴外国经验。但是，照抄照搬别国经验、别国模式，从来不能获得成功。这方面我们有过不少教训。把马克思主义的普遍真理同我国的具体实际结合起来，走自己的道路，建设有中国特色的社会主义，这就是我们总结长期历史经验得出的基本结论。"①"建设有中国特色的社会主义"是中国化时代化马克思主义的第二个标识性概念，围绕这个基本问题，邓小平提出了时代主题论、社会主义初级阶段理论、社会主义本质理论、社会主义市场经济理论等一系列原创性理论，创立了邓小平理论。党的十七大将邓小平理论与其后续形成的"三个代表"重要思想和科学发展观，概括为"中国特色社会主义理论体系"。这个理论体系坚持科学社会主义基本原则，又从新的时代和实践出发，科学回答了"什么是社会主义、怎样建设社会主义""建设什么样的党、怎样建设党""实现什么样的发展、怎样发展"等重大课题，实现了马克思主义中国化新的飞跃。

第三个历史决议指出："党深刻认识到，开创改革开放和社会主义现代化建设新局面，必须以理论创新引领事业发展。"②中国特色社会主义理论体系在解决当代中国问题的实践中形成。邓小平说："我的东西没有什么高深的语言，只能说是对解决当前中国问题提出了一些见解。"③在马克思主义与中国实际的结合中推进马克思主义中国化，是解决中国问题、体现中国特色的根本途径。邓小平指出："要坚持马克思主义，坚持走社会主义道路。但是，马克思主义必须是同中国实际相结合的马克思主义，社会主义必须是切合中国实际的有中国特色的社会主义。"绝不能要求马克思、列宁

---

① 《邓小平文选》第三卷，北京：人民出版社，2001年版，第2—3页。
② 习近平：《中共中央关于党的百年奋斗重大成就和历史经验的决议》，北京：人民出版社，2021年版，第17页。
③ 中共中央文献研究室编：《邓小平年谱（1975—1997）》下卷，北京：中央文献出版社，2007年版，第1204页。

承担为他们去世之后所产生的问题提供现成答案的任务,"真正的马克思列宁主义者必须根据现在的情况,认识、继承和发展马克思列宁主义"。①

新时期中国共产党人对马克思主义理论品质、科学精神和理论创新需求的认识,改革开放和社会主义现代化建设的历史性实践和中国特色社会主义理论体系的构建,进一步厚植了马克思主义中国化时代化的实践基础和理论基础。

二、中国化时代化的马克思主义为什么行

2022年10月16日8时许,人民大会堂一楼中央大厅"党代表通道"正式开启。"长枪短炮"列阵的中外媒体镜头前,中共一大纪念馆宣教部主任杨宇讲述了一段亲身经历:

2021年6月,建党百年前夕,围绕着"中国共产党为什么能、马克思主义为什么行、中国特色社会主义为什么好"这一主题,她为包括40多个国家驻华大使在内的外国参访者进行讲解。

讲解现场,掌声热烈。一位驻华大使认真倾听,并真诚表示,没有哪个马克思主义政党像中国共产党这样成功。

"这掌声是为我们中国共产党而响起的。"杨宇说。

"实践告诉我们,中国共产党为什么能,中国特色社会主义为什么好,归根到底是马克思主义行,是中国化时代化的马克思主义行。"②习近平总书记在党的二十大报告中的这个论断掷地有声。

时代在变迁,实践在发展,理论也需要随之不断创新,马克思主义的中国化时代化是马克思主义在中国得以不断发展、永葆生机活力的动力源泉。

中国化时代化的马克思主义之所以能行,是因为科学回答了新时代坚持和发展什么样的中国特色社会主义、怎样坚持和发展中国特色社会主义,建设什么样的社会主义现代化强国、怎样建设社会

---

① 《邓小平文选》第三卷,北京:人民出版社,2001年版,第63、291页。
② 《中国共产党第二十次全国代表大会文件汇编》,北京:人民出版社,2022年版,第14页。

主义现代化强国,怎样建设长期执政的马克思主义政党等重大时代课题。

一

中国化时代化的马克思主义第一次站在中国人民的立场探求实现民族独立、人民解放,实现国家富强、人民幸福的道路,为中华民族迎来从站起来、富起来到强起来的伟大飞跃指明了方向。

中国化时代化的马克思主义坚持人民立场。马克思主义是人民的理论,是为人民求解放的思想武器,人民性是马克思主义最鲜明的品格。马克思恩格斯在《共产党宣言》中指出:"过去的一切运动都是少数人的,或者为少数人谋利益的运动。无产阶级的运动是绝大多数人的,为绝大多数人谋利益的独立的运动。"① 作为马克思主义政党,中国共产党始终坚持人民立场,把全心全意为人民服务作为宗旨。

1945年4月党的七大召开前夕,毛泽东在中央党校讲话时明确指出:"……从四万万五千万人民的利益出发。我们讨论这个问题以及讨论其他任何别的问题,就是这个出发点,或者叫作立场。还有什么别的出发点、别的立场没有? 没有了。为了全党与全国人民的利益,这就是我们的出发点,就是我们的立场。"② 邓小平在1992年南方谈话中提出,判断改革和各方面工作是非得失的标准,"应该主要看是否有利于发展社会主义社会的生产力,是否有利于增强社会主义国家的综合国力,是否有利于提高人民的生活水平"。③ 并且把"提高人民的生活水平"作为"三个有利于"标准的落脚点和归宿。习近平在庆祝中国共产党成立100周年大会上说:"江山就是人民,人民就是江山,打江山、守江山,守的是人民的心。"④ 坚持人民立场是中国化时代化的马克思主义所蕴含的根本立场,体现了我们党始终坚守为人民谋幸福的如磐初心。

---

① 中共中央马恩列斯著作编译局:《马克思恩格斯文集》第二卷,北京:人民出版社,2009年版,第42页。

② 中共中央文献编辑委员会:《毛泽东文集》第三卷,北京:人民出版社,1996年版,第253页。

③ 中共中央文献编辑委员会:《邓小平文选》第三卷,北京:人民出版社,1993年版,第372页。

④ 习近平:《在庆祝中国共产党成立100周年大会上的讲话》,北京:人民出版社,2021年版,第11页。

中国化时代化的马克思主义坚持人民主体地位。中国共产党要坚持人民立场，坚守为人民谋幸福的初心，就必须尊重人民群众的主体地位，充分发挥人民群众的历史推动作用。列宁指出："只靠共产党员的双手来建立共产主义社会，这是幼稚的、十分幼稚的想法。共产党员不过是沧海一粟，不过是人民大海中的一粟而已。"① 中国化时代化的马克思主义坚持历史唯物主义群众史观，反对历史唯心主义英雄史观，始终主张人民是历史的创造者。毛泽东强调："人民，只有人民，才是推动历史发展的动力。"② 邓小平说："我们党提出的各项重大任务，没有一项不是依靠广大人民的艰苦努力来完成的。"③ 习近平指出："人民是决定我们前途命运的根本力量。坚持人民主体地位，充分调动人民积极性，始终是我们党立于不败之地的强大根基。"④ 坚持人民主体地位是中国化时代化的马克思主义所蕴含的基本观点，体现了中国共产党按历史规律办事的高度自觉。

中国化时代化的马克思主义坚持群众路线。群众路线是中国共产党人把马克思列宁主义关于人民群众是历史的创造者的原理，系统地运用到党的全部活动中所形成的党的根本工作路线，是党的生命线，也是党永葆青春活力和战斗力的法宝。群众路线是毛泽东思想的活的灵魂，也是中国特色社会主义理论、习近平新时代中国特色社会主义思想的活的灵魂。毛泽东指出："在我党的一切实际工作中，凡属正确的领导，必须是从群众中来，到群众中去""如此无限循环，一次比一次地更正确、更生动、更丰富。这就是马克思主义的认识论。"⑤ 邓小平指出："党的领导工作能否保持正确，决定于它能否采取'从群众中来，到群众中去'的方法。"⑥ 习近平指出："不论过去、现在和将来，我们都要坚持一切为了群众，一切

---

① 中共中央马恩列斯著作编译局：《列宁全集》第四十三卷，北京：人民出版社，2017年版，第100页。

② 中共中央文献编辑委员会：《毛泽东选集》第三卷，北京：人民出版社，1991年版，第1031页。

③ 中共中央文献编辑委员会：《邓小平文选》第三卷，北京：人民出版社，1993年版，第4页。

④ 中共中央文献研究室：《十八大以来重要历史文献选编》，北京：中央文献出版社，2014年版，第697页。

⑤ 中共中央文献编辑委员会：《毛泽东选集》第三卷，北京：人民出版社，1991年版，第899页。

⑥ 中共中央文献研究室：《十六大以来重要历史文献选编》，北京：中央文献出版社，2008年版，第535页。

依靠群众,从群众中来,到群众中去,把党的正确主张变为群众的自觉行动,把群众路线贯彻到治国理政全部活动之中。"①坚持群众路线是中国化时代化的马克思主义所蕴含的基本方法,体现了中国共产党永葆生机活力的路径选择。

正是因为坚持人民至上,中国共产党才能够在中国革命、建设和改革的历史进程中,团结带领中国人民开辟了伟大道路、创造了伟大事业、取得了伟大成就,中华民族迎来了从站起来、富起来到强起来的伟大飞跃,实现中华民族伟大复兴进入了不可逆转的历史进程。

二

中国化时代化的马克思主义不是书斋里的高深学问,而是引领中国革命、建设、改革取得胜利的行动指南。

一方面,中国化时代化的马克思主义从实践中来、到实践中去,在实践中接受检验并随着实践的发展而不断发展。

理论来源于实践,而不是实践来源于理论。恩格斯在批判杜林先验主义时指出:"原则不是研究的出发点,而是它的最终结果;这些原则不是被应用于自然界和人类社会,而是从它们中抽象出来;不是自然界和人类社会去适应原则,而是原则只有在符合自然界和历史的情况下才是正确的对事物的唯一唯物主义的观点。"②因此,从这具体实际出发而不是从抽象理论出发,是马克思主义理论生成的基本要求,也是制定政策和策略的前提。正如马克思所指出:"共产党人的理论原理,绝不是以这个或那个世界改革家所发明或发现的思想、原则为根据的。这些原理不过是现存的阶级斗争、我们眼前的历史运动的真实关系的一般表述。"③

中国化时代化的马克思主义来源于中国人民认识世界、改造世界的实践活动,指导这一实践活动,并在这一实践活动中得到检验

---

① 中共中央党史和文献研究院、中央"不忘初心、牢记使命"主题教育领导小组办公室:《习近平关于"不忘初心、牢记使命"论述摘编》,北京:党建读物出版社,2019年版,第119页。

② 中共中央马恩列斯著作编译局:《马克思恩格斯选集》第三卷,北京:人民出版社,2012年版,第410页。

③ 中共中央马恩列斯著作编译局:《马克思恩格斯选集》第一卷,北京:人民出版社,1972年版,第413—414页。

和发展。毛泽东思想是对我国新民主主义革命、社会主义革命和社会主义建设经验教训进行深刻总结形成的理论成果，没有中国革命和建设的丰富实践，没有对中国革命和建设正反两方面经验的总结，就不可能有毛泽东思想。中国共产党领导人民进行革命和建设的成功实践，是毛泽东思想形成和发展的实践基础。邓小平理论是马克思列宁主义基本原理与当代中国实际和时代特征相结合的产物，是在总结我国社会主义胜利和挫折的历史经验并借鉴其他社会主义国家兴衰成败历史经验的基础上形成的。社会主义建设的经验教训是邓小平理论形成的历史根据，而我国改革开放和社会主义现代化建设的伟大实践则是邓小平理论形成和发展的现实依据。邓小平理论第一次比较系统地回答了中国社会主义建设的一系列基本问题，指导中国共产党制定了社会主义初级阶段基本路线，为我们坚持走自己的路、建设中国特色社会主义提供了根本遵循。"三个代表"重要思想和科学发展观来源于建设中国特色社会主义新的实践，是在研究新情况、解决新问题、总结新经验的基础上形成和发展的，是加强和改进党的建设、全面建成小康社会，推进中国特色社会主义现代化建设的理论武器。党的十八大以来，中国特色社会主义进入新时代，这是我国发展新的历史方位。进入新时代，中国特色社会主义建设面临着实现中华民族伟大复兴战略全局和世界百年未有之大变局，出现了许多新情况、新问题、新挑战。党的十八大以来，中国共产党采取一系列战略性举措，推进一系列变革性措施，实现一系列突破性进展，取得一系列标志性成果，党和国家事业取得历史性成就、发生历史性变革。"两个大局"和历史性成就、历史性变革，是习近平新时代中国特色社会主义思想创立的时代条件和现实依据。习近平新时代中国特色社会主义思想是对改革开放以来特别是党的十八大以来中国特色社会主义实践经验的科学总结，是新时代中国共产党带领人民治国理政伟大实践的理论升华，是实现中华民族伟大复兴的行动指南。

另一方面，中国化时代化的马克思主义坚持实践的观点，反对教条主义。

实践的观点是马克思主义哲学首要的、基本的观点，实践性是马克思主义理论区别于其他理论的显著特征。马克思主义不是书斋里的学问，而是植根于无产阶级求解放的伟大实践、服务于无产阶级求解放的伟大实践以及在无产阶级求解放的伟大实践中不断丰富和发展的活生生的理论。

正是在这个意义上,马克思主义理论不是教条,而是行动指南。"马克思的整个世界观不是教义,而是方法。它提供的不是现成的教条,而是进一步研究的出发点和供这种研究使用的方法。"①

实践的观点也是中国化时代化的马克思主义首要的、基本的观点,实践性是中国化时代化的马克思主义的根本特征和精神实质。毛泽东在《实践论》中深刻而全面阐述了实践与认识的关系。他指出:"人的认识,主要地依赖于物质生产活动,逐渐地了解自然现象、自然的规律性、人和自然的关系;而且经过生产活动,也在各种程度上逐渐认识了人和人的一定的相互关系。一切这些知识,离开生产活动是不能得到的。"②"我们强调社会实践在认识过程中的意义,就在于只有社会实践才能使人的认识开始发生,开始从客观外界得到感觉经验。一个闭目塞听,同客观外界根本绝缘的人,是无所谓认识的。"③为了反对党和红军中的教条主义思想,毛泽东在1930年5月写下著名的《反对本本主义》(原题为《调查工作》)一文,深刻地阐明了坚持辩证唯物主义的思想路线、坚持理论与实际相结合原则的重要性。毛泽东明确指出,"没有调查,没有发言权""离开实际调查,就要产生唯心的阶级估量和唯心的工作指导,那么,它的结果,不是机会主义,便是盲动主义""中国革命斗争的胜利要靠中国同志了解中国情况""共产党的正确而不动摇的斗争策略,绝不是少数人坐在房子里能够产生的,它是要在群众的斗争过程中才能产生的,这就是说要在实际经验中才能产生"。④延安整风时期,毛泽东把反对主观主义作为全党整风运动的中心内容。他在《改造我们的学习》报告中指出,许多同志"只会片面地引用马克思、恩格斯、列宁、斯大林的个别词句,而不会运用他们的立场、观点和方法,来具体地研究中国的现状和中国的历史,具体分

---

① 中共中央马恩列斯著作编译局:《马克思恩格斯选集》第四卷,北京:人民出版社,2012年版,第644页。
② 中共中央文献编辑委员会:《毛泽东选集》第一卷,北京:人民出版社,1991年版,第282—283页。
③ 中共中央文献编辑委员会:《毛泽东选集》第一卷,北京:人民出版社,1991年版,第290页。
④ 中共中央文献编辑委员会:《毛泽东选集》第一卷,北京:人民出版社,1991年版,第111—114页。

析中国革命问题和解决中国革命问题"。①他认为，主观主义是全党、全国人民的大敌，"只有打倒了主观主义，马克思列宁主义的真理才会抬头，党性才会巩固，革命才会胜利"。②

邓小平也十分重视实践，坚持一切从实际出发，理论联系实际。他指出："马列主义、毛泽东思想的基本原则，我们任何时候都不能违背，这是毫无疑义的。但是一定要和实际情况相结合，要分析研究实际情况，解决实际问题。"③邓小平创造性提出社会主义初级阶段、社会主义市场经济和"一国两制"等理论，都是把马克思主义基本原理同中国具体实际相结合的光辉典范。

在1978年12月的中央工作会议上，邓小平作了题为《解放思想，实事求是，团结一致向前看》的讲话，从党和国家生死存亡的高度指出教条主义的严重危害性。在1992年南方谈话中，邓小平再次强调："实事求是是马克思主义的精髓。要提倡这个，不要提倡本本。我们改革开放的成功，不是靠本本，而是靠实践，靠实事求是。"④由此可见，坚持实践的观点，反对教条主义，是中国化时代化的马克思主义主要创立者一以贯之的思想作风，也是中国化时代化的马克思主义一以贯之的理论原则。

三

中国化时代化的马克思主义不是封闭僵化的教条，而是不断发展的开放的理论，是对中国之问、世界之问、人民之问、时代之问的科学回答。

中国化时代化的马克思主义是发展的学说，具有与时俱进的理论品质。中国化时代化的马克思主义是时代的产物，并随着时代发展而不断发展。1840年鸦片战争之后，由于西方列强的入侵和封建统治的腐败，中国逐步沦为半殖民地半封建社会。在半殖民地半封建的近代中国，帝国主义和中华民族的矛盾、封建主义和人民大

---

① 中共中央文献编辑委员会：《毛泽东选集》第三卷，北京：人民出版社，1991年版，第797页。

② 中共中央文献编辑委员会：《毛泽东选集》第三卷，北京：人民出版社，1991年版，第800页。

③ 中共中央文献编辑委员会：《邓小平文选》第二卷，北京：人民出版社，1994年版，第114页。

④ 中共中央文献编辑委员会：《邓小平文选》第三卷，北京：人民出版社，1993年版，第382页。

众的矛盾成为诸多社会矛盾中占支配地位的主要矛盾，由此决定了中国革命依然是反帝反封建的资产阶级民主革命。但是，1917年俄国十月革命的胜利开辟了世界无产阶级社会主义革命的新时代，它使中国反帝反封建的民主革命从旧的世界资产阶级民主革命的一部分，转变为新的世界无产阶级社会主义革命的一部分。十月革命给中国送来了马克思列宁主义，帮助中国的先进分子开始用无产阶级的世界观作为观察国家命运的工具，中国革命从此有了科学的指导思想。1949年新民主主义革命取得基本胜利后，世界处于二战后两大阵营的对立和斗争之中，西方国家不仅对我国实行包围、封锁、遏制，还极力推行和平演变。毛泽东思想就是在这样的时代条件下形成和发展起来的。到了二十世纪七十年代，两大阵营的力量对比和美苏两极对抗的冷战格局发生重大变化，新科技革命推动世界经济快速发展，渴望和平、谋求发展逐渐成为世界各国人民的普遍愿望，成为时代主题。邓小平敏锐地把握时代变化发展的脉搏，带领党和人民进行改革开放和社会主义现代化建设，开创中国特色社会主义，继承和发展马克思列宁主义、毛泽东思想，形成中国特色社会主义理论。

在世纪交替之际，尽管和平与发展仍是时代主题，世界多极化和经济全球化趋势在曲折中发展，但我国所处的国际环境已经发生了前所未有的巨变。苏联解体、东欧剧变，国际共产主义运动遭受重大挫折，世界社会主义出现严重曲折。美国继续推行霸权主义和强权政治，谋求建立由其主导的单极世界，世界仍不安宁。与此同时，现代科学技术迅猛发展，并在日益激烈的国际竞争中发挥决定性作用。因此，如何抓住机遇、加快发展、应对挑战，是"三个代表"重要思想和科学发展观形成的时代背景和需要回答的时代之问。中国特色社会主义进入新时代，世界正经历百年未有之大变局，中华民族伟大复兴正处于关键时期，中国共产党领导人民进行着我国历史上最为广泛而深刻的社会变革，也正在进行着人类历史上最为宏大而独特的实践创新。习近平新时代中国特色社会主义思想就是在这样的伟大时代中创立并不断丰富发展的，它是立足时代之基、回答时代之问、引领时代之变的科学理论，是中国"强起来"的行动指南。

中国化时代化的马克思主义是开放的学说，具有博采众长的理论胸怀。中国化时代化的马克思主义汲取中华优秀传统文化，借鉴人类文明优秀成果。毛泽东指出："我们信奉马克思主义是正确的思想方法，这并不意味着我们忽视中华文化遗产和非马克思主义的外国思想的价值。中国历史遗留给我们的东西中有许多东西好，这是千真万确的。我们必须把这些遗产变成自己的东西。"①

一方面，中国化时代化的马克思主义借鉴人类文明优秀成果。中国化时代化的马克思主义主要创立者，坚持世界眼光，善于对人类优秀文明成果进行吸收和改造。新民主主义革命理论作为毛泽东思想的主要内容，就是毛泽东运用世界眼光分析中国革命经验得出的重要理论。《新民主主义论》明确将中国革命作为世界革命的一部分来论述，认为第二次世界大战爆发后，中国革命已经成为世界的同盟军，"这是一个绝大的变化，这是自有世界历史和中国历史以来不可比拟的大变化"。②没有世界眼光，就难以提出这个反映新民主主义革命客观规律的完备的理论形态。

另一方面，中国化时代化的马克思主义汲取中华优秀传统文化。毛泽东精通中华优秀传统文化，注重推动马克思主义与中华优秀传统文化的有机融合。例如，将中国传统哲学关于"知行合一""躬行践履"思想与马克思主义实践观相融合，确立党的实事求是思想路线；将儒家"民本"思想与马克思主义历史观、价值观相融合，提出党的为人民服务根本宗旨和群众路线。习近平从中华优秀传统文化中汲取治国理政智慧，习近平新时代中国特色社会主义思想是中华文化和中国精神的时代精华。习近平从中华优秀传统文化中汲取"大同"理想养分，提出实现国家富强、民族振兴、人民幸福的中国梦；从中华优秀传统文化中汲取"协和万邦"思想养分，提出推动构建人类命运共同体；从中华优秀传统文化中汲取廉政思想养分，提出党风廉政建设。

三、开辟马克思主义中国化时代化新境界

恩格斯曾经指出："一个民族要想站在科学的最高峰，就一刻也

---

① 中共中央文献编辑委员会：《毛泽东文集》第三卷，北京：人民出版社，1996年版，第191页。

② 中共中央文献编辑委员会：《毛泽东选集》第二卷，北京：人民出版社，1991年版，第669页。

不能没有理论思维。"①中华民族要实现伟大复兴,也同样一刻不能没有理论思维。马克思主义始终是中国共产党和国家的指导思想,是我们认识世界、把握规律、追求真理、改造世界的强大思想武器。

习近平总书记指出:"推进马克思主义中国化时代化是一个追求真理、揭示真理、笃行真理的过程。"②中国共产党在百年奋斗中不断推进马克思主义中国化时代化,创立了毛泽东思想、邓小平理论,形成了"三个代表"重要思想、科学发展观,创立了习近平新时代中国特色社会主义思想,指导我国革命、建设、改革和新时代党和国家事业发展取得伟大胜利。

习近平新时代中国特色社会主义思想是当代中国马克思主义、二十一世纪马克思主义,是中华文化和中国精神的时代精华,实现了马克思主义中国化时代化新的飞跃,开辟了马克思主义中国化时代化新境界,为新时代党和国家事业发展提供了根本遵循。

一

中国共产党坚持以马克思主义为指导,是要运用其科学的世界观和方法论解决中国的问题。推进马克思主义中国化时代化,首要的是立足中国,运用马克思主义准确把握时代脉络和时代特点,深入探索时代发展提出的新课题,不断推进理论创新和实践创新。

中国特色社会主义进入新时代,我国正处在实现中华民族伟大复兴的关键时期,世界百年未有之大变局加速演进,中华民族伟大复兴进入不可逆转的历史进程。国内外形势新变化和实践新要求,迫切需要中国共产党人从理论和实践的结合上深刻回答新时代坚持和发展什么样的中国特色社会主义、怎样坚持和发展中国特色社会主义,建设什么样的社会主义现代化强国、怎样建设社会主义现代化强国,建设什么样的长期执政的马克思主义政党、怎样建设长期执政的马克思主义政党等重大时代课题。以习近平同志为核心的党中央统筹中华民族伟大复兴战略全局和世界百年未有之大变局,对关系新时代党和国家事业发展的一系列重大理论和实践问题进行深邃思考和科学判断,提出一系列原创性治国理政新理念新思想新战

---

① 《马克思恩格斯选集》第三卷,北京:人民出版社,1971年版,第467页。
② 习近平:《高举中国特色社会主义伟大旗帜 为全面建设社会主义现代化国家而团结奋斗——在中国共产党第二十次全国代表大会上的报告》,新华社,2022年10月25日。

略，创造性回答了重大时代课题。

习近平新时代中国特色社会主义思想全面系统阐述了新时代坚持和发展中国特色社会主义的总目标、总任务、总体布局、战略布局和发展方向、发展方式、发展动力、战略步骤、外部条件、政治保证等基本问题，为推进中国特色社会主义提供了科学思想指引和行动指南。这一科学思想深刻阐述了中国式现代化的中国特色、本质要求和重大原则，明确了新时代新征程党的中心任务，把中国共产党对现代化的认识提升到新的高度。这一科学思想提出坚持和加强党的全面领导、全面从严治党、勇于自我革命，以伟大自我革命引领伟大社会革命，探索出一条党长期执政条件下解决自身问题、跳出历史周期率的成功道路。

习近平新时代中国特色社会主义思想通过深刻回答重大时代课题，科学阐明了新时代中国发展的方向性质、目标路径、力量保证等一系列重大问题，实现了对中国特色社会主义建设规律认识的新跃升，擘画了全面建成社会主义现代化强国的新图景，开辟了管党治党、兴党强党的马克思主义建党学说新境界。

二

时代是思想之母，实践是理论之源。实践发展永无止境，认识真理、进行理论创新就永无止境。紧密联系党的十八大以来党和国家事业取得的历史性成就、发生的历史性变革，联系这些年来中国共产党走过的极不寻常、极不平凡的历程，联系深化改革开放、推动高质量发展、有效应对重大风险挑战的具体实践，联系国际环境深刻变化，就能更加深刻领悟习近平新时代中国特色社会主义思想的真理力量和实践伟力。

党的十八大以来，我们面临的形势之复杂、斗争之严峻、改革发展稳定任务之艰巨世所罕见、史所罕见。以习近平同志为核心的党中央团结带领全党全国各族人民采取一系列战略性举措，推进一系列变革性实践，实现一系列突破性进展，取得一系列标志性成果，攻克了许多长期没有解决的难题，办成了许多事关长远的大事要事，经受住了来自政治、经济、意识形态、自然界等方面的风险挑战考验，创造了习近平新时代中国特色社会主义的伟大成就，推动我国迈上全面建设社会主义现代化国家新征程。党和国家事业取得历史性成就、发生历史性变革，根本在于以习近平同志为核心的党中央坚强领导,在于习近平新时代中国特色社会主义思想科学指引。

新时代的伟大实践充分证明,党确立习近平同志党中央的核心、全党的核心地位,确立习近平新时代中国特色社会主义思想的指导地位,反映了全党全军全国各族人民共同心愿,对新时代党和国家事业发展、对推进中华民族伟大复兴历史进程具有决定性意义。"两个确立"是新时代最大的政治成果、最重要的历史经验、最宝贵的实践结论,是我们战胜前进道路上一切艰难险阻、应对各种不确定性的最大确定性、最大底气、最大保证。

三

习近平总书记指出:"马克思主义博大精深,归根到底就是一句话,为人类求解放。"①一种伟大的科学思想理论必然是世界性的,习近平新时代中国特色社会主义思想不仅深刻改变中国,也深刻影响世界,为人类和平与发展事业贡献了中国智慧、中国方案。

当前,世界之变、时代之变、历史之变正以前所未有的方式展开,世界向何处去?和平还是战争?发展还是衰退?开放还是封闭?合作还是对抗?成为摆在全人类面前的时代之问。习近平新时代中国特色社会主义思想深刻阐述了积极应对全球性挑战的中国主张和中国方案。在这一科学思想指引下,我国提出构建人类命运共同体理念,倡议并推动同多个国家和地区构建双边及区域性命运共同体,倡议构建一系列领域性命运共同体,积极搭建文明对话、政党交流、民间外交等互学互鉴平台,以实际行动打造践行全人类共同价值的样板,为建设持久和平、普遍安全、共同繁荣、开放包容、清洁美丽的世界贡献中国智慧、中国方案、中国力量。

中国践行真正的多边主义,推动国际关系民主化和法治化,提出弘扬全人类共同价值、共建"一带一路"倡议、全球发展倡议、全球安全倡议、全球文明倡议、全球治理观、正确义利观等理念主张。一系列中国主张、中国方案,充分彰显了习近平新时代中国特色社会主义思想的世界性贡献,体现了当代中国马克思主义、二十一世纪马克思主义的世界意义和人类情怀。

---

① 习近平:《在纪念马克思诞辰200周年大会上的讲话》,新华社,2018年5月4日。

四

马克思主义思想理论博大精深、常学常新。新时代,中国共产党人学习马克思,学习和实践马克思主义,将会不断从中汲取科学智慧和理论力量。

一是学习和实践马克思主义关于坚守人民立场的思想。人民性是马克思主义最鲜明的品格。马克思说:"历史活动是群众的活动。"让人民获得解放是马克思毕生的追求。我们要始终把人民立场作为根本立场,把为人民谋幸福作为根本使命,坚持全心全意为人民服务的根本宗旨,贯彻群众路线,尊重人民主体地位和首创精神,始终保持同人民群众的血肉联系,凝聚起众志成城的磅礴力量,团结带领人民共同创造历史伟业。这是尊重历史规律的必然选择,是共产党人不忘初心、牢记使命的自觉担当。

二是学习和实践马克思主义关于生产力和生产关系的思想。马克思主义认为,物质生产力是全部社会生活的物质前提,同生产力发展一定阶段相适应的生产关系的总和构成社会经济基础。生产力是推动社会进步最活跃、最革命的要素。"人们所达到的生产力的总和决定着社会状况。"生产力和生产关系、经济基础和上层建筑相互作用、相互制约,支配着整个社会发展进程。解放和发展社会生产力是社会主义的本质要求,是中国共产党人接力探索、着力解决的重大问题。新中国成立以来特别是改革开放以来,在不到70年的时间内,中国共产党带领人民坚定不移解放和发展社会生产力,走完了西方几百年的发展历程,推动我国快速成为世界第二大经济体。我们要勇于全面深化改革,自觉通过调整生产关系激发社会生产力发展活力,自觉通过完善上层建筑适应经济基础发展要求,让中国特色社会主义更加符合规律地向前发展。

三是学习和实践马克思主义关于人民民主的思想。马克思、恩格斯指出:"无产阶级的运动是绝大多数人的,为绝大多数人谋利益的独立的运动""工人阶级一旦取得统治权,就不能继续运用旧的国家机器来进行管理",必须"以新的真正民主的国家政权来代替"。国家机关必须接受人民监督。我们要坚定不移走中国特色社会主义政治发展道路,在坚持党的领导、人民当家做主、依法治国有机统一中推进社会主义民主政治建设,不断加强人民当家做主的制度保障,加快推进国家治理体系和治理能力现代化,充分调动人民的积极性、主动性、创造性，更加切实、更有成效地实施人民民主。

四是学习和实践马克思主义关于文化建设的思想。马克思认为，在不同的经济和社会环境中，人们生产不同的思想和文化，思想文化建设虽然决定于经济基础，但又对经济基础发生反作用。先进的思想文化一旦被群众掌握，就会转化为强大的物质力量；反之，落后的、错误的观念如果不破除，就会成为社会发展进步的桎梏。理论自觉、文化自信，是一个民族进步的力量；价值先进、思想解放，是一个社会活力的来源。国家之魂，文以化之，文以铸之。我们要立足中国，面向现代化、面向世界、面向未来，巩固马克思主义在意识形态领域的指导地位，发展社会主义先进文化，加强社会主义精神文明建设，把社会主义核心价值观融入社会发展各方面，推动中华优秀传统文化创造性转化、创新性发展，不断提高人民思想觉悟、道德水平、文明素养，不断铸就中华文化新辉煌。

五是学习和实践马克思主义关于社会建设的思想。马克思、恩格斯设想，在未来社会中，"生产将以所有的人富裕为目的""所有人共同享受大家创造出来的福利"。恩格斯结合马克思在《共产党宣言》《哥达纲领批判》《资本论》等著作中提出的一系列主张，阐明在社会主义条件下，社会应该"给所有的人提供健康而有益的工作，给所有的人提供充裕的物质生活和闲暇时间，给所有的人提供真正的充分的自由"。人民对美好生活的向往就是我们的奋斗目标。我们要坚持以人民为中心的发展思想，抓住人民最关心最直接最现实的利益问题，不断保障和改善民生，促进社会公平正义，在更高水平上实现幼有所育、学有所教、劳有所得、病有所医、老有所养、住有所居、弱有所扶，让发展成果更多更公平惠及全体人民，不断促进人的全面发展，朝着实现全体人民共同富裕不断迈进。

六是学习和实践马克思主义关于人与自然关系的思想。马克思认为，"人靠自然界生活"，自然不仅给人类提供了生活资料来源，如肥沃的土地、渔产丰富的江河湖海等，而且给人类提供了生产资料来源。自然物构成人类生存的自然条件，人类在同自然的互动中生产、生活、发展，人类善待自然，自然也会馈赠人类，但"如果说人靠科学和创造性天才征服了自然力，那么自然力也对人进行报复"。自然是生命之母，人与自然是生命共同体，人类必须敬畏自然、尊重自然、顺应自然、保护自然。我们要坚持人与自然和谐共生，牢固树立和切实践行"绿水青山就是金山银山"的理念，动员全社会力量推进生态文明建设，共建美丽中国，让人民群众在绿水青山中共享自然之美、生命之美、生活之美，走出一条生产发展、生活富裕、生态良好的文明发展道路。

七是学习和实践马克思主义关于世界历史的思想。马克思、恩格斯说："各民族的原始封闭状态由于日益完善的生产方式、交往以及因交往而自然形成的不同民族之间的分工消灭得越是彻底，历史也就越是成为世界历史。"马克思、恩格斯当年的这个预言，现在已经成为现实，历史和现实日益证明这个预言的科学价值。今天，人类交往的世界性比过去任何时候都更深入、更广泛，各国相互联系和彼此依存比过去任何时候都更频繁、更紧密。一体化的世界就在那儿，谁拒绝这个世界，这个世界也会拒绝他。万物并育而不相害，道并行而不相悖。我们要站在世界历史的高度审视当今世界发展趋势和面临的重大问题，坚持和平发展道路，坚持独立自主的和平外交政策，坚持互利共赢的开放战略，不断拓展同世界各国的合作，积极参与全球治理，在更多领域、更高层面上实现合作共赢、共同发展，不依附别人、更不掠夺别人，同各国人民一道努力构建人类命运共同体，把世界建设得更加美好。

八是学习和实践马克思主义关于马克思主义政党建设的思想。马克思认为："在无产阶级和资产阶级的斗争所经历的各个发展阶段上，共产党人始终代表整个运动的利益""他们没有任何同整个无产阶级的利益不同的利益"，而是要"为绝大多数人谋利益"。共产党要"在全世界面前树立起可供人们用来衡量党的运动水平的里程碑"。始终同人民在一起，为人民利益而奋斗，是马克思主义政党同其他政党的根本区别。

当前，改革发展稳定任务之重、矛盾风险挑战之多、治国理政考验之大都是前所未有的。中国共产党必将继续开辟马克思主义中国化时代化新境界，不断提高运用马克思主义分析和解决实际问题的能力，以更宽广的视野、更长远的眼光来思考把握未来发展面临的一系列重大问题。

第四章

敢于进行自我革命

考 题

中国共产党历史这么长、规模这么大、执政这么久，如何跳出治乱兴衰的历史周期率？

习近平总书记指出

我们党历史这么长、规模这么大、执政这么久，如何跳出治乱兴衰的历史周期率？毛泽东同志在延安的窑洞里给出了第一个答案，这就是"只有让人民来监督政府，政府才不敢松懈"。经过百年奋斗特别是党的十八大以来新的实践，我们党又给出了第二个答案，这就是自我革命。

——2021年11月11日，在党的十九届六中全会第二次全体会议上的讲话革命是指人们在改造自然和改造社会中进行的重大变革,是事物从旧质向新质的飞跃。马克思、恩格斯指出:"只有在革命中才能抛掉自己身上的一切陈旧的肮脏东西,才能胜任重建社会的工作。"①

中国共产党历经百年风雨仍坚守初心使命,饱经风霜仍胸怀千秋伟业,久经考验仍信念弥坚,其根本原因就在于,"我们党始终保持了自我革命精神,这是我们党长盛不衰的原因所在"。②党的二十大报告再次强调,"党的自我革命永远在路上"。③习近平总书记的重要论断,不仅充分彰显了中国共产党一以贯之坚持自我革命、确保党性永不变色、永不变质的政治决心,也标志着中国共产党对长期执政规律的认识达到一个新的高度。

自我革命作为中国共产党永葆先进性、纯洁性的强大支撑和区别于其他政党的精神标识、显著特征,体现着全新的历史生成、鲜明的理论向度、深刻的现实回应。

一、从"人民监督"到"自我革命"

2021年,在陕北考察结束后不久,习近平总书记在党的十九届六中全会上,再次讲述了发生在延安窑洞里、昭示了中国共产党未来走向的一场对话——

1945年夏天,民主人士黄炎培应邀走进毛泽东同志的窑洞。彼时,距离1840年鸦片战争已过百年,一个年仅24岁的政党却改变了黑暗中跋涉已久的民族车辙。在纷至沓来的惊叹和赞誉声中,面对这位正带领中国共产党屡创奇迹的领袖,黄炎培先生坦率地说:

"我生六十多年,耳闻的不说,所亲眼看到的,真所谓'其兴也勃焉''其亡也忽焉'。一人、一家、一团体、一地方乃至一国,不少都没有跳出周期率的支配力。"

---

① 《马克思恩格斯选集》第一卷,北京:人民出版社,2012年版,第171页。

② 习近平:《论坚持全面深化改革》,北京:中央文献出版社,2018年版,第37页。

③ 习近平:《高举中国特色社会主义伟大旗帜,为全面建设社会主义现代化国家而团结奋斗——在中国共产党第二十次全国代表大会上的报告》,北京:人民出版社,2022年版,第64页。

见毛泽东同志听得专注,他继续说道:"大凡初聚时聚精会神,没有一事不用心,没有一人不卖力,也许那时艰难困苦,只有从万死中觅取一生。继而渐渐好转了,精神也就渐渐放下了……一部历史,'政怠宦成'的也有,'人亡政息'的也有,'求荣取辱'的也有。总之没有能跳出这周期律。中共诸君从过去到现在,我略略了解的了。就是希望找出一条新路,来跳出这周期律的支配。"

听闻一席肺腑之言,毛泽东同志略做沉思:"我们已经找到了新路,我们能跳出这个周期率,这条新路就是民主,走群众路线。只有让人民来监督政府,政府才不敢松懈。只有人人起来负责,才不会人亡政息。"

举重若轻的气魄,决胜千里的远见,就在这里生动定义了中国共产党和她所植根的人民之间的历史坐标。

时光倏忽,70多年后的今天已是换了人间。习近平总书记深思熟虑地指出:

"经过百年奋斗特别是党的十八大以来新的实践,我们党又给出了第二个答案,这就是自我革命。自我革命就是补钙壮骨、排毒杀菌、壮士断腕、去腐生肌,不断清除侵蚀党的健康肌体的病毒,不断提高自身免疫力,防止人亡政息。勇于自我革命和接受人民监督是内在一致的,都源于党的初心使命。"[①]

2022年1月11日,学习贯彻党的十九届六中全会精神专题研讨班,习近平总书记给省部级主要领导干部上的"新年第一课"。当再一次讲到"窑洞之问",他语重心长地指出:"我们党历史这么长、规模这么大、执政这么久,如何跳出治乱兴衰的历史周期率?"

两个答案,跨越了一个政党从弱小到强大、从九死一生到蓬勃兴盛的漫漫岁月长河。从探寻党和人民的关系,到将目光同时放到党的自身、反求诸己,一脉相承的,是走好"赶考"之路的清醒坚定,是走得再远都不会忘记的初心使命和历史自信。

---

① 习近平:《全面从严治党探索出依靠党的自我革命跳出历史周期率的成功路径》,《求是》,2023年第3期。

一

中国古代虽有"民为邦本,本固邦宁"等民本思想,但严苛的纲常礼教使人民难以监督政府,历朝历代最终难免走向衰败灭亡。

近代以来,"三座大山"的压迫使民主与广大人民无缘,历史周期率的"魔力"在复辟闹剧、军阀混战之中愈发凸显。面对历史与现实,毛泽东在1933年《必须注意经济工作》一文中论述了检举运动对政府领导革命等各方面工作的重要性,初步展现了对"人人起来负责"的民主的重视;1941年由毛泽东发动的延安整风运动将《甲申三百年祭》作为学习资料,深刻表明了他对打破历史周期率的思考与决心。毛泽东对治乱循环、周而复始历史周期率的思考与对民主的重视,为第一个答案"人民监督"地给出奠定了基础。

土地革命战争时期,党在江西瑞金中央革命根据地广泛实行民主制度、深入开展民主选举运动、建立工农民主政权,极大地激发了工农大众的革命热情,为党领导下的民主建设提供了初步探索经验。

1931年11月,中华苏维埃第一次全国代表大会通过了《中华苏维埃共和国宪法大纲》,规定了苏维埃政权性质,即"中国苏维埃政权所建设的是工人和农民的民主专政的国家"。这是中国共产党设计实施民主制度的开端。

中华苏维埃代表大会制度,是人民真正当家做主的伟大预演,是发展全过程人民民主的伟大尝试。

在民主选举方面,宪法大纲规定:苏维埃公民在16岁以上皆享有苏维埃选举权和被选举权,直接选派代表参加各级苏维埃的大会,讨论和决定一切国家的地方的政治事务。中央苏区先后进行了三次大规模的民主选举运动,许多地方选民参选率都在80%以上,广大工农群众选出了自己可以信赖的代表参加国家政权的管理。

苏维埃代表大会制度下的民主决策,主要体现在各项法律法规、条令,由代表大会根据工农利益制定和颁布,一切重大问题根据民意讨论决定。在制定法律时,让建议、起草、审议、通过、颁布五个程序衔接有序;在进行修改法律的决策时,能采取自下而上的方式,尊重基层群众的意见建议;对法律法规执行过程中存在的缺点和问题，广泛征求选民的意见。

工农群众专政的苏维埃是群众自己管理自己生活的工具。苏维埃的政权机关，由工农群众所选举的代表组成，并直接对选举人负责，要定期向选举人报告工作。上至中央政府，下至乡、区苏维埃一概不能例外。并且"政府工作人员由选举而任职，不胜任的由公意而撤换，一切问题的讨论解决根据于民意"。这种在民主选举基础上产生的代表会议制度，保证了工农群众能选出自己所信任并能代表自己意志和利益的代表参加政权的管理，体现了人民当家做主。

抗日战争时期，党在延安等抗日根据地实行"三三制"民主政权制度，极大巩固了抗日民族统一战线。

"三三制"是中国共产党在抗日根据地建立抗日民族统一战线政权时，对参加政权的人员分配上所采取的政策。

在抗日民主政权中，代表无产阶级和贫农的共产党员占三分之一，代表小资产阶级的左派进步分子占三分之一，代表中等资产阶级和开明绅士的中间分子和其他人员占三分之一。汉奸和反共分子没有资格参加这个政权。这种人数上的大体安排，是保证实现抗日民族统一战线政权原则的必要规定。三三制政权的实质，是在中国共产党领导下的几个革命阶级联合起来对汉奸和反动派实行民主专政的政权。这种政权的施政方针是，反对日本帝国主义，保护抗日的人民，调节抗日阶层的利益，改善工农的生活和镇压汉奸、反动派。三三制政权是新民主主义政权在抗日战争时期的具体形式。它团结了全体人民，巩固了抗日根据地，开展了胜利的对敌斗争。

"窑洞对"前夕，党的六届七中全会通过的《关于若干历史问题的决议》强调，要"在党内发扬民主"；其后召开的中共七大成为执行党的民主集中制原则的典范，展现了生动活泼的政治局面和民主的强大力量，全党达到空前统一和团结。长期民主实践的巨大成功，坚定了毛泽东给出"人民监督"答案的信心。

新中国成立前夕，高扬民主旗帜的中国人民政治协商会议第一届全体会议为建立新中国、确立党领导的多党合作和政治协商制度奠定了坚实的政治基础与广泛的社会基础。

1949年1月19日，毛泽东、周恩来联名写信给留居在上海的宋庆龄，邀请其参加新政协会议。有感于中国共产党的诚意，宋庆龄最终同意北上。3月至9月，一大批著名民主人士也受邀到达北平。

1949年6月15日至19日，新政治协商会议筹备会第一次会议召开。参加会议的有中国共产党和各民主党派、各人民团体、各界民主人士、国内少数民族和海外华侨共计23个单位的134人。在近3个月紧张工作的基础上，9月17日，新政协筹备会召开第二次全体会议。会议决定将"新政治协商会议"改称为"中国人民政治协商会议"。

1949年9月21日至30日，中国人民政治协商会议第一届全体会议在北平隆重召开。参加这次会议的有各党派、人民团体、无党派民主人士和特邀代表662人。会议首先由毛泽东致开幕词，他在开幕词中庄严宣告："我们有一个共同的感觉，这就是我们的工作将写在人类的历史上，它将表明：占人类总数四分之一的中国人从此站立起来了。"

二

新中国成立后，中国人民成为国家、社会和自己命运的主人，人民民主专政国体与人民代表大会制度政体的形成意味着"'窑洞对'中抽象的民主范畴已落实为具体的国家形态和制度体系"，为"人民监督政府""人人起来负责"提供了根本保证。

1953年1月，中央人民政府委员会通过了《关于召开全国人民代表大会及地方各级人民代表大会的决议》。1954年9月，第一届全国人民代表大会第一次会议召开，审议通过了《中华人民共和国宪法》，确立了人民民主专政的国体和人民代表大会制度的政体，标志着民主制度在新中国正式建立。《关于北京各中央机关接见群众工作问题的报告》（1953）、《城市居民委员会组织条例》（1954）等文件的出台，表明"民主"答案的实践持续深化。

新中国成立初期，国家政治生活活跃，人民充满热情地投入各项建设事业之中。到1956年，全国绝大多数地区基本完成了对生产资料私有制的社会主义改造，完成了从新民主主义向社会主义的过渡，确立了社会主义基本制度。

在国家层面，民主制度体系逐步完善。第一届全国人大产生后，人民政协作为统一战线组织和协商机构继续存在，各民主党派继续发挥参政议政作用，确立了中国共产党领导的多党合作和政治协商制度。为从制度上保障少数民族权利，促进各民族地区的共同发展，维护国家统一和领土完整，建立了民族区域自治制度。由此形成了我国民主制度体系的基本格局。

中国共产党不断完善党内民主制度，以适应党已经在全国范围内执政的要求。基于此，毛泽东强调民主集中制建设，民主就是"让群众讲话，哪怕是骂自己的话，也要让人家讲"。[①]此后，广大人民群众有序参与政治的程度与积极性显著提高。新中国在错综复杂的国内国际环境中站稳了脚跟，完成社会主义革命，开启全新的社会主义建设之路。

1978年12月召开的党的十一届三中全会，是新中国成立以来党和国家历史上的一次伟大转折。以党的十一届三中全会胜利召开为标志，我国民主政治生活步入正轨，民主制度建设稳步推进。

1979年，五届全国人大二次会议审议通过了地方各级人民代表大会和地方各级人民政府组织法、全国人民代表大会和地方各级人民代表大会选举法，规定县级以上地方各级人民代表大会设立常务委员会，地方各级革命委员会改为人民政府，县人民代表大会代表由选民直接选举。经过对地方组织法和选举法的历次修改，实现了城乡按相同人口比例选举人大代表，保证了城乡居民享有平等的选举权。

同时，公民有序政治参与渠道不断丰富。基层民主作为实现公民有序政治参与的基础性制度安排不断发展。群众自治、公民参与从农村向城市扩展，向社会更大范围扩展，民主内容不断丰富，民主渠道不断拓展，形成了包括村民自治制度、城市居民自治制度、职工代表大会制度在内的基层群众自治制度。

改革开放后，邓小平强调，"要有群众监督制度，让群众和党员监督干部，特别是领导干部"。[②]邓小平非常重视民主集中制，他多次强调："民主集中制是党和国家的最根本的制度""凡是违反这个制度的，都要纠正过来"，领导干部要"带个头，把民主集中制恢复起来，坚持下去"。[③]

[①]《毛泽东文集》第八卷，北京：人民出版社，1999年版，第291页。
[②]《邓小平文选》第二卷，北京：人民出版社，1994年版，第332页。
[③]《邓小平文选》第一卷，北京：人民出版社，1994年版，第312页。

与此同时，邓小平坚持一手抓改革开放、一手抓惩治腐败，坚持治国必先治党、治党务必从严，加大反腐败斗争力度。

1983年1月17日，一声枪响，原汕头地委政法委员会副主任兼海丰县委书记、革委会主任王仲，被执行死刑。

改革开放初期，广东省海丰县委原书记、原汕头地委政法委员会副主任王仲为走私人员充当"保护伞"，先后利用职权侵吞缉私物资、受贿索贿6.9万余元。在他的纵容和影响下，海丰县走私贩私一度泛滥成灾。1982年3月31日，广东省检察院及其汕头地区分院依法对王仲立案侦查，并于1982年12月31日向汕头地区中级人民法院提起公诉。经法庭审理，王仲被依法判处死刑，剥夺政治权利终身。

王仲是改革开放后第一个因贪污腐败被判处死刑的县委书记，王仲案也被称为中国"改革开放反腐第一案"。

邓小平明确指出："在整个改革开放过程中都要反对腐败。"[①] 党的十四大把"党坚持不懈地反对腐败"写入党章，一大批腐败分子被查处。这个时期，警示教育的形式更加多样、措施更加灵活，各地通过报纸专栏、纪实文学、专题纪录片等形式剖析腐败案例，为反腐倡廉营造了浓厚舆论氛围。

三

党的十八大以来，以习近平同志为核心的党中央在新时代坚持和发展中国特色社会主义伟大事业中着力推进实践创新、理论创新、制度创新，深化认识共产党执政规律、社会主义建设规律，在依靠"人民监督"跳出历史周期率第一个答案的基础上，郑重提出第二个答案"自我革命"。

习近平总书记在党的二十大报告中指出："经过不懈努力，党找到了自我革命这一跳出治乱兴衰历史周期率的第二个答案，自我净化、自我完善、自我革新、自我提高能力显著增强，管党治党宽

[①]《在武昌、深圳、珠海、上海等地的谈话要点》（1992年1月18日—2月21日）；《邓小平文选》第三卷，北京：人民出版社，1993年版，第379页。

松软状况得到根本扭转,风清气正的党内政治生态不断形成和发展,确保党永远不变质、不变色、不变味。"自我革命是中国共产党区别于其他政党的显著标志,是党跳出治乱兴衰历史周期率的第二个答案。党的十八大以来,习近平总书记深刻总结党的历史经验特别是新时代以来的新鲜经验,提出了自我革命的重要政治论断。

"自我革命"是对历代中国共产党人党的建设成果的理论升华与总结。第二个答案作为创新理论成果,其形成非一朝一夕之功,而是在历代中国共产党人的实践中孕育,在传承与发展、守正与创新的有机统一中诞生。毛泽东曾在党的七届二中全会上提出"两个务必"的深刻告诫,要求全党在胜利面前保持清醒头脑,以达到"绝不当李自成"、跳出历史周期率的目的。改革开放和社会主义现代化建设新时期,邓小平提出"一手抓改革开放,一手抓惩治腐败",①为党冲破思想障碍、突破利益藩篱奠定了思想基础。党的十八大以来,习近平总书记多次强调全党要牢记"两个务必";在党的二十大中他创新性提出"三个务必",对新时代党员干部提出更高要求。"两个务必""三个务必"作为自我革命精神的实践呼应,充分体现出历代中国共产党人对党建事业的贡献,是第二个答案"自我革命"的重要理论来源与实践佐证。

从制定和落实中央八项规定以来,党中央一以贯之、步步深入地推进全面从严治党,发扬钉钉子精神,持之以恒纠治"四风",显著增强了党自我净化、自我完善、自我革新、自我提高的能力,管党治党的"戒尺"使得党内风清气正的良好政治生态愈发巩固。全面从严治党作为新时代党自我革命的伟大实践,其突出成就是这一答案有效性的现实力证。在对待极易颠覆政权的腐败问题上,党扎实推进反腐败斗争这一最彻底的自我革命。"党的十八大以来,全国纪检监察机关共立案464.8万余件,其中,立案审查调查中管干部553人,处分厅局级干部2.5万多人、县处级干部18.2万多人。"②反腐败斗争的胜利使广大人民群众深刻感受到中国共产党刀刃向内、刮骨疗毒的勇气与毅力,进一步提升了党的威望与威信。实践证明,通过自我革命,党一定能够永葆青春、与时俱进,跳出历史周期率

---

①《邓小平文选》第三卷,北京:人民出版社,1993年版,第313—314页。
② 刘奕湛:《党的二十大新闻中心举行第二场记者招待会》,《新华每日电讯》,2022年10月18日。

的"强大引力"。党的十八大以来全面从严治党的显著成效与反腐败斗争的压倒性胜利成为"自我革命"答案坚实的实践基础。

党的十八大以来，中国特色社会主义进入新时代。立足中华民族伟大复兴战略全局，放眼世界百年未有之大变局，面对严峻复杂的国际形势和接踵而至的各种巨大风险挑战，党如何更好地领导全国人民进行伟大斗争、实现伟大梦想，成为当今的时代之问。二十世纪八十年代末至九十年代初苏联解体、东欧剧变的历史事实证明，马克思主义政党如果在社会变化与发展中不能守正创新，极有可能"自毁长城"，坠入深渊。马克思、恩格斯指出："人类始终只提出自己能够解决的任务，因为只要仔细考察就可以发现，任务本身，只有在解决它的物质条件已经存在或者至少是在生成过程中的时候，才会产生。"[1]对引领社会革命的深入思考，促使中国共产党给出了"自我革命"的最佳答案。

四

"人民监督"与"自我革命"是中国共产党经过不懈探索找到的跳出历史周期率的两个答案，虽然两个答案提出的时间有先后、主体各不同、内容也有侧重，但具有内在关联，是一个有机整体。

第一，"人民监督"与"自我革命"内外互补。破解历史周期率的关键在于如何科学有效地实现对政治权力的监督。"人民监督"将监督力量诉诸党外，是从党外向党内施加影响的异体监督。"自我革命"则将监督方式聚焦党内，致力于自己解决自身存在的问题。"人民监督"与"自我革命"的监督场域有别，却能在内外结合中相互补充。

一方面，"自我革命"是"人民监督"的有效回应与重要引领。对于跳出历史周期率而言，仅靠外部人民监督而全无内在的自省自律，作用效能难以得到实质性发挥。只有不断强化自我革命和内在监督，始终秉持自我净化的坚定决心和强韧意志，才能对人民监督所反映的问题给予积极回应，进一步激发人民监督活力、提升人民监督效力。此外，党内监督对外部监督具有引领和保障作用，这是坚持以党内民主带动人民民主、以党内监督为主导构建和完善监督体系的重要原因。

---

[1]《马克思恩格斯文集》第二卷，北京：人民出版社，2009年版，第592页。

另一方面,"人民监督"是"自我革命"的重要动力和有力支撑。中国共产党之所以能够进行自我革命,是因为其始终代表最广大人民的根本利益而无任何私利。只有充分保障人民监督,及时向党内传递人民诉求,才能提升党自我革命的自觉性和主动性,将自我革命落到实处。另外,中国共产党的自我革命不是封闭的,总是在与社会革命的协同互动、对社会诉求的密切观照和回应中得以实现。"我们不能关起门来搞自我革命,而要多听听人民群众的意见,自觉接受人民群众监督。"①

第二,"人民监督"与"自我革命"内在统一。对广大劳动人民实行民主,保障人民监督权利,是建构无产阶级专政的政治形式、践行科学社会主义的内在要求。无产阶级专政作为"政治上的过渡时期"②的国家形式,根本目的不止于使无产阶级获得自己的政治统治,而是宣告不断革命,消灭由一切阶级和阶级差别所产生的生产关系和思想观念。无产阶级专政、人民监督"不过是达到消灭一切阶级和进入无阶级社会的过渡",③是实现无产阶级解放的必要政治形式。而在整个无产阶级专政过程中坚持无产阶级政党领导、推进党的自我革命,是科学社会主义的基本原则。实践证明,没有一个经过革命性锻造的强大政党,没有这样一个无产阶级政党的坚强领导,就不可能建立无产阶级专政和人民监督,无产阶级解放也就不具备相应的政治条件。在这个意义上,人民监督是伟大社会革命的题中应有之义,党的自我革命是伟大社会革命的政治引领,"人民监督"与"自我革命"统一于推进伟大社会革命、实现无产阶级解放的实践中。

第三,"人民监督"与"自我革命"互促互进。人民监督需要不断完善,党的自我革命需要纵深推进,"人民监督"与"自我革命"的发展完善过程,就是党持续探索跳出历史周期率的过程。

实践证明,"人民监督"与"自我革命"不仅在静态结构上具有内外互补、上下联动的内在关系,而且在动态发展上互促互进。只有不断提高人民监督效能和科学化水平,才能聚集外在约束力

---

① 《习近平谈治国理政》第三卷,北京:外文出版社,2020年版,第533页。
② 中共中央马克思恩格斯列宁斯大林著作编译局:《马克思恩格斯选集》第三卷,北京:人民出版社,2012年版,第373页。
③ 中共中央马克思恩格斯列宁斯大林著作编译局:《马克思恩格斯选集》第四卷,北京:人民出版社,2012年版,第426页。

量，促进党的自我革命向纵深推进；而只有全面从严治党、纵深推进党的自我革命，才能提升内在约束的理论清醒和行动自觉，提升人民监督效能和科学化水平。正是"人民监督"与"自我革命"的互促互进，使二者在发展完善上不断迈上新台阶，为跳出历史周期率奠定了坚实基础。

第四，"人民监督"与"自我革命"具有上下联动性。以"人民监督"与"自我革命"跳出历史周期率所关注的主体力量不同。"人民监督"强调人民主体地位和首创精神，激发人民的积极性、主动性与创造性以建设人民政权，是立足人民群众这一创造社会历史的基础主体力量进行的探索。"自我革命"则强调党在国家政权中的主导地位，以自我革命的政治自觉与历史主动实现长期执政、巩固国家政权，突出政党这一领导与执政主体在保障国家安全与政权稳定中的重要作用。人民主体与政党主导，是党跳出历史周期率上下贯通的体现。

一方面，"人民监督"为"自我革命"提供无穷智慧与力量。人民群众对执掌、使用权力是否合理、有效最具鉴别力和发言权。党的自我革命无论就过程手段还是效果评估而言，人民群众满意不满意都是最终考量标准。党只有深入人民群众、通过人民监督从下至上汲取治党治国的实践经验，才能获得自查、自省的智慧源泉，壮大自净、自强的依靠力量，党的自我革命才能持久稳定。

另一方面，"自我革命"为"人民监督"提供科学规正与保障。人民监督是建立在人民合理诉求、民主素养基础上的。由于人民群众诉求的多样性与民主素养的差异性，人民监督的效率、效能需要不断提高。而自我革命聚焦党的建设、强化党的领导，能够从上至下实现对人民监督的科学规正与有效引导，不断提升人民监督的规范性与有序性，保障人民监督的功能发挥与作用实现。

二、为什么党需要进行自我革命

9804.1 万名！

截至 2021 年 6 月 5 日，中国共产党党员总数为 9514.8 万名，比 2019 年年底净增 323.4 万名，增幅为 3.5%。①

---

① 中共中央组织部：《中国共产党党内统计公报》，新华社，2021 年 6 月 30 日。

中国共产党作为一个百年大党、老党,如何保持解决大党难题的清醒与坚定,如何保证党的先进性与纯洁性,如何稳固党长期执政地位始终走在时代前列,是推进新时代党的建设新的伟大工程无法逃避、必须回答的重大现实问题。对此,习近平总书记强调:"勇于自我革命,是我们党最鲜明的品格,也是我们党最大的优势。"①自我革命作为党追求进步、自我完善的精神之魂,作为克服困难、战胜风险的基本理念,是立党兴党强党的制胜之道。

中国共产党于民族危难深重之际登上历史舞台,正是依靠自我革命这剂良方才能历经百年沧桑始终风华正茂,不断从一个胜利走向另一个胜利,成为压不垮、打不倒,具有强大生命力的马克思主义执政党。

一

马克思主义政党是在不断自我革命中加强自身建设,取得更大胜利的无产阶级政党。

马克思恩格斯在《共产党宣言》中明确提出无产阶级政党是"为绝大多数人谋利益"的政党,指出:"共产党人要推翻资产阶级的统治,必须与传统私有制关系和私有观念实行彻底的决裂……建立没有阶级、没有私有制的共产主义社会。共产主义革命的决裂性要求承担革命历史任务的主体,也就是无产阶级政党必须具有彻底的革命性。"②恩格斯晚年又提出,无产阶级政党在革命中无论采取何种策略,与其他政党或党派保持何种关系,都必须"以党的无产阶级性质不致因此发生问题为前提";当内部出现了可能会牺牲"无产阶级的阶级性"、将反映自身性质和宗旨的纲领"丢开不管"的思想或行动时,无产阶级政党需要通过内部斗争清除自身"肌瘤"。③所以,马克思主义政党的显著标识就是革命性。

列宁在布尔什维克政党建设中认真汲取马克思、恩格斯无产阶级政党建设的经验,同时根据本国实际情况,丰富和发展了无产阶级政党建设理论,不断推进无产阶级政党的自我革命。列宁把能否

---

① 习近平:《在党史学习教育动员大会上的讲话》,北京:人民出版社,2021年版,第9页。
②《马克思恩格斯选集》第一卷,北京:人民出版社,2012年版,第421页。
③《马克思恩格斯选集》第四卷,北京:人民出版社,2012年版,第554页。

敢于承认错误并认真改正作为政党成熟的标志。他指出:"一个政党对自己的错误所抱的态度,是衡量这个党是否真正履行它对本阶级和劳动群众所负义务的最重要、最可靠的尺度。"① 从建立之初的弱小组织,到不断发展壮大成为当今世界第一大政党,中国共产党加强自身建设和勇于自我革命的历程是对马克思主义政党观继承与发展最现实的诠释。

二

历史周期率不仅指中国历史上政权更迭循环往复的周期性现象,还是近代以来世界政党政治中存在的兴衰更替的历史写照。能否跳出这样的历史周期率、实现长期执政是中国共产党必须回答好的一个根本问题。

毛泽东在延安的窑洞里给出了第一个答案,这就是"只有让人民来监督政府,政府才不敢松懈"。经过百年奋斗特别是党的十八大以来新的实践,中国共产党又给出了第二个答案,这就是自我革命。

党的二十大报告指出:"必须持之以恒推进全面从严治党,深入推进新时代党的建设新的伟大工程,以党的自我革命引领社会革命。"② 中国共产党的百年奋斗历程进行了两场伟大的革命:社会革命与自我革命。从社会革命方面看,中国共产党带领中国人民实现了国家独立和人民解放,确立了社会主义制度,探索出了中国特色社会主义发展之路,实现了近代以来中华民族最伟大的社会变革。进入新时代,习近平总书记提出:"自我监督是世界性难题,是国家治理的哥德巴赫猜想。我们要通过行动回答'窑洞之问',练就中国共产党人自我净化的'绝世武功'。"③ 这离不开中国共产党自身建设的提高。正是在不断自我革命中,中国共产党引领中国社会实现了历史性变革,取得了历史性成就,不断迈向"中国之治"新征程。百年自我革命是中国共产党坚持真理、修正错误的过程,旨在加强执政党建设,清除一切损害党的先进

---

① 《列宁全集》第八卷,北京:人民出版社,1986年版,第387页。

② 习近平:《高举中国特色社会主义伟大旗帜 为全面建设社会主义现代化国家而团结奋斗——在中国共产党第二十次全国代表大会上的报告》,北京:人民出版社,2022年版,第64页。

③ 《习近平谈治国理政》第三卷,北京:外文出版社,2020年版,第511页。

性和纯洁性的因素，使党不断自我净化、自我完善、自我革新、自我提高。打铁还需自身硬，新时代党的自我革命任重道远，在这个过程中绝不能有停一停、歇一歇的想法。形势越复杂、任务越繁重，就越要发扬自我革命精神，直面自身存在的现实问题和内在矛盾。这是党化解各种重大风险挑战的根本保障，更是决定党和人民的事业兴衰成败、决定中华民族前途命运、引领伟大社会革命的关键所在。

三

起源于西方国家的政党制度在推翻封建统治、建立资产阶级专政过程中，利用其民主、自由、博爱思想，很好地把资产阶级与无产阶级联合在了一起。但在当下，政党政治在西方世界正遭遇前所未有的挑战，政党日益沦为竞争"选票"的工具。为了获取选票，执政党与在野党之间相互"打拳击"，甚至同一政党内，两个不同的候选人为了上台，也在不遗余力"打拳击"。这种情况导致政党对内部的凝聚力越来越弱化，对外的号召力也逐渐式微。由此引发了民粹主义与精英政治之间的分裂越来越大，在国家发展过程中，资产阶级政党也开始调试，由"精英政党"走向"全民型政党"，但是，西方政党的"全民性"往往只在选举时为了获得更多选票而存在。选举结束后，"精英政党"就会再次出现，引领整个社会。这种现象迫切要求西方政党进行自我革命，适应民众意愿的需要。

中国共产党从成立以来一直致力于为绝大多数人谋利益。与西方政党的"精英政治"相比，中国共产党是"使命型政党"。中国共产党的执政地位是由其对人民作出承诺、完成使命获取的。在完成使命过程中，中国共产党也曾面临与陷入各种各样的问题。为此，中国共产党不断进行自我革命，革除自身病症，铲除自身顽疾，坚决同一切弱化党的先进性和纯洁性、危害党的肌体健康的现象做斗争，使中国共产党始终保持了昂扬向上的姿态，做到了百年大党风华正茂。这为西方政治的政党竞争和轮流执政等种种乱象提供了有益借鉴。

三、自我革命贯穿于党的百年奋斗史

勇于自我革命是中国共产党的独特品质,更是党领导人民不断取得胜利的重要武器。"中国共产党的伟大不在于不犯错误,而在于从不讳疾忌医,敢于直面问题,勇于自我革命,具有极强的自我修复能力。"①

中国共产党的百年历史不仅是党的成长奋斗史,更是党开展自我革命的历史,自我革命的优秀品质是在革命建设实践中积淀的精神财富。

中华民族之所以能够在苦难中铸就辉煌,不仅在于中国共产党将国家和民族的利益放在首位,更在于党拥有自我革命的勇气和直面困难的决心。

一

1921年党的一大通过了《中国共产党第一个纲领》,其中提出党的根本政治目的是实行社会革命。党的二大通过了第一部党章,将"纪律"专列一章,提出了9条要求。1923年党的三大召开,第一次修改了党章,首次提出党员的出党规则。党的三大召开时,全国仅有420名党员,但在这种情况下,中国共产党仍然坚持从严治党。可以说在建党初期,中国共产党就将自我革命作为一种政治自觉。

第一次国共合作期间,作为中共中央最高领导人的陈独秀在共产国际错误指导下,犯了右倾机会主义错误,在政治、军事和党务上妥协退让,使得在"四一二"反革命政变后,中国革命形势发生了重大变化,大革命以失败告终。面对国民党的疯狂屠杀,1927年中国共产党紧急召开八七会议,会议通过的《告全党党员书》中宣告:无产阶级之先锋队能够在自己错误经验里学习出来,绝无畏惧地披露自己的错误,并且有力量来坚决纠正。②

---

① 习近平:《中共中央关于党的百年奋斗重大成就和历史经验的决议》,《人民日报》,2021年11月17日。
② 中共中央文献研究室、中央档案馆:《建党以来重要文献选编(1921—1949)》第四册,北京:中央文献出版社,2011年版,第410页。

1927年4月12日，蒋介石在上海发动反革命政变，3个月后的7月15日，汪精卫在武汉也公开举起了"分共"的屠刀，大革命全面失败。大革命中心——赤都武汉一夜间风声鹤唳，神州大地笼罩在一片血腥和恐怖之中。

中共中央机关各部门相继迁移办公地点，中央领导人和身份公开了的共产党员陆续更换住所，党的活动迅速转入地下状态。翻开1927年8月7日的《民国日报》，从一篇题为《汉口陷于恐怖状态伪政府犹力事粉饰》的报道中，足以窥见当时武汉局势险恶的冰山一角。

在这严峻的生死考验面前，中共中央决定召开一次紧急会议，明确前进方向。

会议地点选在汉口原俄租界三教街41号（现鄱阳街139号）二楼，是经过仔细考量的。那里曾是苏联驻国民政府农民顾问拉祖莫夫的住所，前后有楼梯，后门通小巷，屋顶凉台与邻居凉台相通，便于发生意外情况时撤离。

1927年8月7日，是一个被镌刻于中共党史的重要日子。由于当时时局紧张、交通不便，会议代表有的装扮成农民，有的装扮成商人，由交通员分批秘密带入会场。尽管当时的天气炎热，可是为了会议的安全，这里的门窗全都是紧闭的。中午代表们吃着干粮、喝着白开水，就在这样开了一整天的会。

会议由瞿秋白、李维汉主持。会议总结了"大革命"失败的教训，讨论党的工作任务，确立实行土地革命和武装起义的方针。毛泽东在发言中提出那句著名论断"以后要非常注意军事，须知政权是由枪杆子中取得的"。

八七会议的召开反映出中国共产党敢于直面错误、勇于自我革命的坚强决心。

《中国共产党历史》第一卷（1921—1949）评价说，在中国革命处于严重危机的情况下，八七会议的及时召开，并制定出继续进行革命斗争的正确方针，使全党没有为极其严重的白色恐怖而惊慌失措，重新鼓起同国民党反动派斗争的勇气，从而为挽救党和革命作出了巨大贡献。

在历史的生死关头，八七会议虽然及时纠正了右倾错误，但是却忽视了党内滋长和积累起来的"左"倾错误。直到1935年遵义会议召开才结束了"左"倾教条主义在中央的统治,在此次会议上,周恩来主动做了自我批评,承担了第五次反"围剿"失败的主要责任,毛泽东也对博古、李德在军事指挥上的错误做了切中要害的分析和批评,最终解决了当时继续革命所面临的最迫切的组织问题和军事问题,在危急关头挽救了党和红军,挽救了中国革命。八七会议和遵义会议从政治上、组织上、思想上纠正了党内错误,都属于自我革命性质的会议。通过这些会议,党开始走向成熟,一步步领导中国革命走向胜利。

近代中国是一个半殖民地半封建国家,经济发展不平衡,因此在大革命失败后,党决定将工作的重心转移到农村,由此导致了党员队伍成分多元,既有工人阶级和农民阶级,又有小资产阶级,其中占绝大多数的是农民党员。比如,在发展农村革命根据地的过程中发现,"边界各县的党,几乎完全是农民成分的党"。[①]成分多元的党员队伍思想觉悟参差不齐,纪律性不强,在斗争过程中不能在政治上、思想上保持高度一致。另外,经过改编的军队中还存在带着浓厚雇佣思想和旧军队习气的国民党战俘士兵。因此各种各样非无产阶级思想充斥在党内和红军中。

针对这些情况,毛泽东提出了着重进行党内思想教育的思路,即通过延安整风运动进行思想革命来提升党员的理论水平、纠正党员身上的社会陋习。

延安整风运动本着"惩前毖后,治病救人"的方针,通过大规模的马克思主义教育活动,以自我革命精神极大地教育了党员干部,纯洁了革命队伍。也正是在延安,毛泽东提出了"共产党内的矛盾,用批评和自我批评的方法去解决",[②]首次将"批评与自我批评"作为党的三大作风之一明确地提了出来。在思想教育和理论武装下,在自我监督制度的约束下,不同阶级的党员跳出了自身阶级的局限性,实现了把党章的规定要求"印刻在灵魂最深处"。中国共产党经过不断淬炼思想,最终成为始终代表中国人民根本利益的工人阶级先锋队。

实践证明,延安整风运动以整风形式解决党内矛盾的做法符合中国国情和共产党党情,是共产主义运动史中的一个崭新创造。

---

① 《毛泽东选集》第一卷,北京:中共党史出版社,1991年版,第77页。
② 《毛泽东选集》第一卷,北京:中共党史出版社,1991年版,第311页。

二

新中国成立后，中国共产党成为执政党，而党内一些党员干部不能适应党地位的变化，由此产生了一些新问题和新情况。

伴随着新中国成立和中国大陆的解放，中国共产党威望日增，要求入党者十分踊跃。1951年4月，党员总数已从1949年9月的448万余人猛增至580万人；在全国建立了近25万个基层支部，成为具有广泛群众性的大党。但新党员中，不少人思想作风不纯，有人甚至抱着投机心理蒙混入党。有些干部革命意志衰退、个人意识膨胀，争名利，闹地位，讲排场，贪图享受乃至腐化堕落。据北京市统计，进城仅一年，已有88名干部因为贪污舞弊受到查处。另外，官僚主义、命令主义作风也有所滋长。比如，有些基层干部为完成征粮、收税等任务，竟然粗暴地抓人吊打。

因此，1950年5月1日，中共中央发出《关于在全党全军开展整风运动的指示》，强调首先是整顿干部作风，密切党和人民的联系。5月21日，又发出《关于发展和巩固党的组织的决定》，指出发展党员工作必须采取严格审查的方针和稳步前进的办法。6月上旬，中共七届三中全会就整风工作作了具体部署，要求各级党组织坚决执行中央指示，在和各项工作任务密切结合而不是相分离的条件下，进行一次大规模的整风运动。

全党整风运动自1950年下半年开始，于同年底结束。整风的重点是各级领导机关和干部。整风的主要任务是提高干部和一般党员的思想水平和政治水平，克服工作中所犯的错误，克服以功臣自居的骄傲自满情绪，克服官僚主义、命令主义，改善党和人民的关系。整风的主要方式是阅读指定文件，总结工作，查找问题，分析情况，开展批评和自我批评。

《学习》杂志由中共中央宣传部理论宣传处主办的刊物。1950年，该刊发表一篇署名"申峰"的自我剖析文章。作者是一名抗战时期参加革命的老干部，谈这次整风对自己的触动。文章写道：由于我参加革命的动机是抗日，所以，日寇投降以后，认为和平已经到来，革命事业已成功，革命功臣们应该享受一番了。特别在进入张家口以后，看见城市里花花绿绿，高楼大厦、沙发地毯、小汽车、大饭馆、影剧院、女学生等，都吸引人。我想：这些哪种不需要呢?可以说没有一种不需要。抗战七八年,又没有老婆又没钱。要捞到这些,现在不是一个好时机吗?从那时起,脑子里经常盘算着如何达到这些目的。整天满街上跑,找熟人介绍对象,打听哪个合作社挣钱多,就想法入股,或从利润低的转到高的合作社中去。讲修饰,讲穿戴,买双皮鞋,做身呢子衣服,房子里安上个收音机,买辆漂亮的自行车。每天不是盘算这个,就是盘算那个。又嫌机关伙食坏,经常上饭馆。整日里就混混沌沌,不做工作,使工作陷于停顿状态。通过学习,思想觉悟有了提高,认识到我们是为人民服务的,应当是"先天下之忧而忧,后天下之乐而乐"。

在新中国成立不到一年开展的这次整风运动,为同年冬季揭幕的新解放区土地改革运动做了作风整顿和思想准备。

1951年2月,中共中央发出由毛泽东起草的《中共中央政治局扩大会议决议要点》,共八个要点,第六条为"整党及建党"。

1951年3月28日至4月9日,中国共产党第一次全国组织工作会议在北京召开。刘少奇在会上作报告,分析了革命胜利后党的状况和存在的问题;闭幕当天,作了题为《为更高的共产党员的条件而斗争》的总结,强调在中国革命胜利的新形势下,作为工人阶级先锋队的共产党员的条件必须更加提高,提到尽可能地适当的高度,才能担负起比过去更伟大更艰苦的革命任务和经济文化建设任务。会议通过《关于整顿党的基层组织的决议》和《关于发展新党员的决议》,对整党及建党工作作了具体部署。

中国共产党的这次整党运动,是整顿党的基层组织,尤其是那些新近建立党组织和发展新党员较多的地区。由于基层党组织主要集中在农村,所以整党实际上是农村整党。

在准备工作阶段,重点做三项工作:一是挑选一批经过考验、对党完全忠实、作风正派,又有整党与建党知识和工作能力的干部,加以训练,然后派到基层组织去进行整党;二是对党员普遍进行一次关于怎样做共产党员的教育,使所有的党员都明白做一个共产党员的标准;三是先选择几个支部进行整党的典型试验,从中获取经验,以免在整党中犯错误。

按照中共中央指示,凡是混入党内的坏分子(阶级异己分子、参加过反动党团或落后会道门、在组织上及思想上仍未与之断绝联系的分子,有严重内奸嫌疑的分子,投机分子等),坚决清除出党。

对各种有毛病的党员，则本着治病救人的精神，帮助他们提高觉悟，改正错误和缺点。至于拒绝党的教育或经教育改造无效的消极分子，则采取妥善方法使其退党，或撤销他们的党籍。

1951年12月1日，即整党期间，中共中央发布《关于实行精兵简政、增产节约、反对贪污、反对浪费和反对官僚主义的决定》指出："进城两三年来，严重的贪污案件不断发生，证明七届二中全会指出资产阶级对党的侵蚀的必然性、防止及克服此种巨大危险的必要性是完全正确的。现在是切实执行这项决议的时候了，否则就会犯大错误。"

1952年元旦，毛泽东在团拜会上再次号召全体人民和一切工作人员一致起来，大张旗鼓、雷厉风行地开展一个大规模的反对贪污、反对浪费、反对官僚主义的斗争，将这些旧社会遗留下来的污毒洗干净。2月3日，中共中央发出《关于"三反"运动应和整党运动结合进行的指示》，强调"'三反'运动是一个更加现实与深刻有力的整党运动"。群众性的"三反"运动以县以上领导干部为重点，主要在城市、在机关展开；整党运动以县以下基层党支部为重点，主要在农村展开。

在追查贪污犯即"打老虎"阶段，一些重大贪污案件浮出水面，其中最为典型的是刘青山、张子善案。

刘青山、张子善在分别担任中共天津地委书记、天津行署专员期间，利用职权狼狈为奸，假借经营机关生产之名，盗窃国家救灾粮款、治河专款、干部家属救济粮款、地方粮款，克扣治河民工粮款、机场建筑款，并骗取国家银行贷款从事非法经营等，涉案金额高达171.6272亿元（笔者注：旧币，相当于现在的171万元），生活极为腐化。刘、张二人均有20年左右党龄，在民主革命时期表现突出，功劳不小，却在和平环境下私欲膨胀、贪污腐化，从人民功臣沦为人民罪人。此案震惊全国，被称为"共和国反腐第一案"。

刘、张被开除出党，1952年2月10日在河北保定公审后伏法，时年均不到40岁。毛泽东对说情者断然表示："正是他们两人地位高，功劳大，影响大，所以才要处决他们。只有处决他们，才可能挽救二十个、二百个、两千个、两万个犯有各种不同错误的干部。"这体现了中国共产党铲除党内败类的决心。刘青山在伏法前忏悔道："拿我做个典型吧，处理算了，在历史上说也有用。"张子善的遗言是：伤痛！万分伤痛！现在已经来不及说别的了，只有接受这血的教训!

"三反"斗争使中央意识到,党政军机关从事生产容易引发严重的贪污浪费现象。1952年3月12日,政务院发布《关于统一处理机关生产的决定》,规定结束机关生产,一般限于本年4月30日以前交接完毕。同年4月21日,中央人民政府公布实施《中华人民共和国惩治贪污条例》,计18条。第2条的表述是:"一切国家机关、企业、学校及其附属机构的工作人员,凡侵吞、盗窃、骗取、套取国家财物,强索他人财物,收受贿赂以及其他假公济私违法取利之行为,均为贪污罪。"

1952年10月,"三反"运动结束。全国县以上党政机关(军队除外)参加运动的总人数为383.6万人,共查处贪污分子和犯贪污错误者120.3万多人,其中党员19.6万多人。全国被贪污的赃款赃物合计6万亿元,已退回2万亿元。全国共有42人被处决,9人被判处死缓,67人被判处无期徒刑。通过"三反",起到了教育大多数干部、挽救犯错误的干部、清除贪腐分子的作用。

由于运动开展得很迅猛,以致出现过火现象。比如,全国被打出的"老虎"(贪污一千万元以上)最多时达29.2万多人,其中多半是把小贪污、公私不分、失职、浪费算成了"老虎",或因赃物折价过高成了"老虎";很多地方发生"逼供信"偏向,有少数人因肉刑逼供而致残。

但是,这个时期取得的成就是主要的——经过思想建设上的自我革命,中国共产党初步解决了执政后"坐江山"所面临的问题,成功领导全国各族人民巩固了新生政权,实现了中华民族有史以来最为广泛而深刻的社会变革。

三

1978年12月召开了党的十一届三中全会,这是一次改变中国命运的会议,全会客观对待过往历史,深度剖析存在的错误,作出了改革开放这一伟大决策,而且为了保证经济建设和改革开放的顺利进行,对加强党的建设也进行了一系列部署。以党的十一届三中全会为标志,党的建设进入崭新时期。全党重新确立了解放思想、实事求是的思想路线,确立了以经济建设为中心,坚持改革开放的政治路线和正确的组织路线。在组织路线上,形成以邓小平同志为核心的党的第二代中央领导集体,开辟了中国特色社会主义的发展道路。

党的十一届三中全会以后，中国共产党总结党内政治生活正反两方面经验特别是"文化大革命"的惨痛教训，先后制定和出台了《关于党内政治生活的若干准则》《关于建国以来党的若干历史问题的决议》《关于整党的决定》等文件，以整顿党风、严肃党纪、拨乱反正、正本清源，表现出党敢于承认错误、敢于刀刃向内、敢于进行彻底的自我革命的政治勇气。

针对党内不敢讲话、不敢讲老实话、弄虚作假的不良风气，1978年12月，邓小平在中央工作会议闭幕会上的讲话《解放思想，实事求是，团结一致向前看》中指出：对执政党来说，"最可怕的是鸦雀无声"。他强调，要"创造民主的条件"，真正在党内实行民主集中制。为使党内政治生活逐步走上正轨，1980年2月，党的十一届五中全会讨论通过《关于党内政治生活的若干准则》，总结历史经验，对党内政治生活的若干方面都作了具体规定。其主要精神在今天仍然具有现实指导作用。

针对改革开放新时期党的建设出现的官僚主义、权力过分集中等现象，1980年8月，邓小平在中央政治局扩大会议上作了题为《党和国家领导制度的改革》的讲话。他反复强调制度建设的极端重要性，"领导制度、组织制度问题更带有根本性、全局性、稳定性和长期性"，[①]"改革党和国家领导制度，不是要削弱党的领导，涣散党的纪律，而是为了坚持和加强党的领导，坚持和加强党的纪律"。[②]此后，中国共产党科学谋划、周密部署、稳步推进党和国家领导制度改革。

1983年10月，邓小平在十二届二中全会上的讲话中强调："整党不能走过场。"要"通过思想教育，增强党性"。他指出："所有共产党员都要增强党性，遵守党的章程和纪律，不管是什么专家、学者、作家、艺术家，只要是党员，都不允许自视特殊，认为自己在政治上比党高明，可以自行其是"；[③]"各级领导干部，特别是高级干部，更应该严格遵守党章、遵守《关于党内政治生活的若干准则》，起模范作用"。

1984年十二届三中全会后，改革开放不断向纵深发展。邓小平

---

① 《邓小平文选》第二卷，北京：人民出版社，1994年版，第333页。
② 《邓小平文选》第二卷，北京：人民出版社，1994年版，第341页。
③ 《邓小平文选》第三卷，北京：人民出版社，1994年版，第46页。

突出强调全党要"讲政治""守纪律"。他说，我们这么大一个国家要团结，"一靠理想，二靠纪律"，这是"我们的真正优势"。他还说，"改革，现代化科学技术，加上我们讲政治，威力就大多了。到什么时候都得讲政治"。①

讲政治、守纪律，首要的就是要同党中央保持一致。1988年至1989年间，邓小平多次强调："党中央的权威必须加强"，不能"各行其是"，搞"你有政策，我有对策"。他还特别指出："党内无论如何不能形成小派、小圈子""那个东西害死人""错误就从这里犯起"。

随着改革开放逐步推进，邓小平清醒地认识到"中国要出问题，还是出在中国共产党内部"。②而中国共产党内部要出问题，关键在领导干部。

这就不得不提及一份诞生在黑牢里的报告，这是战争年代烈士们"最后的嘱托"，是革命者用鲜血写下的一种面向未来的警示。

1948年4月初，重庆的国民党特务以破坏《挺进报》为突破口，抓捕了135人，其中党的县以上干部40人，党在重庆的地下组织几乎全被破坏，甚至牵连整个四川的地下党组织。由于叛徒出卖以及三次武装斗争的失败，关押在白公馆、渣滓洞的共产党人和革命志士达300多人。

在这个过程中，共产党员罗广斌被捕，起初被关进渣滓洞监狱二楼7室，和他以前的领导张国维同处一室。张国维叮嘱罗广斌要注意搜集情况、征求意见、总结经验，有朝一日向党报告。

由此，一场总结经验教训的"大讨论"在黑牢里秘密展开。1949年1月17日，江姐（江竹筠）口头拟了一份讨论大纲："一、被捕前的总结；二、被捕后的案情应对；三、狱中的学习。"这也成为日后"狱中八条"形成的基础。

1949年2月，罗广斌被转押到白公馆。他与同室难友、曾任沙磁区学运特支书记的刘国鋕，曾任重庆北区工委委员的王朴以及曾任《挺进报》特支书记的陈然等，进行过多次深入讨论。狱中意见在此逐渐完善、成熟。

---

① 参见邓小平《视察天津时的谈话》（1986年8月19日）；《邓小平文选》第三卷，北京：人民出版社，1994年版，第166页。

②《邓小平文选》第三卷，北京：人民出版社，1993年版，第380页。

1949年11月27日，阴雨绵绵。敌人最后的疯狂开始了，前后300多名革命者倒在敌人的枪下。

当渣滓洞大屠杀的火焰还在燃烧之际，罗广斌和尚未被杀害的十多位狱友，趁敌人疏于看守之机，冒死冲出白公馆蛰伏乡间，3天之后迎来重庆解放。

1949年12月25日，即重庆解放后的第25天，罗广斌写成了《重庆党组织破坏经过和狱中情形的报告》，上报给中共重庆市委。

《红岩魂纪实——来自白公馆、渣滓洞的报告》中所列"狱中八条"的内容是：

一、保持党组织的纯洁性，防止领导成员的腐化；

二、加强党内教育和实际斗争锻炼；

三、不要理想主义，对上级也不要迷信；

四、注意路线问题，不要从右跳到"左"；

五、切勿轻视敌人；

六、注意党员特别是领导干部的经济、恋爱和生活作风问题；

七、严格进行整党整风；

八、严惩叛徒、特务。

这"狱中八条"见于罗广斌写的《关于重庆组织破坏经过和狱中情形的报告》，是报告的最后一部分。

这八条，可以归结为几方面内容：领导干部问题；革命路径问题；党建问题；对敌斗争问题。其中最重要的问题是领导干部问题。八条之第一、第三、第六条皆明言领导干部问题。第二、第七条实际也涉及领导干部问题。第八条惩办叛徒，当然首先要惩办领导干部中的叛徒。细细琢磨，这八条都含着一条主线：要高度关注领导干部问题。

"狱中八条"如此强调领导干部问题，是一段因领导干部叛变而酿成的痛史，这段痛史最重要的警示，便是必须关注领导干部问题。

1948年，因《挺进报》暴露，重庆市工委书记刘国定、副书记冉益智相继被捕叛变，供出了大量地下党组织情况，导致了川东地下党遭到重大破坏，还波及了川西、沪宁党组织，大批党员被捕，后来成为著名烈士的许建业、陈然、王朴、成善谋、刘国鋕、李青林、江竹筠等都在其中。

刘、冉两个叛徒为了邀功取宠，争先恐后地出卖组织，使被捕党员数量不断扩大。罗广斌就是被刘国定出卖的。还有个叛徒李文祥，是重庆市城区区委书记，叛变后出卖组织，导致了十几名同志被捕。

小说《红岩》中叛徒甫志高的原型，就是刘冉李等几个叛徒。

重温"狱中八条"，字里行间皆是血，八条警示似惊雷。"狱中八条"是一份珍贵的党史资料、一份厚重的党性教材、一份沉甸甸的政治嘱托，对全面从严治党、推进自我革命具有重要启示。

全面从严治党是一场自我革命，这关乎党和国家事业成败，关乎我们能不能跳出历史周期率。

1992年，面对东欧剧变的国际形势和一些人对中国是否坚持社会主义的怀疑，邓小平发表"南方谈话"，提出"三个有利于"，由此在全社会范围内掀起了一场思想革命。这一年党的十四大将"坚持从严治党"写入党章的总纲部分，将其作为中国共产党管党治党的总遵循和根本原则。1998年11月，为解决党内部分领导干部在党性党风上存在的突出问题，党中央决定开展"三讲"教育，并同时印发《关于实行党风廉政建设责任制的规定》，对各级领导班子和领导干部在党风廉政建设方面应负的责任作出了制度性安排。

党的十三届四中全会和五中全会后，以江泽民同志为核心的党的第三代中央领导集体逐步开展制度建设自我革命的探索。1992年，党的十四大首次把坚持从严治党写进党章总纲。1994年，党的十四届四中全会作出了《中共中央关于加强党的建设几个重大问题的决定》，把党的建设提高到"新的伟大工程"的高度。特别强调，党的建设要进一步坚持和健全民主集中制、巩固和加强党的基层组织、培养和选拔德才兼备的领导干部、加强党的制度建设。从1992年10月到1997年9月，中央出台的党内重要法规性的条例、决定、意见、通知有70多个。这些党内法规建设的文件和文献，大至党的代表大会的召开程序，小至对党员缴纳党费，都有具体规定。

党的十六大后，以胡锦涛同志为总书记的党中央强调，要以坚持党的执政能力建设为重点，以党的先进性建设为主，全面加强党的思想、组织、作风和制度建设。在庆祝中国共产党成立90周年大会上，胡锦涛同志提出，要提高党的建设科学化水平，以科学的理论指导党的建设，以科学的制度保证党的建设，以科学的方法推进党的建设，党在制度建设上的自我革命不断走向深入。①

改革开放时期，中国共产党坚定不移沿着建设有中国特色的社会主义道路健步前行，使国家在这个时期取得了举世瞩目的伟大成就，中国大踏步赶上了时代。在思想建设方面，中国共产党也提出从"三讲"教育到"保持共产党员先进性教育"等一系列的举措，中国共产党人以巨大的勇气，持续进行自我革命。

当然，在这个时期也出现了管党不力、治党不严现象，个别党员干部政治信仰出现了严重危机，"四风"盛行，特权思想和特权现象也较为普遍地存在，严重损害了党群干群关系。

四

中国特色社会主义进入新时代，党的建设面临着"四大考验""四大危险""七个有之"的挑战。

党的十八大报告指出，全党必须牢记，只有植根人民、造福人民，党才能始终立于不败之地；只有居安思危、勇于进取，党才能始终走在时代前列。新形势下，党面临的执政考验、改革开放考验、市场经济考验、外部环境考验是长期的、复杂的、严峻的。精神懈怠危险、能力不足危险、脱离群众危险、消极腐败危险更加尖锐地摆在全党面前。

2014年10月23日，习近平总书记在党的十八届四中全会第二次全体会议上指出："一些人无视党的政治纪律和政治规矩，为了自己的所谓仕途，为了自己的所谓影响力，搞任人唯亲、排斥异己的有之，搞团团伙伙、拉帮结派的有之，搞匿名诬告、制造谣言的有之，搞收买人心、拉动选票的有之，搞封官许愿、弹冠相庆的有之，搞自行其是、阳奉阴违的有之，搞尾大不掉、妄议中央的也有之。"在2018年1月召开的中央纪委二次全会上，他再次强调，"七个有之"是政治隐患，必须采取有力措施予以防范和遏制。

这就需要中国共产党以自我革命的精神，敢于刀刃向内、刮骨疗毒、壮士断腕，消除一切损害党的先进性和纯洁性的因素，清除

---

① 韩强：《美国政党党务管理对中国共产党自身建设的启示》，《当代世界与社会主义》，2012年第3期。

一切侵蚀党的肌体的病毒，推进全面从严治党落地生根。

"全国共查处违反中央八项规定精神问题 7799 起，批评教育帮助和处理 11226 人，给予党纪政务处分 7752 人。"

2022 年 9 月 26 日，中央纪委国家监委公布了 2022 年 8 月全国查处违反中央八项规定精神问题汇总情况，这已是该数据连续第 108 个月公布。

2012 年 12 月 4 日，中共中央政治局会议审议通过中央政治局关于改进工作作风、密切联系群众的八项规定。以中央八项规定破题，一场激浊扬清的作风之变涤荡神州大地。

从遏制"舌尖上的浪费"，到刹住"车轮上的腐败"，再到整治"会所里的歪风"；从多措并举遏制"天价月饼""天价烟酒"，到厉行节约、反对浪费成为社会新风尚，再到婚事新办、丧事简办被越来越多人接受……党风政风引领社风民风，人民群众成为作风建设的参与者和受益者。

2014 年 10 月，习近平总书记《在党的群众路线教育实践活动总结大会上的讲话》中首提"全面推进从严治党"。"全面"是指覆盖全党所有党员与党组织，在全党形成无死角的全覆盖。"严"就是真管真严、敢管敢严、长管长严。重点是抓住"关键少数"的领导干部。"治"是要从中央部委、国家机关部门党组（党委）到基层党支部，都要肩负起主体责任。

党的十八大到十九大期间，党中央先后制定修订了 90 多部党内法规，管党治党的螺栓越拧越紧。中国共产党已经从宏观上基本形成了以党章为根本，以民主集中制为核心，以准则、条例等党内法规为主干的党内法规制度体系，做到了前后衔接、左右联动、上下配套、系统集成，党内生活主要领域实现了有章可循、有规可依。习近平总书记在党的十九大报告中指出，要坚持和加强党的全面领导，坚持党要管党，全面从严治党，要以党的政治建设为统领，以加强共产党的长期执政能力建设、先进性建设、纯洁性建设为主线，加强党的思想建设、组织建设、作风建设、纪律建设，将制度建设贯穿其中，深入推进反腐败斗争，不断提高党的建设高质量发展。这就是新时代党的自我革命努力方向，也是党的建设的总要求。

从党的群众路线教育实践活动到"三严三实"专题教育,从"两学一做"学习教育常态化制度化到"不忘初心、牢记使命"主题教育、"四史"教育,等等。党的十八大以来,中国共产党再次突出"旗帜鲜明讲政治,既是马克思主义政党的鲜明特征,也是我们党一以贯之的政治优势"①,创新提出拥护"两个确立",增强"四个意识",坚定"四个自信",做到"两个维护",强调"夯实党的执政根基、涵养政治生态、防范政治风险、提高政治能力"等论断和要求,党的自我革命越来越成为一种明显的政治优势,正是这种独特优势使得中国共产党能够带领人民不断取得一个又一个伟大胜利。

正如第三个历史《决议》所指出的:"中华民族伟大复兴绝不是轻轻松松、敲锣打鼓就能实现的,前进道路上仍然存在可以预料和难以预料的各种风险挑战。"②在前进道路上,党所面临的"四大考验""四种危险"依然严峻复杂,影响党的先进性、弱化党的纯洁性的各种因素依然存在。面对这些风险挑战,中国共产党只有以"革命者必先自我革命"的坚定意志和坚强决心,持续推进自我革命,才能担负起实现中华民族伟大复兴的历史重任。

四、以自我革命破解大党独有难题

何谓大党?大党具有组织规模大、存续时间长、执政绩效高、责任使命重的特点。大党独有难题的内涵十分丰富,包含党在革命、建设、改革和新时代全面推进中华民族伟大复兴历史进程中所遭遇的重大困难、挑战和风险。

"大党独有难题"是习近平总书记在党的二十大报告中首次提到的重大理论命题。党的二十大报告指出:"全面从严治党永远在路上,党的自我革命永远在路上,绝不能有松劲歇脚、疲劳厌战的情绪,必须持之以恒推进全面从严治党,深入推进新时代党的建设新的伟大工程,以党的自我革命引领社会革命。"这一重要论述彰显了中国共产党一以贯之坚持自我革命,持之以恒推进全面从严治

---

① 《习近平谈治国理政》第四卷,北京:外文出版社,2022年版,第43页。
② 《中国共产党第十九届中央委员会第六次全体会议文件汇编》,北京:人民出版社,2021年版,第102页。

党的坚定决心,为深入推进新时代党的建设新的伟大工程指明了前进方向。

习近平总书记多次引用"生于忧患,死于安乐"告诫全党,我们党作为世界第一大党,没有什么外力能够打倒我们,能够打倒我们的只有我们自己。中华文明五千年的演进史,中国古代不少政治人物、政治势力和王朝的命运转换,都生动诠释了什么是"生于忧患,死于安乐"。

两千多年来的封建王朝更迭,一个个历史人物的崛起与垮台,一次次农民起义的风起云涌与烟消云散,都逃不脱"其兴也勃焉,其亡也忽焉"的历史周期率,具体的原因形形色色,各有历史的独特因素,但从唯物史观来看,都有自身主观上共同的原因,这就是"生于忧患,死于安乐"。

中国共产党在百年自我革命的伟大征程中,积累了宝贵的历史经验。

一

中国共产党自我革命的根本保证是必须坚持和加强党的全面领导。

党的建设历史经验表明,什么时候党的领导巩固,党的自我革命就会顺利开展;什么时候党的领导弱化,党的自我革命就会出问题。

新中国成立前夕,中国共产党通过建立报告制度、健全党委制度等加强党的领导,有效克服了分散主义、山头主义,党的组织纪律性得到加强,为赢得解放战争胜利奠定了基础。比如,"文化大革命"时期,党的领导弱化甚至被否定,导致党内生活极不正常,党的建设遭到严重破坏,党的肌体受到严重损伤。

一段时期以来,一些地区、一些领域出现党的领导虚化、弱化、边缘化的现象,导致管党治党失之于宽松软问题。在2018年全国组织工作会议上,习近平总书记指出:"党的十八大之前,面对一个时期以来党内存在的突出问题,全党是忧心忡忡的,我是忧心忡忡的。想来想去,打铁必须自身硬。"[1]

党的十八大以来,以习近平同志为核心的党中央坚持和加强党

---

[1] 习近平:《在全国组织工作会议上的讲话》,《党建研究》,2018年第9期。

的全面领导，以巨大的政治勇气和强烈的责任担当从严管党治党，消除了党内存在的严重隐患，党的建设局面焕然一新，党在革命性锻造中更加坚强，为推动党和国家事业取得历史性成就、发生历史性变革提供了坚强政治保证。

领导权问题向来是马克思主义政党面临的首要问题，牢牢掌握革命的领导权是马克思主义政党的必然要求。党对革命的领导权，除了包括对政治革命和社会革命的领导权，还包括对自我革命的领导权，而后者起到内在性、决定性作用。

回顾党的百年奋斗史可以看到，党的领导是确保党能够有效开展自我革命的根本保证，而通过刀刃向内，党在革命性锻造中不断坚强有力，也会为加强和巩固党的领导奠定坚实基础。因此，必须始终坚持和加强党的全面领导，特别是注重对党的自身建设和自我革命的领导，须臾不能放松和动摇。

二

中国共产党自我革命的重点任务是必须不断解决党内突出矛盾和问题。

马克思主义认为，事物发展的根本原因，不是在事物的外部而是在事物的内部，在于事物内部的矛盾性。毛泽东指出："党内如果没有矛盾和解决矛盾的思想斗争，党的生命也就停止了。"[1]这鲜明地指出了党内矛盾存在的客观必然性。党内有矛盾、有问题不可怕，怕的是讳疾忌医。因此，必须下大气力解决。那么，如何处理和解决党内存在的突出矛盾和问题呢？邓小平指出："处理党内问题，教育犯错误的人，使全党对于党内的是非问题、两条路线问题弄得更清楚，并受到教育，还是要从思想上解决问题。"[2]当然，对于"有些是属于违法乱纪性质的，这不只是党内问题了。违反了国家法律的，要按国法处理"。[3]

中国共产党是在不断解决党内突出矛盾和问题中前进的。在革命战争年代，党内存在的一个最突出问题就是教条主义盛行，几

---

[1]《毛泽东选集》第一卷，北京：人民出版社，1991年版，第306页。
[2]《邓小平年谱（1904—1974）》下卷，北京：中央文献出版社，2009年版，第1865页。
[3]《文献和研究（一九八三年汇编本）》，北京：中央文献出版社，1984年版，第96页。

次"左"的错误路线皆是由它而起。通过整党整风运动,我们党彻底肃清了教条主义思想危害,确立了实事求是的思想路线。新中国成立后,面对执政初期党内出现的贪污、浪费、官僚主义等突出问题,党中央及时开展了"三反"运动,党的领导和执政地位得到巩固。一段时期以来,党面临的最大风险和挑战是来自党内的腐败和不正之风,因此,以猛药去疴、重典治乱的决心和刮骨疗毒、壮士断腕的勇气强力开展党风廉政建设和反腐败斗争就成了党的十八大以来全面从严治党的关键和焦点。当反腐败斗争取得压倒性胜利之后,形式主义、官僚主义成为当前党内存在的最突出问题。因此,下大力气整治和破除形式主义、官僚主义就成了党的自我革命的当务之急。

理论和实践共同表明,党内的矛盾和问题是无时不在、无处不在的,而每一段时期都有其主要矛盾和最突出问题存在。党的自我革命就是要找准一个时期党内存在的主要矛盾,解决一个时期党内面临的突出问题,在不断解决矛盾和问题中永葆党的先进性纯洁性。

三

中国共产党自我革命的制度保障是必须始终坚持民主集中制。

民主集中制是中国共产党的根本组织原则和领导制度,为党的自我革命提供了根本制度保障。党内各项工作必须严格按照民主集中制原则有效运转。民主集中制执行得好,就能迸发出强大优势,正如习近平总书记所说,民主集中制"是科学的合理的有效率的制度,是我们党最大的制度优势"。①而民主集中制执行得不好,党内政治生活、国家政治生活就会出问题。邓小平曾经一连用了"五个变质"描述民主集中制执行不力的严重后果:"民主集中制执行得不好,党是可以变质的,国家也是可以变质的,社会主义也是可以变质的。干部可以变质,个人也可以变质。"②苏共二十八大"重新思考民主集中制原则",实行所谓各级党组织自治原则,允许党员在党的刊物上发表不同意各级党组织决议的意见,直接导致苏共党内的无组织无纪律状态,埋下了失败的种子,教训极其惨痛。

---

① 习近平:《始终坚持和充分发挥党的独特优势》,《求是》,2012年第15期。
②《邓小平文选》第一卷,北京:人民出版社,1994年版,第303页。

在党章中，民主集中制六条基本原则，第一条就是"四个服从"。针对张国焘、王明严重违反党的纪律和民主集中制原则，党的六届六中全会正式提出"个人服从组织，少数服从多数，下级服从上级，全党服从中央"的"四个服从"。毛泽东将"四个服从"作为中国共产党"四项最重要的纪律"，强调指出："谁破坏了这些纪律，谁就破坏了党的统一。"①邓小平指出："一个党如果允许它的党员完全按个人的意愿自由发表言论，自由行动，这个党当然就不可能有统一的意志，不可能有战斗力，党的任务就不可能顺利实现。所以，要坚持和改善党的领导，必须严格地维护党的纪律，极大地加强纪律性。"②

对于今天的中国共产党人而言，开展党的自我革命，解决目前党内存在的问题，必须健全和落实民主集中制，完善民主集中制各项具体制度，切实加强和规范对权力运行的监督制约，确保各级党组织和党员领导干部始终严格按照党内法规制度规范行使权力。必须充分发挥党员主体作用，落实党员民主权利，让党的每一个细胞都活跃起来，汇聚党的自我革命的磅礴力量，使党始终保持蓬勃的生机和活力。

四

自我革命的有力武器是必须深入开展批评和自我批评。

批评和自我批评，是辩证唯物主义否定之否定规律在党的建设和党内生活中的灵活运用，是中国共产党解决党自身存在的问题、增强战斗力、维护团结统一的有力武器。勇于批评和自我批评、敢于否定和自我改正是自我革命的核心要义，马克思、恩格斯称无产阶级政党是"唯一能够这样做的政党"。③中国共产党和党领导的事业，就是在批评和自我批评中不断发展壮大的。党的历史经验表明，什么时候批评和自我批评用得好，风清气正的党内政治生态就容易形成，党内问题就容易得到解决；什么时候压制批评、拒绝承认和改正错误，"一言堂"、官僚主义甚至个人迷信就容易出现，党内就会弊病丛生。

在党的历史上，开展批评与自我批评有很多成功的经验，也有

---

①《毛泽东选集》第二卷，北京：人民出版社，1991年版，第528页。
②《邓小平文选》第二卷，北京：人民出版社，1994年版，第271页。
③《马克思恩格斯全集》第三十八卷，北京：人民出版社，1964年版，第21页。

过沉痛的教训。大革命失败前后，在1927年四五月间召开的党的五大和六月召开的中央扩大会议上，陈独秀大搞"家长制"，拒绝真正的自我批评。时任团中央书记的任弼时提出书面反对意见，包括"处理国共两党关系时，无产阶级应有独立的政策与主张，尤须信赖群众的力量，不应仅靠与上层领导谈判来解决一切问题"，①这与陈独秀"一切工作归国民党"的思路相悖，陈独秀不仅不予传阅，反而将书面意见当场撕碎。陈独秀的"家长制"作风、拒绝自我批评并压制同志间的批评，使当时原本就面临困境的党陷入危机。直到"八七会议"上，充分开展党内批评与自我批评，右倾机会主义被制止，新的路线方针得以确立，党的事业又重新焕发活力。

党的自我革命的成效在相当程度上取决于批评与自我批评这个武器用得怎么样。但这个"利器"在一个时期以来变成"钝器"。通过全面从严治党，全党同志重拾批评和自我批评的武器，"利器"本色重新显现，但是保持"利器"本色是一个长期任务，决不能用用停停，想起来就用，不想用就"藏"起来。全党必须坚持"惩前毖后，治病救人"的方针和"团结—批评—团结"的原则，经常使用批评和自我批评这个武器，形成自觉、形成习惯、形成风气，实现常态化，真正使批评和自我批评成为清洁肌体、防身治病的锐利武器，让"利器"始终熠熠生辉，不断提高党的自我革命的质量。

五

中国共产党自我革命的必然出路是必须和群众路线紧密结合。

当毛泽东对黄炎培谈起如何才能跳出兴衰治乱的历史周期率时，给出的答案是民主新路。正是看到了执政集团一旦承平日久日趋腐化堕落，凭其自身难以跳出人亡政息的周期率，因此要靠民主新路进行规制。中国共产党作为马克思主义政党，自然与封建时代的王朝政权不同，我们能够正视自身，并敢于刀刃向内、克服和解决自身存在的问题。然而，承平时期、长期执政条件下的自我革命并不容易。只有将党的自我革命和民主新路结合起来，和群众路线、群众工作结合起来，中国共产党才能真正跳出历史周期率。

党的自我革命不能关起门来搞，不能自说自话甚至自娱自乐，要让人民群众参与进来，监督起来。习近平总书记指出："对党内的

---

① 中央文献研究室：《任弼时年谱》，北京：中央文献出版社，2004年版，第73页。

一些突出问题,人民群众往往看得很清楚。党员、干部初心变没变、使命记得牢不牢,要由群众来评价、由实践来检验。我们不能关起门来搞自我革命,而要多听听人民群众意见,自觉接受人民群众监督。"①这实际上是对毛泽东民主新路的继承和发展,体现党的自我革命和群众路线的有机结合,是跳出历史周期率的真正成功路径。

在长期执政条件下,群众参与党的自我革命面临的一个突出问题就是制度缺失。因此,必须大力推进群众路线制度化,拓宽群众有序参与党的建设的制度渠道,完善群众对党的建设评议评价等制度。要坚持把人民群众满意与否作为检验党的自我革命成效的重要标准,在干部选拔使用、作风建设、反腐败斗争、关系人民群众利益等的重大决策中,发挥群众作用,坚持群众标准,使党的自我革命和党的各方面工作始终体现群众意愿,经得起实践、人民和历史的检验。

六

中国共产党自我革命的价值旨归是必须始终坚持人民至上的基本立场。

"党的根基在人民、血脉在人民、力量在人民,人民是党执政兴国的最大底气。"②坚持以人民为中心,不仅是马克思主义政党必须遵循的普遍原则,更是中国共产党坚持自我革命的价值旨归。

党的二十大报告把"人民至上"放在贯穿习近平新时代中国特色社会主义思想六个"必须坚持"的立场观点方法之首,足见"人民至上"的地位和分量。"人民至上"既是作为"改造世界"并旨在"使现存世界革命化"的中国共产党的基本立场,也是党不断开辟马克思主义中国化时代化新境界所必须坚守的马克思主义基本观点,更是党的百余年奋斗的自我革命历程所昭示的执政党自身建设的基本方法。始终坚持人民至上,是中国共产党以伟大自我革命推动伟大社会革命必须恪守的马克思主义基本立场。

党的十八大以来,中国共产党始终坚持以人民为中心的发展思想,把人民对美好生活的向往作为奋斗目标,逐渐形成了人民至上

---

① 《习近平在中央政治局第十五次集体学习时强调:全党必须始终不忘初心 牢记使命在新时代把党的自我革命推向深入》,《人民日报》,2018年6月26日。

② 《中共中央关于党的百年奋斗重大成就和历史经验的决议》,新华社,2021年11月16日。

的价值理念和政治立场。习近平总书记反复强调："人民立场是马克思主义政党的根本政治立场，人民是历史进步的真正动力，群众是真正的英雄，人民利益是党一切工作的根本出发点和落脚点。"①他在省部级主要领导干部学习贯彻十八届六中全会精神专题研讨班开班式上的讲话中指出："我们党之所以有自我革命的勇气，是因为我们党除了国家、民族、人民的利益，没有任何自己的特殊利益。"②习近平总书记的一系列论述，深刻揭示了坚持人民至上、坚守人民立场、守护人民利益之于党的自我革命的逻辑关联。他还用中华传统文化典籍《忠经》中的"不私，而天下自公"来阐释"我们党没有任何自己特殊的利益"，并强调这是党敢于不断自我革命的底气所在、勇气之源。③

在党的二十大报告中，习近平总书记历数党和国家事业取得举世瞩目成就的同时，也清醒地看到了工作中的不足、面临的困难和问题。如何解决这些困难和问题？显然，只有坚持人民至上的立场，切实做到从人民的利益出发，以人民的利益落脚，才能真正做到从无产阶级政党的根本宗旨出发，推进全面从严治党，深入推进党的建设，以党的自我革命引领社会革命。否则，就可能滋生松劲歇脚、疲劳厌战的情绪，反腐败斗争的压倒性态势或将被严重动摇，党的自我净化、自我完善、自我革新、自我提高也只能流于语言形式上的叙事。

始终坚持人民至上，是不断开辟马克思主义中国化时代化新境界必须坚守的马克思主义基本观点。"必须坚持人民至上"深刻揭示了人民性这一马克思主义的本质属性，是中国共产党对马克思主义人民观的时代表达。习近平总书记在论述"必须坚持人民至上"时指出："一切脱离人民的理论都是苍白无力的，一切不为人民造福的理论都是没有生命力的。"④不断开辟马克思主义中国化时代化

---

① 《习近平谈治国理政》第二卷，北京：外文出版社，2017年版，第189页。

② 《习近平在省部级主要领导干部学习贯彻十八届六中全会精神专题研讨班开班式上发表重要讲话强调　以解决突出问题为突破口和主抓手　推动党的十八届六中全会精神落到实处》，《人民日报》，2017年2月14日。

③ 习近平：《以史为鉴、开创未来，埋头苦干、勇毅前行》，《求是》，2022年第1期。

④ 习近平：《高举中国特色社会主义伟大旗帜　为全面建设社会主义现代化国家而团结奋斗——在中国共产党第二十次全国代表大会上的报告》，《人民日报》，2022年10月26日。

新境界,是以党的自我革命推动伟大社会革命的内在必然要求,是中国化时代化的马克思主义之所以行的路径。也就是说,只有始终坚持人民至上,才能在以党的自我革命推动伟大社会革命中站稳人民立场、把握人民愿望、尊重人民创造、集中人民智慧,才能形成人民所喜爱、所认同、所拥有的理论,从而发挥理论指导人民认识世界和改造世界的功能。

第五章

始终坚守初心和使命

📖 考 题

回顾中国共产党的历史,为什么我们党在那么弱小的情况下能够逐步发展壮大起来,在腥风血雨中能够一次次绝境重生,在攻坚克难中能够不断从胜利走向胜利?

📖 习近平总书记指出

回顾党的历史,为什么我们党在那么弱小的情况下能够逐步发展壮大起来,在腥风血雨中能够一次次绝境重生,在攻坚克难中能够不断从胜利走向胜利,根本原因就在于不管是处于顺境还是逆境,我们党始终坚守为中国人民谋幸福、为中华民族谋复兴这个初心和使命,义无反顾向着这个目标前进,从而赢得了人民衷心拥护和坚定支持。革命战争时期,为实现民族独立、人民解放,我们党百折不挠、浴血奋战,团结带领人民夺取了新民主主义革命胜利,建立了新中国,实现了人民当家做主。新中国成立后,为改变我国一穷二白的落后面貌,我们党迎难而上、艰苦奋斗,团结带领人民确立了社会主义基本制度,取得社会主义建设重大成就。改革开放新时期,为推进改革开放和社会主义现代化建设,我们党解放思想、实事求是、与时俱进,团结带领人民开辟了中国特色社会主义道路,使中华民族大踏步赶上时代,以崭新姿态屹立于世界民族之林。

——2019年6月24日,在十九届中央政治局第十五次集体学习时的讲话中国共产党的初心使命是党的性质宗旨、理想信念、奋斗目标的集中体现。初心是指做某件事最初的愿望和原因；使命是指个人或组织安身立命必须实现的目标责任。对于中国共产党而言，初心和使命是辩证统一的关系，初心是建党时的出发点，使命则是初心的外在体现。

党的十九届六中全会审议通过的《中共中央关于党的百年奋斗重大成就和历史经验的决议》指出："中国共产党自一九二一年成立以来，始终把为中国人民谋幸福、为中华民族谋复兴作为自己的初心使命。"

历史是一个民族最厚重的底色。一百多年来，中国共产党始终践行初心使命，团结带领全国各族人民绘就了人类发展史上的壮美画卷。

党的十八大以来，习近平总书记反复告诫全党，共产党人必须不忘初心、牢记使命、永远奋斗，不要忘了中国共产党是什么、要干什么这个根本问题。"是什么、要干什么"这个根本问题，体现着中国共产党的初心使命，蕴含着我们党的性质宗旨，彰显着我们党的高度清醒和历史自觉。

一、中国共产党人的初心密码

中国共产党为什么历经百年依然保持旺盛的青春活力？源自中国共产党人的初心和使命，即为中国人民谋幸福、为中华民族谋复兴。初心和使命回答了"我是谁？为什么出发？"这一基本命题，是中国共产党性质、宗旨和奋斗目标的集中体现，也是激励中国共产党战胜一切艰难险阻、不断推动中华民族从站起来、富起来到强起来伟大进程的原生动力。

一

鸦片战争以来，中国逐渐沦为半殖民地半封建国家，人民生活在水深火热之中，中华民族面临亡国灭种的巨大危机。一方面是国土的沦陷和主权的丧失；另一方面是传统的"华夏中心观"的文化体系的轰然倒塌。作为世界文明先进列的中华文明在维持了几千年之后，在西方的坚船利炮的攻击下岌岌可危，传统的民族优越感和自豪感，被强烈的民族屈辱感取而代之。帝国主义与中华民族的矛盾、封建主义与人民大众的矛盾成为近代中国社会的主要矛盾。争取民族独立、人民解放和实现国家富强、人民富裕就成为近代中国社会的主要任务。

中国一代又一代的仁人志士，开始救亡图存之路。他们尊崇各自的主义或者信条，尝试不同的"救国良方"，但由于理论的局限性和阶级的局限性等诸多因素，均以失败而告终，终究未能改变旧中国的社会性质和中国人民的悲惨命运。其中，有维新志士谭嗣同"有心杀贼，无力回天"的悲壮，也有革命勇士林觉民"以天下人为念，为天下人谋永福"的豪迈……中华大地血流成河，他们的失败不是缺少救国的勇气和担当，而是初心和使命所蕴含的眼光和格局，这也是衡量一个政党能走多远的重要因素。

实践证明，只有触及近代中国社会的主体，并回应人民的关切，才能获得历史和人民的认可。历史呼唤这样的政党走上前台。

1848年《共产党宣言》问世，马克思和恩格斯这两个志趣相投、胸怀崇高理想和远大抱负的年轻人在这部经典著作中首次提出了共产党人的崇高理想和历史使命：无产阶级的运动是绝大多数人的，为绝大多数人谋利益的独立的运动；①无产阶级运动的最终目的是要消灭私有制，消灭阶级和阶级对立，建立共产主义社会。②这些主张明确指出，共产党人的历史使命就是为绝大多数人谋利益，其最高理想就是实现共产主义。除此之外，马克思和恩格斯创造性地提出无产阶级政党的历史使命——从社会层面上是指实现社会主义、共产主义；从个人层面上是指实现人的自由而全面的发展，并对其所具有的崇高性、科学性和革命性进行了科学论证。

由此可见，初心使命的思想源头是《共产党宣言》，它为共产党人的奋斗目标指明了方向；马克思、恩格斯的无产阶级政党历史使命学说是初心使命的理论基础，它阐明了共产党人历史使命的具体所指。

十九世纪中叶，在马克思、恩格斯开始关注中国革命并发表了一系列研究文章时，他们和他们所创立的马克思主义并未引起中国人的关注。到五四新文化运动前，马克思主义才和源自西方的众多

---

①《马克思恩格斯文集》第二卷，北京：人民出版社，2009年版，第42页。
②《马克思恩格斯文集》第二卷，北京：人民出版社，2009年版，第53页。

的"主义"一样，先后被介绍到了中国，马克思主义才和中国人、中国革命产生了联系。"理论在一个国家实现的程度，总是取决于理论满足这个国家的需要的程度。"①

马克思主义最终能在中国落地生根，绝非历史的偶然。中国在近代的衰落，证明了建立在小农经济基础上的中华文化整体上已经落后于时代的发展；中国近代以来种种救亡图存努力的失败，宣告了借鉴西方种种"主义"和思想的救国方案的失败。

第一批中国共产党人正是在深刻反思和总结以往救亡运动的经验教训的过程中，在对西方传入中国的各种思想和理论进行反复比较后，把注意力转向了马克思主义。

马克思、恩格斯之所以能够创立马克思主义，在于他们所处的时代，马克思主义产生的历史条件已经成熟，这也与马克思、恩格斯本人所具有的超凡品质有直接关系。第一批中国共产党人虽然与马克思、恩格斯身处不同的时代和不同的社会环境，但均具有批判精神、斗争精神、奉献精神，具有忧国忧民、以天下为己任的高尚情怀。第一批中国共产党人大都出生在十九世纪末期和二十世纪初期，他们成长的年代是国家战乱频仍、山河破碎、国弱民穷、备受列强欺辱的年代。一次次的战败，一个个丧权辱国的不平等条约的签订，一幕幕洋人在中国国土上耀武扬威的场景，成为他们的切肤之痛。

第一批中国共产党人是怀着什么样的初心，走到中国共产党的历史起点，参与了创建中国共产党的历史进程的呢？

参加一大的代表，有的认为是12人，有的认为是13人。中共中央党史研究室编写的《中国共产党历史》第一卷和《中国共产党历史大事记》，都认定代表为13人。除此之外，还有两位共产国际代表。

这15人中，有的没有去南湖，所以一般认为参加南湖会议的为10人，比上海少5人。

在代表中，年龄最大的45岁，最小的19岁。30岁以下的9人。平均年龄28岁。

选看几位代表的初心——

---

①《马克思恩格斯选集》第一卷，北京：人民出版社，2012年版，第11页。

李达，中国传播马克思主义的先驱者、中国共产党的重要创始人之一。曾三渡东瀛，放弃理科，专攻马克思主义学说。五四期间，虽在日本，但在上海《民国日报》上发表多篇文章，为国内的爱国运动叫好，并介绍社会主义。同时，呕心沥血，翻译三部著作，系统地介绍了马克思主义的三个组成部分。1920年夏回国后，与陈独秀等发起成立上海共产党早期组织。同时创办中国共产党第一本党刊《共产党》月刊。随后又直接负责筹备召开一大，对中国共产党的成立作出了重要贡献。

李汉俊，中共创建时期最有影响力的政治家、思想家之一，早年就萌生救国救民的志向。他曾表示："我们求学是要成为有用之才，以便有朝一日为国家扬眉吐气而出力。"在留日期间，李汉俊受河上肇影响，开始接受马克思主义。为此，还放弃了最喜爱的数学。1918年年底回国后，仅仅在一年半时间里，就发表宣传马克思主义和工人运动的文章和译文90多篇。1921年，参与筹备了一大，成为中国共产党的重要创始人之一。

山东代表王尽美，原名王瑞俊。参加一大回济南后，写下《肇在造化——赠友人》一诗："贫富阶级见疆场，尽美尽善唯解放。潍水泥沙统入海，乔有麓下看沧桑。"根据这首诗，他把自己的名字改成了王尽美，意在追求社会的尽善尽美。王尽美1925年就因病去世，年仅27岁。1961年董必武在纪念王尽美的诗中说："四十年前会上逢，南湖舟泛语从容。济南名士知多少，君与恩铭不老松。"

如果要说初心，对于一大代表来说，原生态的初心，首先是责任之心。面对灾难深重的中国，许许多多的志士仁人，以高度的历史责任感，博览群书，寻访世界，探求解救中国的道路和方式。一大代表就是富于历史责任感的人。正是救国救民的历史责任感，推动他们走到了中国共产党的历史起点。

我们再看看一大时中国共产党党员群体的初心和表现——

一大时，中国共产党有多少党员呢？多年来，一直有53人、56人、57人等多种说法。《中国共产党历史》第一卷和《中国共产党历史大事记》均表述为：当时"代表着50多名党员"。

浙江嘉兴有关部门和单位对《中国共产党历史》第一卷中提及

的 59 名成员加以梳理，逐个考证。剔除重复的，补充未列的，认定：在中国共产党正式成立时，早期组织成员共有 58 人。

2016 年中共中央党史研究室出版的《中国共产党的九十年》，采用了 58 人之说。

这 58 个人，从学历来看，留学日本的 18 人，北京大学毕业的 17 人，其他大学的 8 人，中师、中学毕业的 13 人，另有 2 人文化程度稍低。

从职业来看，担任教授、教师的 17 人，学生 24 人，报人（记者）、律师、职员等自由职业者 10 人，弃官不做的 3 人，工人 4 人。

这 58 个人，基本上都受过中等以上的教育。有的是参加过辛亥革命的老同盟会会员，很多是"五四运动"前后出国留学的知识分子，还有在五四时期成长起来的左翼青年学生。他们大多数都是五四新文化运动中的活跃分子。大部分人的职业是教师、记者或学生。总的来说，这些人的家境在当时都不错。

显然，这些人投身革命，参与建党，并不是迫于生计，也不是为了个人，而是自觉肩负起救国救民的责任，试图运用马克思主义来改造中国，从而创立了中国共产党。

俄国十月革命的成功，意味着马克思主义在一国的革命实践中得到了初步检验，加之当时俄国的国情及面临的问题与中国有诸多相似之处，更增加了中国共产党人对马克思主义的信心。他们进行了认真的研究和深刻的思考之后，认定马克思主义正是他们苦苦追寻的救国救民的正确道路。

中国共产党人选择了马克思主义，并通过不断的探索和实践，创造性地将马克思主义理论同我国具体的革命、社会主义社会建设和改革实际不断结合，义无反顾地担负起了马克思主义赋予共产党人的历史使命，确立了争取人民的解放和幸福、民族的独立和复兴的初心和使命。

1921 年中国共产党的成立是中国历史上开天辟地的大事件。从此，中国人民谋求民族独立、人民解放和国家富强、人民幸福的斗争就有了主心骨。

中国共产党一经产生，就抓住了中国半殖民地半封建社会的症结之所在，从初心和使命出发，彰显中国共产党的先进性，其主张顺应了中国人民的期盼和向往，最终得到人民的拥护和支持。

1921年中共一大通过的中国共产党第一个纲领，明确指出："以无产阶级革命队伍推翻资产阶级""废除资本私有制"。①党的一大规定了我们党是一个信仰马克思主义的无产阶级性质的政党，并把党的名称确定为中国共产党。1922年中共二大明确了中国共产党的最低纲领和最高纲领，指出中国共产党最低纲领是：消除内乱，打倒军阀，建设国内和平；推翻国际帝国主义的压迫，达到中华民族完全独立；统一中国为真正的民主共和国。党的最高纲领是"组织无产阶级，用阶级斗争的手段，建立劳农专政的统治，铲除私有制，渐次达到一个共产主义的社会"。②可见，中国共产党成立之初，就孕育了中国共产党人的初心之源。

二

新民主主义革命时期，中国共产党领导人民进行反帝反封建的革命斗争，实现民族独立和人民解放。

中国共产党在诞生后即掀起了工人运动的高潮及轰轰烈烈的农民运动。大革命失败后，党深入农村，发动群众，建立农村革命根据地，领导农民开展了"打土豪，分田地"的斗争，充分调动了广大农民的积极性，使党领导的工农红军队伍得以发展壮大，农村革命根据地建设得以巩固和扩大，并成功探索了一条"农村包围城市，武装夺取政权"的新民主主义革命新道路；正由于紧紧依靠人民群众，同人民群众生死相依、患难与共，才使党在长征路上克服千难万险，最终取得了红军长征的伟大胜利。

抗日战争时期，中国共产党实行减租减息的新土地政策，既提高了农民抗日和生产积极性，又保障了地主利益，扩大了抗日民族统一战线。毛泽东在《论持久战》中强调，"兵民是胜利之本""战争的伟力之最深厚的根源，存在于民众之中"。正由于中国共产党坚持动员人民、依靠人民，提出并实施持久战和一整套人民战争的战略战术，才使日本侵略者陷入人民战争的汪洋大海，取得了全民族抗战的胜利。

解放战争时期，中国共产党继续依靠广大人民群众，组成民主

---

① 中央档案馆：《中共中央文件选集》第一册，北京：中共中央党校出版社，1989年版，第3页。

② 中央档案馆：《中共中央文件选集》第一册，北京：中共中央党校出版社，1989年版，第115页。

统一战线，广泛组织学生罢课、工人罢工等活动，把各阶层人民的斗争汇合在一起。在解放区，党贯彻土地改革总路线，依靠贫雇农，团结中农，消灭封建剥削，发展农业生产，使解放区1亿多无地和少地农民分到了土地，让他们认识到中国共产党才是自身利益的维护者，从而自觉地团结在党的周围，成为解放战争迅速取胜的可靠保证。党和人民军队为了人民利益出生入死、浴血奋战，人民在党的领导下舍生忘死、冒险支前，形成了党和人民水乳交融、休戚与共的血肉关系。辽沈、淮海和平津三大战役中，人民群众的支持成为人民军队取胜的强大后援。毛泽东说"用延安作风打败西安作风"，道出了共产党人创造历史的奥秘。

马克思主义科学理论赋予了中国共产党初心和使命以信仰的力量。为了拯救民族，解放贫苦大众，无数共产党人不惜抛头颅、洒热血，舍生取义。他们中有"为主义而死"的李大钊、有"砍头不要紧，只要主义真"的夏明翰、有"站着死，绝不跪下"的陈延年，有讴歌着"可爱的中国"慷慨赴死的方志敏，还有恽代英、蔡和森、邓中夏、瞿秋白等。

1927年4月6日，李大钊在北京被捕入狱。

李大钊被捕之后，敌人对他进行了严刑拷打，但他始终坚贞不屈，严守了党的机密，并在狱中写下了著名的《狱中自述》。这篇约2700字的文章，是他对无产阶级事业无限忠诚的历史见证，也是一曲无产阶级的正气歌。

1927年4月28日，特别军事法庭以所谓的"妄图扰害公安、颠覆政府，实犯刑律之内乱罪及陆军刑事条例之叛乱罪"判处李大钊死刑，并立即执行。

头发剃去，双目直视，表情平和，满是皱褶的灰布棉袍之下，挂着又黑又粗的铁链。当日下午2时，李大钊等20人被押往司法部街后面的刑场执行死刑。李大钊第一个走上绞刑台，他步履从容，神色自若。当指挥行刑官询问李大钊对家属有何遗嘱时，李大钊镇定地说："我是崇信共产主义者，知有主义不知有家，为主义而死分也，何函为？"说完，他将头伸进了绞环，高呼"为主义而牺牲"，从容就义。

"砍头不要紧，只要主义真。杀了夏明翰，还有后来人！"这是1928年3月20日夏明翰在被国民党新军阀杀害前，写下的大义凛然的就义诗。

1928年年初,夏明翰被党调到湖北工作,任中共湖北省委常委,配合新任湖北省委书记郭亮的工作。由于叛徒的出卖,同年3月18日,夏明翰在武汉被捕。敌人对他施以各种酷刑,逼他交出党的组织。夏明翰坚贞不屈,宁死不降。两天后的3月20日清晨,他被敌人押送到汉口余记里刑场。当敌执行官问夏明翰还有什么话要说时,他大声说:"有,给我拿纸笔来!"在生命的最后时刻,夏明翰昂然写下了这首大义凛然的就义诗。

陈延年,中共创始人陈独秀之子,承其父革命之志而愈勇,时人谓其胆魄"过于其父百倍"。此言不无道理:他在大革命时期叱咤风云,威震四方。

1927年,国民党发动"四一二"反革命政变,共产党人和革命志士血流成河。然而,陈延年在极端恐怖中毫不畏惧,担任了中共江苏省委书记等要职,决心重整旗鼓,再燃革命烽火。不久,他在召开省委会议时被捕。

1927年7月4日夜,他被押赴龙华刑场。面对一群刽子手高举屠刀,恶狠狠地勒令"跪下,跪下",他昂首挺胸,大声说道:"革命者只有站着死,绝不下跪!"刽子手听罢一拥而上,挥刀向他猛砍。但,血肉飞溅的陈延年久久挺立不倒……一如"生当作人杰,死亦为鬼雄"。壮哉陈延年,浩气贯长虹。

这些中国共产党人不仅为中华民族和人民开辟出一条血路,也引领和激励着无数中国人为民族和人民的事业而英勇奋斗。正是为人民谋幸福、为民族谋复兴的初心和使命,使无数共产党人和仁人志士慷慨赴死、视死如归,使中国共产党无论是面对大革命失败后的血雨腥风,还是在遭受敌人围追堵截的长征路上,或在艰苦卓绝的敌后抗日根据地,历经艰险也能初心不改。

1935年12月瓦窑堡会议决议指出,共产党不但是工人阶级的利益的代表者,而且也是中国最大多数人民的利益的代表者,是全民族的代表者。

1944年,毛泽东发表了著名的《为人民服务》的演讲,1945年党的七大第一次把"全心全意为人民服务"作为党的宗旨写入了党章。同时,随着中国共产党对自身性质认识的不断深化,明晰了中国共产党人的初心和使命与党的性质宗旨在思想上、理论上的逻辑关系，进一步增强了中国共产党人践行初心和使命的思想自觉和行动自觉。

中国共产党奋战28年，取得了新民主主义革命的伟大胜利，完成了反帝反封建两大任务，实现了民族独立和人民解放两大目标，结束了近代中国百年屈辱史，实现了中国从几千年封建专制政治向人民民主的伟大飞跃，在中国这片土地上第一次建立了人民当家做主的新中国，为实现国家富强和人民幸福，实现中华民族伟大复兴，开辟了广阔的道路。

三

新中国成立初期，新生人民政权面临错综复杂的国内外形势：军事方面，国民党残余部队负隅顽抗，各地土匪为非作歹，荼毒一方，严重威胁社会政治新秩序的建立与稳定；经济方面，国内经济秩序几乎处于崩溃，生产萎缩、交通梗阻、民生困苦、失业众多、自然灾害严重；国际环境方面，美国政府对新中国抱着敌对态度，采取政治上孤立、经济上封锁、军事上威胁的政策，企图搞垮新中国。对此中国共产党沉着冷静应对，先后采取一系列方针政策措施，领导全国各族人民完成建设新中国的各项任务、恢复国民经济，巩固民族独立，维护国家安全。

1953年，中国共产党全面实行对生产资料私有制的社会主义改造，历时三年，成功过渡到社会主义，进入了探索中国自己的社会主义建设道路，开启了我国社会主义现代化建设的实践。经过不懈努力，我国在一穷二白的基础上建立了比较完整的工业体系和国民经济体系，人民生活水平得到提高。

新中国成立后，千千万万共产党员在各条战线上发挥模范带头作用，书写了感天动地、赤诚报国的奋斗篇章。

大庆油田开发建设以来，为中国经济巨轮提供了澎湃动能。把25亿吨原油用60吨油罐车装满，可绕赤道15.6圈。

在中国能源工业史上，"1205"是个不会被忘却的数字，在全国300万名石油石化系统职工心中，"1205"是石油工人永恒的骄傲。

单提"1205"这个数字，很多读者可能并不熟悉，但是，说起首任队长则人人皆知——王进喜。这是一支由王进喜锻造出来的钢铁队伍，这里也是铁人精神的发源地。

时光倒流。1959年9月26日，黑龙江松辽平原上的松基三井喷出工业油流，打破了"中国是贫油国"的论调。次年，1953年组建于玉门油田的1205钻井队参加大庆会战，队长王进喜的铁人精神家喻户晓。

数万人的会战大军以"有条件要上，没有条件创造条件也要上"的精神，一举让新中国甩掉了贫油帽子，铁人用身体搅拌泥浆阻止井喷的画面定格在几代中国人记忆里。

除了铁人王进喜，还有"两弹一星"之父钱学森、"为人民服务"不知疲倦的雷锋、"县委书记的榜样"焦裕禄、为了中国航天事业默默奉献的科学家们，都用实际行动勾画出了一组组鲜明的中国共产党人精神图谱。

四

改革开放是中国共产党的一次伟大觉醒，是决定中国命运的重大决策。粉碎"四人帮"后，是实行改革开放还是固守僵化教条的体制，是摆在中国共产党和中国人民面前一道生死攸关的选择题。以邓小平同志为主要代表的中国共产党人顺应人民意愿，打破陈规，团结带领中国人民进行改革开放新的伟大革命，提出"走自己的道路，建设有中国特色的社会主义"，使我国发生翻天覆地的变化，推动我国社会主义现代化建设事业进入新篇章。

1978年10月22日到29日，邓小平正式访问日本，这是新中国领导人对日本的首次正式友好访问。邓小平非常重视战后日本抓住有利时机实现经济腾飞的成功经验，以只争朝夕的精神参观日本现代化工厂。他感慨地说："我懂得什么是现代化了！"在乘坐新干线列车时，他说："就感觉到快，有催人跑的意思，我们现在正合适坐这样的车。"在松下电器公司，他对公司创始人松下幸之助说："日本企业值得我们学习的东西很多""希望松下的电子工业到中国去。"中国要建设成为社会主义现代化强国，要靠自己的努力，同时也要打开国门，学习外国的一切先进经验和先进技术。因此，邓小平说，他这次到日本来，是抱着向日方请教的态度来的。

1978年11月10日至12月13日召开的中央工作会议，讨论了从1979年起把全党工作着重点转移到社会主义现代化建设上来的问题。会议是一次解放思想、实事求是、审查和解决党的历史上一批重大冤假错案和一些重要领导人的功过是非的会议。

1978年12月13日，邓小平在闭幕会上发表了题为《解放思想，实事求是，团结一致向前看》的讲话，实际上是随后召开的十一届三中全会的主题报告，后来被誉为"开辟新时期新道路、开创建设有中国特色社会主义新理论的宣言书"。

在邓小平指导下，中共十一届三中全会重新确立了解放思想、实事求是的思想路线，停止使用"以阶级斗争为纲"的错误提法，作出了把党和国家工作中心转移到经济建设上来、实行改革开放的重大决策，实现了党的历史上具有深远意义的伟大转折。这次全会开始形成以邓小平为核心的第二代中央领导集体，标志着以改革开放为特征的新的历史时期正式开启。

邓小平后来多次谈到这次全会的重大贡献和历史意义。"这是我国历史上的一个伟大的转折。""这是一个新的历史发展阶段的开端。""三中全会制定了新的纲领、方针和政策，制定了新的思想路线、政治路线和组织路线。"

在中国开启社会主义现代化建设新征程中，如何调整中美关系，是事关全局的重大课题。

1979年1月28日到2月5日，邓小平对美国进行了为期9天的"旋风访问"：近80场会谈、会见等活动，约20场宴请或招待会，22次正式讲话，8次会见记者或出席记者招待会。这是中华人民共和国成立以来，中国领导人第一次正式访问美国，具有全球地缘政治意义。同样的，他实地考察体验了美国先进的科学技术和管理经验，虚心地表示美国"有许多东西值得我们借鉴，我们愿意向你们学习"。他参观了福特汽车公司的一个汽车装配厂，称赞其先进技术，预言中国汽车工业20年后将见到成绩。他参观了波音747飞机装配厂结束时表示："看到了一些很新颖的东西。"

邓小平访美，是一次非常成功的友谊之旅。中国的对外开放就这样在世界格局的变化中扬帆启程。

邓小平从发展社会主义这一根本问题出发，探讨中国改革开放的必要性。邓小平1979年7月29日指出:"社会主义如果老是穷的,它就站不住。"①《邓小平文选》第二卷中收入的邓小平在1980年4月至5月的四次谈话节录《社会主义首先要发展生产力》,是邓小平对这一问题的一个初步总结。在这篇文稿中,邓小平总结反思认为,"四人帮"的"宁要穷的社会主义,不要富的资本主义"的说法不符合马列主义、毛泽东思想的原则。他指出:"经济长期处于停滞状态总不能叫社会主义。人民生活长期停止在很低的水平总不能叫社会主义。"②又在总结历史教训的基础上,1984年6月30日提出"贫穷不是社会主义"③的著名口号。

邓小平更是始终强调发展要保持一定的速度,并且认为这是社会主义优越性的一个体现。1987年10月13日,他在会见匈牙利社会主义工人党总书记卡达尔时指出:"贫穷不是社会主义,发展太慢也不是社会主义。否则社会主义有什么优越性呢?"④也就是说,社会主义不仅要发展,而且要实现比资本主义更快的发展,否则就不能体现出社会主义的优越性。到了1992年年初的"南方谈话",邓小平又进一步强调这个问题,并以格言式的精练语言掷地有声地指出:"社会主义的本质,是解放生产力,发展生产力,消灭剥削,消除两极分化,最终达到共同富裕。"⑤他反复告诫人们:"不坚持社会主义,不改革开放,不发展经济,不改善人民生活,只能是死路一条。"⑥"发展才是硬道理。"⑦

为便于人们深入理解改革开放的含义。1984年,邓小平提出了"把改革当作一种革命"⑧的论断,之后又提炼出"改革是中国的第二次革命"⑨的表述,向人民群众说明了改革开放的历史定位。他指出:"这是一场根本改变我国经济和技术落后面貌,进一步巩固无产阶级专政的伟大革命。这场革命既要大幅度地改变目前落后的生产力,就必然要多方面地改变生产关系,改变上层建筑,改变

---

① 《邓小平文选》第二卷,北京:人民出版社,1994年版,第191页。
② 《邓小平文选》第二卷,北京:人民出版社,1994年版,第312页。
③ 《邓小平文选》第三卷,北京:人民出版社,1993年版,第63—64页。
④ 《邓小平文选》第三卷,北京:人民出版社,1993年版,第255页。
⑤ 《邓小平文选》第三卷,北京:人民出版社,1993年版,第373页。
⑥ 《邓小平文选》第三卷,北京:人民出版社,1993年版,第370页。
⑦ 《邓小平文选》第三卷,北京:人民出版社,1993年版,第377页。
⑧ 《邓小平文选》第三卷,北京:人民出版社,1993年版,第82页。
⑨ 《邓小平文选》第三卷,北京:人民出版社,1993年版,第113页。

工农业企业的管理方式和国家对工农业企业的管理方式，使之适应于现代化大经济的需要。"①

在改革开放的奋进足音中，亿万中国人民在中国共产党的领导下改变了自己的命运。从普遍贫穷到奔向全面小康，从封闭落后到自信开放，改革开放深刻改变中国人民的面貌和中华民族的面貌。

"贫穷不是社会主义""科学技术是第一生产力""发展才是硬道理"等一系列论断，驱散了思想上的迷雾。

"时间就是金钱，效率就是生命""团结起来，振兴中华"等响亮口号，催动民族奋起直追的脚步。

改革开放是中国共产党的一次伟大觉醒。提出"建设有中国特色的社会主义"的时代命题，阐述社会主义初级阶段理论，确定建立社会主义市场经济体制目标，制定"三步走"发展战略……

从小岗村"包产到户"到深化农村土地制度改革，从创办经济特区、国家级新区到加入世贸组织……从农村到城市，从沿海到内地，创新和改革进程势不可当，开放的大门越来越大，打破束缚活力的桎梏，扫除阻碍发展的藩篱，中国特色社会主义在神州大地迸发勃勃生机。

农耕文明在中华民族历史上具有无比重要的地位，几千年来，农业一直是国家税收的主要来源。2005年12月，十届全国人大常委会第十九次会议通过决定，自2006年1月1日起废止《农业税条例》。

2006年2月22日，国家邮政局发行"全面取消农业税"纪念邮票，每枚面值80分。小小的邮票，在方寸之间记录下一个在中国延续了两千多年的古老税种正式成为历史，也折射出亿万农民实实在在的获得感。

中国农业博物馆4号展馆里陈列着一尊青铜圆鼎——"告别田赋鼎"，这是我国取消农业税的标志性纪念物。这尊青铜鼎由河北省灵寿县农民王三妮用一年八个月时间自筹资金铸造，直径82厘米，高99厘米，重252千克，上书铭文560字，刻写了田赋也就是农业税的由来。铭文最后写道："我是农民的儿子，祖上几代耕织，辈辈纳税，今朝告别了田赋，我要代表农民，铸鼎刻铭，告知后人，万代歌颂，永世不忘。"

---

①《邓小平文选》第二卷，北京：人民出版社，1983年版，第125—126页。

从推进改革开放，到建立社会主义市场经济体制；从规划"三步走"战略目标，到全面建成小康社会……中国共产党始终坚守为中国人民谋幸福、为中华民族谋复兴的初心使命。

从农民工"进城"到个体户应运而生；从"三来一补"到民营经济"温州模式""晋江模式"……中国共产党始终尊重基层、尊重群众的首创精神，不断将人民群众的智慧与实践总结、提炼、升华，推动了一次又一次制度创新。

年广久，安徽人，绰号"傻子"，他和自己的"傻子瓜子"品牌曾三次被邓小平公开提及。与此相关的讲话被收入《邓小平文选》，年广久也被称为中国第一商贩。《邓小平文选》第三卷注释中这样解释"傻子瓜子"："指安徽省芜湖市的一家个体户，他雇工经营，制作和销售瓜子，称为'傻子瓜子'，得以致富。""傻子瓜子"的崛起及其所代表的民营经济发展，是中国改革开放不断解放思想、大胆改革创新的缩影。

改革开放之初的1981年，年广久创制出风味独特的瓜子，并以自己的绰号命名为"傻子瓜子"。1981年7月，国家首次承认个体户存在的合法性；1982年，雇工超过国家规定7个人的个体工商户日渐增多。年广久和他的"傻子瓜子"成为这场争论的主角之一，当时争议主要集中在雇工人数及其是否存在剥削的话题上。

第一，雇工数量突破国家规定。马克思在《资本论》中曾指出："雇工到了八个人就不是普通的个体经济，而是资本主义经济，是剥削。"这段话被划时代的中国奉为金科玉律。"傻子瓜子"成为争论靶子，是因为它的雇工人数远远超出了当时国家对个体户用工不得超过七人的规定。傻子瓜子从雇工4人开始，后突破10人，到1984年雇佣工人已达103人，加上他儿子开的分店，雇工达140多人。雇工人数成为中国从计划经济向商品经济发展的重要议题之一。

第二，剥削问题引发社会争论。早在1982年，年广久靠炒卖瓜子就已赚了100万，仅1984年傻子瓜子公司就纳税30多万元。当时的傻子瓜子公司，"工人一个月能拿90块钱工资，是当时干部的3倍，喝得起茅台"。人们开始说年广久是"资本家""剥削阶级"，"不剥削，怎么会成为百万富翁？"人们质疑"这不是复辟资本主义吗"？甚至有人贴了批判"傻子瓜子"的大字报，上面写着"傻子瓜子呆子报，呆子报道傻子笑，四项原则全不要"。

有关年广久和"傻子瓜子"存在剥削的争论从安徽一直传到中央。1980年，邓小平在第一次看到关于"傻子瓜子"问题的报告后，肯定个私经济的发展，并对一些人争论新生事物的姓"社"姓"资"问题，明确表示要"放一放"和"看一看"。1983年，邓小平在一次谈话中又指出："有个别雇工超过了国务院的规定，这冲击不了社会主义。只要方向正确，头脑清醒，这个问题容易解决，十年、八年以后解决也来得及，没什么危险。"这给私营经济的发展打开了政策的窗口。当时国务院主要领导也表态："各种意见都可以讨论，可以动口，不要动手。不要一棍子打死""要调查研究，要沉住气，天塌不了"。同时，反复强调要从群众实践创造中看待和解决这些问题。

在邓小平的坚持下，中国的个体经济和私营企业被"放出来"。1987年，中央五号文件中去掉了对雇工数量的限制。该文件将1983年提出的对待私营企业的"三不"原则，调整为"十六字方针"，即"允许存在，加强管理，兴利抑弊，逐步引导"，并进一步明确："在社会主义初级阶段，在商品经济发展中，在一个较长时期内，个体经济和少量私人企业的存在是不可避免的。"

一切为了人民。把人民利益作为一切工作的根本出发点和落脚点，尊重群众的首创精神，让人民共享改革发展成果。

切实减轻农民负担，促进区域、城乡协调发展，农村改革开启新篇章；聚焦群众关切事，不断推进教育、医疗、就业等领域改革，逐步建成世界覆盖人口最多的社会保障网络；加大环保力度，重视节能减排，制订实施应对气候变化国家方案；放宽市场准入，改善政策环境，市场主体迅速发展、活力迸发……

特别是，"入世"使中国融入了经济全球化进程，通过市场开放和经贸体制改革，实现了跨越式发展。

中国国家博物馆的馆藏精品中，有一柄看似不起眼儿的小木槌，曾敲出振奋人心的声音——

当地时间2001年11月10日18时39分，卡塔尔多哈世贸组织部长级会议上的木槌落定，世贸组织敞开大门，也为中国打开了对外开放的新天地。同年12月11日，中国正式加入世贸组织，成为其第 143 个成员。

从会议审议中国入世议题到木槌落定，仅用了几分钟，而这几分钟却凝聚了中国 15 年从"复关"到"入世"谈判的艰苦努力。

中国"入世"谈判的艰难程度在世界谈判史上极为罕见。自 1986 年 7 月 10 日正式递交复关申请起，一谈就是 15 个春秋。整个谈判过程，中国代表团换了 4 任团长，美国换了 5 位首席谈判代表，欧盟也换了 4 位。

加入世贸组织后，中国以更开放的姿态欢迎更多高品质国际商品和服务进入中国市场。1978 年和 2001 年"开放"的区别在于，如果说前者打开了国门，那么 2001 年就是进一步融入了世界经济体系当中去。

"入世" 20 多年来，中国对全球经济增长的年均贡献率接近 30%，关税总水平从 15.3% 降至 7.4%，远低于"入世"承诺的 10%，更低于其他主要新兴经济体；在华设立的外资企业从 20 万增至百万余家；对外直接投资年度流量全球排名从加入世贸组织之初的第 26 位上升至 2019 年第 2 位……目前，中国已经发展成为全球第二大经济体、第一大货物贸易国、第一大外资吸收国。

"神舟五号"飞天梦圆，北京奥运会"无与伦比"，香港、澳门回归祖国，三峡工程、青藏铁路等重大工程捷报频传……在风雨与荣耀交织的历史进程中，中国共产党始终走在时代前列，始终是全国人民的主心骨。

2003 年 10 月 16 日 6 时 23 分，"神舟五号"载人飞船成功降落在内蒙古四子王旗主着陆场。

身着一件带有五星红旗的航天服，杨利伟走出飞船。

这一刻，标志着我国首次载人航天飞行取得圆满成功。

银灰色的头盔、装有真空隔热层的压力服、厚厚的手套和靴子……这件航天服重约 10 公斤，用特殊高强度涤纶做成，能够适应航天员在飞行上升段和返回段时的各种状态要求。衣服的心脏部位有一个圆钮，可以调节内部压力、温度和湿度。

就是这件航天服，见证了我国首次载人航天飞行的全过程。

"那天的准备工作做得很快，比预计提前了 40 分钟。马上要出征了，这时候与起床时的心情又不一样，因为真正穿上航天服后，我就算正式踏上了出征之路。"杨利伟这样回忆出发前的感受。

2003年10月15日9时9分50秒,"神舟五号"载人飞船在酒泉卫星发射中心发射升空后,准确进入预定轨道。这一创举使得中国成为第三个掌握载人航天技术的国家。

16日6时23分,在环绕地球运行14圈、飞行超21小时后,"神舟五号"载人飞船成功降落。

自那以来,中国载人航天不断开创新的"首次"——"神舟六号"任务首次进行多人多天飞行试验;"神舟七号"任务中,航天员穿着我国自主研制的舱外航天服首次漫步太空;"神舟八号"实现首次交会对接;"神舟九号""神舟十号"分别实现女航天员首度出征和太空授课……

2005年秋天,党的十六届五中全会通过《关于制定国民经济和社会发展第十一个五年规划的建议》,令人瞩目的是,延续了50多年的国民经济和社会发展"计划"首次变成"规划"。

一字之变,折射出发展理念、经济体制、政府职能的重大变革。

坚持马克思主义基本原理,坚持实事求是,从中国实际出发,社会主义市场经济迸发出无穷的创造活力。

改革开放和社会主义现代化建设新时期,我国社会生产力水平实现飞速发展,综合国力显著提升,人民生活水平不断得到提高。

一个个场景生动展示着百姓生活天翻地覆的变化——

从手攥票证排队购买粮油,到彩电、电冰箱、空调等耐用消费品逐步普及;从挤进绿皮火车行在漫漫回家路上,到坐在舒适高铁中便捷快速出行;从出国是无法想象的事,到出国游成为不少人生活中的常态……

改革开放,深刻改变中国,深刻影响世界。

五

党的十八大以来,以习近平同志为核心的党中央,面对世界格局正发生深刻变化的国际环境,面对我国国内经济社会发展的新趋势、新机遇、新矛盾的现实状况,统揽"四个伟大",统筹推进"五位一体"总体布局,协调推进"四个全面"战略布局,全面推进国防和军队现代化,在实践中不断推进国家治理体系和治理能力现代化。我国的综合国力和国际地位得到巨大提升,党和国家事业取得历史性成就、发生历史性变革，中国特色社会主义进入新时代。

进入新时代，中国共产党实现为中国人民谋幸福、为中华民族谋复兴的初心使命已经走到了一个新阶段。这一阶段侧重于实现建设社会主义现代化强国和人民群众的幸福美好生活。

"我们不同于几十万人、几百万人、几千万人的现代化，而是十四亿多人口的现代化。"

2022年10月17日，在参加党的二十大广西代表团讨论时，习近平总书记感慨地说："我们的现代化既是最难的，也是最伟大的。"[①]

人口规模不同，现代化的任务就不同，其艰巨性、复杂性就不同，发展途径和推进方式也必然具有自己的特点。18世纪下半叶英国开启现代化时人口是千万级的，20世纪后美国逐渐领跑现代化时人口是上亿级的，而中国式现代化是14亿多人口的现代化。人口规模巨大，决定了我国现代化必须走一条属于自己的道路。

党的十八大以来，以习近平同志为核心的党中央团结带领人民打赢脱贫攻坚战，近1亿农村贫困人口脱贫，如期全面建成小康社会；积极推进以人为核心的新型城镇化，常住人口城镇化率达到65.2%；形成超4亿人口的世界最大规模中等收入群体；推动实现更加充分、更高质量的就业，建成世界上规模最大的教育体系、社会保障体系、医疗卫生体系，城镇新增就业累计1.3亿人、基本养老保险覆盖10.57亿人、基本医疗保险覆盖13.6亿人，人民群众的获得感、幸福感、安全感不断增强。

人口规模巨大的现代化，是中国式现代化的显著特征。习近平总书记科学分析我国超大规模人口的优势和挑战，强调"这是人类历史上规模最大的现代化，也是难度最大的现代化"。[②]

"共同富裕体现中国特色社会主义本质要求，但不是捆绑在一起像螃蟹一样谁也动不了，要鼓励一部分人先富起来。但后半句话

[①]《求是》杂志编辑部：《以中国式现代化全面推进中华民族伟大复兴》，《求是》，2023年第16期。

[②] 习近平：《中国式现代化是强国建设、民族复兴的康庄大道》，《求是》，2023年第16期。

不能忘了，'先富带后富'。这符合我们中国特色社会主义发展道路，走正道就是这么走。"

2023年6月8日，在听取内蒙古自治区党委和政府工作汇报时，习近平总书记对共同富裕作出精辟论述，强调"让各族人民实实在在感受到推进共同富裕在行动、在身边"。①

"国之称富者，在乎丰民。"中国式现代化坚持发展为了人民、发展依靠人民、发展成果由人民共享，在推动全体人民共同富裕上取得重要进展。特别是党的十八大以来，以习近平同志为核心的党中央坚持把人民对美好生活的向往作为奋斗目标，坚持以人民为中心的发展思想，把逐步实现全体人民共同富裕摆在更加突出的位置，对共同富裕作出全面擘画、系统设计，明确了时间表、路线图。

现在已经到了扎实推动共同富裕的历史阶段。在推动高质量发展、做好做大"蛋糕"的同时，进一步分好"蛋糕"，着力解决好就业、分配、教育、医疗、住房、养老、托幼等民生问题，构建三次分配协调配套的制度体系，规范收入分配秩序，规范财富积累机制，依法引导和规范资本健康发展，逐步扩大中等收入群体、缩小收入分配差距，让现代化建设成果更多更公平惠及全体人民，坚决防止两极分化。

"住在这里很有福气，古色古香，到处都是古迹、到处都是名胜、到处都是文化。'百步之内，必有芳草'，这句话可以用在这里。"

2023年7月6日，习近平总书记在江苏苏州实地考察古城保护和文化传承时深刻指出："建设中华民族现代文明，是推进中国式现代化的必然要求，是社会主义精神文明建设的重要内容。"

人无精神则不立，国无精神则不强。实现中华民族伟大复兴，需要物质文明极大发展，也需要精神文明极大发展。改革开放之初，中国共产党创造性地确定了物质文明和精神文明"两手抓，两

---

①《求是》杂志编辑部：《以中国式现代化全面推进中华民族伟大复兴》，《求是》，2023年第16期。

手都要硬"的战略方针。在党的二十大报告中，习近平总书记深刻指出："物质贫困不是社会主义，精神贫乏也不是社会主义。"他进一步指出："既要物质富足，也要精神富有，是中国式现代化的崇高追求。"

中国式现代化是物质文明和精神文明相协调的现代化，目标是促进物的全面丰富和人的全面发展。党的十八大以来，在以习近平同志为核心的党中央坚强领导下，我们不断厚植现代化的物质基础，不断夯实人民幸福生活的物质条件，同时大力发展社会主义先进文化，弘扬革命文化，传承发展中华优秀传统文化，人民群众的思想觉悟、道德水准、文明素养和社会文明程度不断提高，全党全国各族人民团结奋斗的共同思想基础进一步巩固，国家文化软实力和中华文化影响力显著提升。

当高楼大厦在我国大地上遍地林立时，中华民族精神的大厦也应该巍然耸立。习近平总书记深刻指出，要以辩证的、全面的、平衡的观点正确处理物质文明和精神文明的关系，只有物质文明建设和精神文明建设都搞好、国家物质力量和精神力量都增强、全国各族人民物质生活和精神生活都改善，中国特色社会主义事业才能顺利向前推进。①

在新的赶考之路上，习近平总书记进一步指出："中国式现代化既要物质财富极大丰富，也要精神财富极大丰富、在思想文化上自信自强"，并从两方面提出明确要求。一方面，要坚持两手抓、两手硬，促进物质文明和精神文明相互协调、相互促进，让全体人民始终拥有团结奋斗的思想基础、开拓进取的主动精神、健康向上的价值追求。

另一方面，要顺应人民日益增长的精神文化需求，建设具有强大凝聚力和引领力的社会主义意识形态，加强理想信念教育和"四史"宣传教育，培育和弘扬社会主义核心价值观，发展社会主义先进文化，推出更多优秀文艺作品，不断丰富人民精神世界，提高全社会文明程度，促进人的全面发展。②

---

① 《求是》杂志编辑部：《以中国式现代化全面推进中华民族伟大复兴》，《求是》，2023年第16期。

② 习近平：《中国式现代化是强国建设、民族复兴的康庄大道》，《求是》，2023年第16期。

"要实现永续发展，必须抓好生态文明建设""走老路，去消耗资源，去污染环境，难以为继！"

2012年12月，南粤大地，党的十八大之后习近平总书记第一次到地方考察时就深刻阐明了抓好生态文明建设的极端重要性。①

生态文明建设是关系中华民族永续发展的根本大计。习近平总书记始终把建设美丽中国摆在强国建设、民族复兴的突出位置，站在人与自然和谐共生的高度来谋划经济社会发展，强调"绿水青山就是金山银山""人与自然是生命共同体""建设美丽中国是全面建设社会主义现代化国家的重要目标"。习近平总书记进一步深刻指出："尊重自然、顺应自然、保护自然，促进人与自然和谐共生，是中国式现代化的鲜明特点。"②

纵观人类文明发展史，生态兴则文明兴，生态衰则文明衰。近代以来，西方国家的现代化大都经历了对自然资源肆意掠夺和生态环境恶性破坏的阶段，在创造巨大物质财富的同时，往往造成环境污染、资源枯竭等严重问题。杀鸡取卵、竭泽而渔的发展方式走到了尽头，顺应自然、保护生态的绿色发展昭示着未来。习近平总书记立足我国基本国情，从推进中华民族永续发展、人类文明永续进步的高度深刻指出："我国人均能源资源禀赋严重不足，加快发展面临更多的能源资源和环境约束，这决定了我国不可能走西方现代化的老路。"③

党的十八大以来，在以习近平同志为核心的党中央领导下，我国生态文明建设从理论到实践都发生了历史性、转折性、全局性变化，实现由重点整治到系统治理、由被动应对到主动作为、由全球环境治理参与者到引领者、由实践探索到科学理论指导的重大转变。经过顽强努力，我国天更蓝、地更绿、水更清，万里河山更加多姿多彩。

---

① 《求是》杂志编辑部：《以中国式现代化全面推进中华民族伟大复兴》，《求是》，2023年第16期。

② 习近平：《中国式现代化是强国建设、民族复兴的康庄大道》，《求是》，2023年第16期。

③ 习近平：《中国式现代化是强国建设、民族复兴的康庄大道》，《求是》，2023年第16期。

"我们将始终把自身命运同各国人民的命运紧紧联系在一起，努力以中国式现代化新成就为世界发展提供新机遇，为人类对现代化道路的探索提供新助力，为人类社会现代化理论和实践创新作出新贡献。"

2023年3月15日，习近平总书记出席中国共产党与世界政党高层对话会并发表题为《携手同行现代化之路》的主旨讲话，表达了中国共产党愿同各国政党一道，推进具有本国特色的现代化事业、促进全球文明交流互鉴、推动构建人类命运共同体的真诚愿望，引发与会嘉宾和国际社会热烈反响。①

党的十八大以来，习近平总书记先后提出全球发展倡议、全球安全倡议、全球文明倡议，呼吁各国共同致力于建设持久和平、普遍安全、共同繁荣、开放包容、清洁美丽的世界，推动构建人类命运共同体。过去10年，中国对世界经济增长的平均贡献率超过30%；对全球减贫贡献率超过70%；构建并不断扩大面向全球的高标准自由贸易区网络，成为140多个国家和地区的主要贸易伙伴；首创中国国际进口博览会，坚定不移全面扩大开放，更有效率地实现内外市场联通、要素资源共享，让中国市场成为世界的市场、共享的市场、大家的市场……

实践表明，中国式现代化带给世界的是和平而非动荡，是机遇而非威胁，既造福中国人民，又促进世界共同发展。正如习近平总书记强调："中国式现代化坚持独立自主、自力更生，依靠全体人民的辛勤劳动和创新创造发展壮大自己，通过激发内生动力与和平利用外部资源相结合的方式来实现国家发展，不以任何形式压迫其他民族、掠夺他国资源财富，而是为广大发展中国家提供力所能及的支持和帮助。"②

---

① 《求是》杂志编辑部：《以中国式现代化全面推进中华民族伟大复兴》，《求是》，2023年第16期。

② 习近平：《中国式现代化是强国建设、民族复兴的康庄大道》，《求是》，2023年第16期。

二、为人民谋幸福是中国共产党矢志不渝的追求

1934年11月,长征中的红军来到湘粤赣边界的汝城县沙洲村。善良的老人徐解秀看到冰冷的雨水浸透战士的衣服,不容分说让三位女红军睡到自己屋里头。几天后,女红军离开前,决定把仅有的一条被子送给同样缺衣少盖的徐解秀,但她说什么也不要。僵持不下时,一位女红军将被子剪下一半,留给了老人。

老人说,什么是共产党?共产党就是自己有一条被子,也要剪下半条给老百姓的人。

这是红军长征途中一个极其平凡的小事,却在历史长河中熠熠生辉、历久弥新。共产党为什么要长征?是为了革命胜利。而革命胜利为了什么?就是为了让老百姓过上好日子。"半条棉被",生动诠释了什么是党的初心和使命。

在一百多年征程中,中国共产党人也一直在用实际行动,回答着初心和使命中所蕴含的"为了谁、依靠谁、我是谁"的深刻命题。

一

马克思、恩格斯在《神圣家族》中明确指出:"历史活动是群众的事业,随着历史活动的深入,必将是群众队伍的扩大。"①马克思还提出:"革命以人民群众的名义,并且是公开为着人民群众即生产者群众的利益而进行。"②他们初步提出了人民群众观点,确定了人民群众在历史发展中的主体地位。

中国共产党自创建之日起就一直秉承着这一重大原则,把"人民"二字铭刻在心。中共一大党纲表明中国共产党是代表无产阶级利益的政党,划清了中国共产党与其他一切政党间的界限。

1922年6月,中共中央在《中国共产党对于时局的主张》中明确表示:"中国共产党是无产阶级的先锋军,为无产阶级奋斗,和为无产阶级革命的党。"③1922年7月,中共二大通过的《关于共

---

① 《马克思恩格斯全集》第二卷,北京:人民出版社,1957年版,第104页。
② 《马克思恩格斯文集》第三卷,北京:人民出版社,2009年版,第207页。
③ 中央档案馆编:《中共中央文件选集》第一册,北京:中共中央党校出版社,1989年版,第44页。

产党的组织章程决议案》，首先将中国共产党自我定位为一个"为无产群众奋斗的政党""一个做革命运动的并且一个大的群众党"，接着指出要"成功一个能够实行无产阶级革命大的群众党，不是少数人空想的革命团体，我们的组织与训练必须是很严密的、集权的、有纪律的，我们的活动必须是不离开群众的"。①

中国共产党作为中国工人阶级的先锋队，自然关注工人阶级的生活状态与命运。1922年《中国共产党代表张国焘向远东人民代表大会提交的报告》中说："中国没有任何劳动保护方面的立法，千百万无产阶级被迫在极其恶劣的条件下为了极其微薄的工资而出卖着自己的劳动……如有人稍微流露不满，二话不说就被赶到大街上。"②"在上海，中国共产党人从1920年9月起便参与组建工会，例如机器工会、纺织工会、印刷工会等。共产党人支持一切正在发生的罢工。"③"书记部的上海总部为机器工会、纺织工会和印刷工会的改组，也做了不少工作，使之大为加强。总部还促成了天津工人夜校、唐山铁路工人俱乐部和唐山工人公共图书馆的建立。"④1923年1月，党的创始人之一俞秀松到福州参与讨伐陈炯明的叛乱时，给父母写信表达自己的志向："我之决意进军队，是由于目睹各处工人被军阀无礼的压迫，我要救中国最大多数的穷苦群众，我不能不首先打倒穷苦群众的仇敌——其实是全国人的仇敌——便是军阀。"⑤

二

中国共产党正式成立后在集中力量领导工人运动的同时，开始到农村开展农民运动。

在漫长的岁月里，旧中国的农民们祖祖辈辈在土里刨食，梦寐

---

① 《中国共产党第二次全国代表大会》增订本，北京：中共党史出版社，2010年版，第54—55页。

② 《上海革命史资料与研究》第七辑，上海：上海古籍出版社，2007年版，第710—711页。

③ 《上海革命史资料与研究》第七辑，上海：上海古籍出版社，2007年版，第720页。

④ 《上海革命史资料与研究》第七辑，上海：上海古籍出版社，2007年版，第721页。

⑤ 《俞秀松给父母亲的信》(1923年1月10日)，《青运史资料与研究》第三集，第11页。

以求能够拥有一片属于自己的土地。然而广大农村中近80%的土地掌握在占农村人口不到10%的地主富农手里。绝大多数的农民终年辛勤劳作，仍难以维持生计。封建土地制度是造成农民贫穷和农业生产落后的总根源。把封建剥削的土地所有制改变为农民的土地所有制，是中国新民主主义革命的历史任务和基本纲领之一。

在中共一大上，广东代表陈公博作的《广东共产党的报告》中将"对农民的宣传工作"作为第4项内容，对乡村农民的重视程度较高。[①]1921年9月，浙江萧山衙前农民大会召开，中国第一个新型农民组织宣告成立。1922年6月15日，中共在《对于时局的主张》中分析了乡村农民所受剥削，提出要"肃清军阀，没收军阀官僚的财产，将他们的田地分给贫苦农民""制定限制租课率的法律"。[②]30日，陈独秀在给共产国际的报告中评析了衙前农民运动，强调"多印行对于农民工人兵士宣传的小册子"。[③]

1923年7月1日，《向导》第31、32期合刊刊登了刘仁静《北京政变与农民》一文，文章指出："民国十二年来连续不断的内乱、战争、兵变、抢掠、灾荒，将中国旧日农村和平生活扫荡渐尽，一般农民的田野荒芜，屋宇为墟。农民今日逃荒，明日避募，农民的子弟都是牛马一般的被兵士拉夫。农民的钱粮为闯王似的督军，预征数年，物价飞涨，而农民的粮食卖不出钱，只好挨冻受饿。陕西的农民还要被督军逼着种那杀人不抵命的大烟，绍兴的农民集了一个小小的协会，被军警打得血肉模糊。农民的痛苦在这十二年已算受够受尽了……现在农民应该觉醒起来，认识军阀的罪恶，和广东乡团攻打沈鸿英一样都起来反抗北洋军阀罢！"1925年9月，在北京召开的中共四届中央执行委员会第二次扩大会议提出制定农民问题的"政纲""其最终的目标应当没收大地主、军阀官僚、庙宇的田地交给农民"。会议明确指出："如果农民不得着他们最主要的要求——耕地农有，他们还不能成为革命的拥护者。"这是中共中央决议中第一次提出农民土地问题，但是对于如何领导农民实行土

[①] 中央档案馆：《中共中央文件选集》第一册，北京：中共中央党校出版社，1989年版，第24页。

[②] 中央档案馆：《中共中央文件选集》第一册，北京：中共中央党校出版社，1989年版，第33、35、45页。

[③] 中央档案馆：《中共中央文件选集》第一册，北京：中共中央党校出版社，1989年版，第53页。

地革命,没有提出有效的具体措施。

1947年9月,党中央在西柏坡召开全国土地会议,通过具有划时代意义的《中国土地法大纲》。大纲规定,废除封建性剥削的土地制度。随即,一场消灭沿袭了两千多年的封建土地制度的暴风骤雨,迅速席卷老解放区。随着各解放区土地会议的召开,平分土地迅速成为家喻户晓、妇孺皆知的大事。

这次改革主要特点是全党动手、行动快、声势大。如东北区的大部分是抗战胜利后解放的半老区,小部分是1947年解放的新区。1947年冬普遍进行了平分土地运动,半老区在平分前大部分经过初步土改和复查,群众已被基本发动起来。

1947年12月,东北解放区开始开展平分土地运动。一般的做法是重新丈地、评级、按人口分配,到1948年2月中旬,东北解放区巩固区的封建土地制度已经被彻底废除。

而且,地主、富农的统治地位随着他们的封建剥削一去不复返了。大多数地区以贫雇农为骨干的农民群众,真正掌了权。农民穿上了较厚实的衣服,住上了大院,有了车马,部分贫雇农安了家娶上媳妇。因此群众参军参战、拥军优属、缴纳公粮十分积极,如松江省呼兰县计划扩军2500人,而自动报名的有7000多人。贫、雇、中农一般都参加了运动,很多男女农民要求加入中国共产党。

西柏坡纪念馆陈列着一封信,信为两页,信封上写有"毛主席亲收",信是用毛笔竖写的,信的内容是:

"毛主席啊!没有您我们真得饿死啦,这回我们都翻身了,分了地,分了马,分了衣服、粮食,都有吃有穿也都抱团了,一定打倒大地主,打倒反动派!眼看到了冬天了,你那里很冷吧?给你捎去了一件皮大氅、一双靴子、一双毛袜、一顶帽子,这是我们的翻身果实,也是我们的一点点心意,请您收下吧。我们都想看看你,离的(得)又这样远也见不着你,请你把最近的照片给捎一张来吧。"

落款是"哈尔滨市顾乡区靠山屯全体翻身农民"。

解放前东北的农民在封建地主、土匪和日伪统治者的三重压迫下一贫如洗。随着封建制度的废除和轰轰烈烈的土地改革,农民实现了"耕者有其田",真正成为土地的主人,现代作家周立波创作的长篇小说《暴风骤雨》就是那个时代的真实写照。

摆脱了封建枷锁的翻身农民,自觉自愿投身到打倒蒋介石解放全中国的滚滚洪流中。正如当时一首歌中所唱的,最后的一口粮做的是军粮,最后的一块布做的是军装,最后的一个儿子送到了部队上。土地改革运动为夺取全国胜利提供了源源不断的人力、物力支持。

1949年新中国成立时,广大新解放区尚未进行土地改革。因此继续推进土地改革,成为新中国成立初期最重要的经济政策之一。

1950年6月,在中共七届三中全会上,毛泽东提出,全党和全国人民当前的中心任务,是为争取国家财政经济状况的基本好转,而要完成这一中心任务,一个首要的条件就是继续完成全国农村土地改革这一民主革命的历史任务。

在随后召开的全国政协一届二次会议上,刘少奇作了《关于土地改革问题的报告》,就土改的目的意义方针政策作了全面的阐述。6月28日,中央人民政府委员会第八次会议通过《中华人民共和国土地改革法》。30日,毛泽东主席签署命令,正式颁布该法律。由此新中国的土地改革拉开了帷幕。

这是一次翻天覆地的历史变迁,从这一年冬天开始,大规模的土地改革运动在各个新解放区开展起来。

按照规定,农村划分出了地主、富农、中农、贫农、雇农等几个阶级和阶层。没收来的土地和财产,被重新分配。无论是地主还是雇农,每个人都能得到一份土地。

一位叫张德宽的雇农,分到了土地,拿到了土地证,另外还分得了一件皮袄,他说这个东西他祖祖辈辈都没有穿过。

农民的热情使得土改进展十分顺利,到1952年秋,全国土地改革基本结束,3亿多无地或少地的农民分到了约7亿亩土地。

广大农民拥有土地的梦想成真,成为真正意义上的自耕农。在属于自己的土地上,耕耘和收获。这就是劳动农民翻身做主人的感觉。

土地改革的胜利完成,从根本上铲除了中国封建制度的根基,也极大地激发了中国亿万农民的生产积极性,带来了农村生产力的大解放。

这是中国共产党领导中国人民反对封建主义斗争的历史性标志,它为新中国的巩固和发展奠定了坚实的基础。

三

在风雨如磐的革命岁月,党领导人民打土豪、分田地,领导人民开展抗日战争、赶走日本侵略者,领导人民推翻国民党反动统治、建立新中国,是为人民根本利益而斗争。在筚路蓝缕的建设时期,党领导人民开展社会主义革命和建设、改变一穷二白的国家面貌,是为人民根本利益而斗争;在春潮澎湃的改革时代,党领导人民实行改革开放、推进社会主义现代化,同样是为了人民根本利益而斗争。

党的十八大以来,以习近平同志为核心的党中央团结带领全国人民坚决打赢脱贫攻坚战,彻底解决绝对贫困问题,创造了人类减贫史上的奇迹;在中华大地上全面建成了小康社会,使中华民族千年夙愿梦想成真;奋力推进全面深化改革,让发展成果更多更公平惠及全体人民……经过长期艰苦奋斗,中国人民生活发生了翻天覆地的变化。

太行山深处的河北阜平,夏商时期,境内就有人居住。现代史上,阜平的名字曾牵动无数人的目光——包括阜平在内的晋察冀边区被称为"新中国的雏形",为中国抗战和中国革命的胜利作出重要贡献。

自然条件恶劣、资源条件匮乏,阜平群众常年与贫困抗争。农民唐宗秀保留了一张摄于2012年的照片:村里一片黄土色,房子是20世纪50年代的土坯房。她形容"它黑你也黑,说不上谁最黑",下雨时"外头大下,屋里小下"。

2012年12月29日至30日,习近平总书记顶风冒雪来到阜平县骆驼湾村和顾家台村,进村入户看真贫,向全党全国发出脱贫攻坚的动员令。

"全面建成小康社会,最艰巨最繁重的任务在农村,特别是在贫困地区。没有农村的小康,特别是没有贫困地区的小康,就没有全面建成小康社会。"

这是一次特殊的看望——在此一个多月前,党的十八大召开,作出全面建成小康社会战略部署,脱贫攻坚是实现第一个百年奋斗目标的底线任务和标志性指标。

杨正邦的家乡在湖南省湘西土家族苗族自治州花垣县十八洞村,一个位于武陵山脉腹地的小苗寨。

十年前,十八洞全村贫困发生率一度高达57%,村民人均纯收入仅1668元,集体经济空白。杨正邦见证过当时艰难的日子。"耕地少,种田一年到头也没什么收入。没有路,外面的人也进不来。"

那时,村里有能力的人纷纷外出谋生,杨正邦也是其中之一。他去沈阳开过搅拌机,到宁波维修过信号塔。

青壮年劳动力的流失,使十八洞村陷入"贫困逼人走,人走更贫困"的恶性循环。一些人指望靠政府救济过日子。

2013年11月,习近平总书记在十八洞村考察时首次提出"精准扶贫"重要理念。随后,湖南全省上下坚持精准扶贫、精准脱贫基本方略,"实事求是,因地制宜,分类指导,精准扶贫"的理念也在十八洞村落地开花。

扶贫工作队进驻十八洞村,挨家挨户为贫困群众"量身定制"帮扶措施,搭建平台,创造脱贫致富的条件。

2021年,十八洞村全村人均收入20167元,村集体经济收入268万元,成功实现了从深度贫困苗乡到小康示范村寨的"华丽转身"。前来"打卡"的游客越来越多,不少村民通过民宿和农家乐实现稳定增收。

作为中国脱贫攻坚主战场之一,十年来,湖南像"十八洞"一样的贫困村都已成功摆脱贫困,拔掉穷根。截至2020年年底,全省682万农村建档立卡贫困人口全部脱贫,6920个贫困村全部出列,51个贫困县全部摘帽。

实施精准扶贫方略,做到扶持对象、项目安排、资金使用、措施到户、因村派人、脱贫成效"六个精准",实施发展生产、易地搬迁、生态补偿、发展教育、社会保障兜底"五个一批"……无论是雪域高原、戈壁沙漠,还是悬崖绝壁、大石山区,脱贫攻坚的阳光照耀到了每一个角落,无数人的命运因此而改变,无数人的梦想因此而实现,无数人的幸福因此而成就。

2021年2月25日,习近平总书记在全国脱贫攻坚总结表彰大会上庄严宣告:我国脱贫攻坚战取得了全面胜利,现行标准下9899万农村贫困人口全部脱贫,832个贫困县全部摘帽,12.8万个贫困村全部出列,区域性整体贫困得到解决,完成了消除绝对贫困的艰巨任务,创造了又一个彪炳史册的人间奇迹!

就在此前的 2021 年 2 月 21 日，21 世纪以来第 18 个指导"三农"工作的中央一号文件正式出炉，主题是"全面推进乡村振兴 加快农业农村现代化"。把乡村建设摆在社会主义现代化建设的重要位置，全面推进乡村产业、人才、文化、生态、组织振兴，走中国特色社会主义乡村振兴道路，促进农业高质高效、乡村宜居宜业、农民富裕富足……全面推进乡村振兴的号角已经吹响。

一百多年征程波澜壮阔，一百多年初心历久弥坚。从石库门到天安门，从兴业路到复兴路，从开启新时期到跨入新世纪，从站上新起点到进入新时代，中国共产党所做的一切、所付出的一切牺牲，都是为了人民。

人民对美好生活的向往，是中国共产党始终不渝的奋斗目标。习近平总书记指出："我们的目标很宏伟，但也很朴素，归根结底就是让全体中国人都过上更好的日子。"

初心易得，始终难守。以史为鉴，可以知兴替。只有要用历史映照现实、远观未来，才能从中国共产党的百年奋斗史中看清楚过去我们为什么能够成功、弄明白未来我们怎样才能继续成功，从而在新的征程上更加坚定、更加自觉地牢记初心使命，开创美好未来。

三、为中华民族谋复兴是中国共产党百年奋斗的主题

实现中华民族伟大复兴是近代以来中华民族最伟大的梦想。

中国共产党一经成立，就把实现共产主义作为党的最高理想和最终目标，义无反顾肩负起实现中华民族伟大复兴的历史使命，团结带领人民进行了艰苦卓绝的斗争，谱写了气吞山河的壮丽史诗。

事实证明，中国共产党是中华民族复兴大业的领导者、组织者、推动者。

一

1949 年 2 月 3 日，天气晴朗，冬日的寒冷被雄壮的人民解放军入城式驱散，整个城市洋溢着北平市民欢迎解放军的热潮。

上午 10 时，4 枚信号弹发射升空，入城式开始。

入城部队分两路，一路从南苑出发，从永定门入城，经永定门

大街、前门大街，过前门，进入东交民巷，再经崇文门内大街、东单、东四、北新桥、太平仓，与另一路从西直门入城的部队会合，再往南经西四、西单、六部口、和平门、骡马市大街，由广安门出城。

最前面是军乐队，接着是装甲车、坦克、炮兵、骑兵、步兵。解放军军装整齐、武器精锐。入城部队约三万人，步兵部队携带轻武器徒步进城，机械化部队有坦克、装甲车80辆，炮兵部队展示了卡车牵引的战防炮、高射炮、榴弹炮、加农炮等。

毛泽东要求，队伍一定要从东交民巷经过，因为旧中国这里是外国列强的"国中国"，被各个国家占领着，中国的军警都不得进入。而今，北平解放了，解放军要从这里昂首阔步通过，宣告那段耻辱的历史结束了。

西起天安门广场东路，东至崇文门内大街，全长近1.6公里，东交民巷是老北京最长的一条胡同。明代属南熏房，称"东江米巷"。静谧的东交民巷隐匿在喧嚣的北京城中，堪称一方宝地。行至东交民巷44号，一个顶部带有红色五星的西式建筑尤为显眼。一百多年前，这里曾是美国大使馆的北门所在地，南门是如今的前门东大街23号。1941年太平洋战争爆发后，这里又成为日军华北派遣宪兵队司令部。

早在明清时期，东交民巷就开始承担接待外国使节来华学习、进贡、受赏的重任。1860年第二次鸦片战争后，先后有英国、法国、美国、俄国、日本、德国、比利时等国在东交民巷设立使馆。1901年，清政府被迫与侵略者签订丧权辱国的《辛丑条约》，其中规定，该区"独由使馆管理，中国人民概不准在界内居住"。东交民巷因此成为"国中之国"，也被更名为"使馆大街"。

太平洋战争爆发后，日军占领东交民巷使馆区，并将当时的美国大使馆辟为华北派遣宪兵队司令部，佐佐木、北野宪造、矢野音三郎等先后任宪兵司令部司令官。

中国人民解放军全副武装昂首通过东交民巷，洗刷了50年来中国武装人员不得进入东交民巷的耻辱。渐渐地，各国使馆迁离东交民巷，中国革命历史博物馆也在西侧建成……

从鸦片战争，英国用坚船利炮打开中国国门，到中日甲午战争再到《辛丑条约》签订，从破败的清政府到国民党执政时期，帝国主义列强逼迫旧中国签订大量不平等条约，强占中国领土并攫取诸如在中国驻扎军队、领事裁判权、控制中国海关和对外贸易、垄断中国金融和财政等一系列特权和利益，严重损害了中国独立、主权和利益，"使馆大街"仅是这一段屈辱历史的缩影。

随着1949年1月辽沈、淮海、平津三大战役的胜利，中国大部分地区即将解放。此时，摆在中国共产党领导人面前的一个亟待解决的问题，就是制定新中国的外交政策。

1949年1月，毛泽东在同苏共中央政治局委员米高扬的会谈中，介绍了新中国的外交方针政策，即"打扫干净屋子再请客"。他说："我们这个国家，如果形象地把它比作一个家庭来讲，它的屋内太脏了，柴草、垃圾、尘土、跳蚤、臭虫、虱子什么都有。解放后，我们必须认真清理整顿，等屋内打扫清洁、干净，有了秩序，陈设好了，再请客人进来。我们的真正朋友可以早点进屋子来，也可以帮助我们做点清理工作，但别的客人得等一等，暂时还不能让他们进门。"

"打扫干净屋子再请客"很快就在北平解放时得到了充分体现。毛泽东比喻东交民巷是中国人脸上的疮疤，一定要彻底清理掉。

"打扫干净屋子再请客"的外交方针，表达了摆脱屈辱外交的决心，尤其是要废除帝国主义据以攫取在华特权的一切不平等条约。

1949年9月21日至30日，中国人民政治协商会议第一届全体会议在北平中南海怀仁堂举行。这是中国历史上具有划时代意义的空前盛会。9月29日，会议一致通过《中国人民政治协商会议共同纲领》。作为新中国的人民大宪章，共同纲领在一个时期内起着临时宪法的作用。其中宣布："中华人民共和国必须彻底取消帝国主义国家在中国的一切特权"以及"对于国民党政府与外国政府所订立的各项条约和协定，中华人民共和国中央政府应加以审查，按其内容，分别予以承认，或废除，或修改，或重订"。

为妥善处理旧约问题，周恩来批准外交部成立条约委员会（外交部条约法律司前身），具体负责审查旧政府对外缔结的条约。经审查，条约委员会一致认为，除了部分边界条款需另行处理外，没有一个条约或协定可以全部承认或值得加以修改而适用。

1950年1月6日，北京市军管会宣布公告，北京市内所有帝国主义军营一律收回，建筑全部征用。某些外国所谓的驻兵权必须取消，不平等条约不予承认，七日之内各使馆人员全部撤离。一些与新中国建立正常外交关系的国家，继续在东交民巷建立使馆。1959年开始，按照中国政府的安排，各国使馆先后迁往东郊建国门外。东交民巷建立使馆的历史从此便告结束。

新中国政府废除了旧中国缔结的一切不平等条约和帝国主义在华特权，真正成为国际社会平等主体，开启了平等参与条约工作的新纪元。

二

鸦片战争以来的历史呼唤真正合格的使命担当者。谁能承担起民族复兴的历史使命，谁就能赢得中国人民的衷心拥护，成为中华民族的主心骨。

毛泽东在中共七大上论及十月革命与中共创立的历史关联，他说："没有十月革命，我们中国会不会有共产党呢？当然中国大批的无产阶级产生了以后，总会产生党的，所以不能说不会产生共产党，但要拖到什么时候才能产生，就不知道了。一九〇三年产生了布尔什维克，一九一七年俄国十月革命胜利，就使得全世界历史改变了方向。"[①] 同样，中国共产党的成立改变了中国人民、中华民族的方向。

1919年，蕴含着伟大爱国精神的"五四运动"爆发，为中国共产党的成立奠定思想基础。1921年7月，中国共产党成立以后，坚定地捍卫国家民族利益。中共一大代表董必武在回忆"一大"时两次提道："我们决定制定一个反对帝国主义、反对军阀的宣言。"[②] "'一大'的另一件大事，就是大会提出过'反对帝国主义''反对军阀'的政治纲领，这个纲领是在宣言一类的文件中表达出来的。"[③] 由于种种原因，这个宣言后来没有正式发表。1922年春，中国共产党领导全国各地工人积极支援反抗英国资本家压迫剥削的香港工人同盟总罢工，迫使港英当局接受了香港工人的要求。6月15日，中共中央发表《中国共产党对于时局的主张》指出：

---

① 《毛泽东文集》第三卷，北京：人民出版社，1996年版，第397页。
② 董必武：《创立中国共产党》，北京：人民出版社，1980年版，第293页。
③ 董必武：《中国共产党"一大"的主要问题》，北京：人民出版社，1980年版，第361页。

国际帝国主义和封建军阀的压迫是中国内忧外患的根源。无产阶级在目前最迫切的任务是，必须用革命手段取消帝国主义列强在中国的各种特权；肃清军阀，没收军阀官僚的财产，将他们的田地分给贫苦农民；保障人民的自由权利；主张建立一个民主主义的联合阵线，共同反对列强和封建军阀的双重压迫。同年7月，中共二大确定了反帝反封建的革命纲领，提出了消除内乱，打倒军阀，建设国内和平；推翻国际帝国主义的压迫，达到中华民族完全独立的战斗任务。11月，陈独秀在共产国际第四次代表大会上作报告时宣布："中国共产党致力于组织人民大众打击国际帝国主义和中国的封建势力……中国共产党反对任何军阀，打击国际帝国主义的任何组织，并将竭尽全力将此斗争坚持到底。这一斗争的近期目标为：依靠人民大众的力量建立独立的人民共和国。"[①]

1922年8月到1924年1月间，李大钊为了建立革命的统一战线，促成国共合作，奔走在大江南北之间。李大钊提出中华民族能否"重振复兴的问题"，并认为"五四运动以后，已经感觉到这民族复活的动机了"[②]。1924年9月10日，中国共产党发表第三次对时局的主张，号召反对帝国主义，推翻直系军阀的统治。1925年2月，中国共产党领导上海日本纱厂4万多工人举行大罢工。五卅惨案发生后，形成了规模巨大、席卷全国、震惊中外的五卅运动，北京、广州、青岛、武汉、天津、唐山、南京、九江、长沙、重庆、郑州等许多城市约有1700多万群众，奋起响应上海人民的反帝斗争。李大钊与赵世炎在北京成立"沪案雪耻会"，声援上海民众的反帝运动。在这期间，规模最大的是由广州沙面租界和香港的工人20万人参加的省港大罢工。省港大罢工坚持了将近两年，沉重打击了英帝国主义。

从1921年至1949年，中国共产党先是经历北伐战争、土地革命战争的洗礼，开辟出一条农村包围城市、武装夺取政权的中国革命道路，历经革命斗争锤炼而不断壮大。

1931年，日本发动"九一八"事变，侵略中国东北，国民党反动政府实行"不抵抗政策"。在此民族危难之时，中国共产党成

[①]《中国的政治形势——中国代表陈独秀同志在第四次代表大会上的报告》，转引自李颖：《陈独秀与共产国际》，上海：上海人民出版社，2019年版，第50页。

[②] 中国李大钊研究会编：《李大钊全集》第四卷，北京：人民出版社，2006年版，第452页。

为抵御日本侵略的民族先锋。1931年9月20日，中国共产党发表《为日本帝国主义强暴占领东三省事件宣言》，向全国民众发出"反抗日本帝国主义"的号召。1932年4月，中国共产党正式发出对日战争宣言，号召工农红军和被压迫民众以民族革命战争驱逐日本帝国主义出中国。抗战期间，中国共产党领导八路军、新四军向敌后挺进，开辟敌后抗日根据地。抗战胜利后，国民党不顾人民对民主和平的期盼，撕毁《双十协定》，把中国拖入内战之中。中国共产党领导解放区群众和人民解放军，经过三年奋战，取得人民解放战争的胜利。

自此，中国共产党带领人民推翻了压在中国人民头上的三座大山，推翻了国民党在大陆的反动统治，彻底结束了旧中国半殖民地半封建社会的历史，实现了人民解放、民族独立。

三

1949年10月，中华人民共和国成立，中国共产党带领人民一面清剿土匪和国民党反动派残余，巩固新生的人民政权，一面迅速开展并创造性地完成对农业、手工业和资本主义工商业的社会主义改造，消灭了存在数千年的剥削制度，完成了中华民族有史以来最为广泛而深刻的社会变革。

在此基础上，社会主义基本政治制度和基本经济制度得以确立，为当代中国发展进步奠定了根本政治前提，为探索中国特色社会主义道路奠定了制度基础，为中华民族伟大复兴提供了制度保障。

从1953年至1978年改革开放前，中国共产党带领人民制定了5个国民经济"五年计划"，通过"五年计划"的制定与实施，中国经济在1952—1978年间实现了快速增长，GDP年均增长达6.6%，领先当时世界平均水平。从主要产品的产量看，到1978年中国钢产量超过了英、法、意等国家，成为世界第四大钢铁生产国；石油产量跃居世界第八位；原煤产量跃居第三位；棉纱产量跃居第一位；发电量跃居第七位；粮食产量跃居第二位；棉花产量跃居第三位。①中国不仅实现了GDP的较快增长，而且产业结构得到改善，最突出的成就是建成了独立完整的工业体系、国防体系和基础设施，奠定了中国工业化的基础，奠定了当代中国成为世界第一

---

① 国家统计局编：《新中国统计六十年》，北京：中国统计出版社，2009年版。

的工业大国和制造业大国的基础。

同时，这一时期人民生活得到较大改善，基本医疗和基础教育得到普及，社会结构和文化实现变革，中国的综合国力和影响力大大提高，和世界的差距大幅度缩小，为国家走向繁荣富强和人民生活走向富裕奠定了基础，从根本上扭转了中华民族不断衰落的命运。

1978年12月召开的党的十一届三中全会，是一次具有伟大转折意义的会议。在这次会议上，中国共产党实事求是的思想路线得以重新确立，社会主义现代化建设成为全党工作的着重点。大会作出了把党和国家工作重点转移到经济建设上来、实行改革开放的历史性决策。随着改革开放的推进，社会主义民主法制建设走上正轨，党和国家领导制度和领导体制得到健全，人民群众的积极性和创造性被激发起来，市场和社会发展活力得到释放，社会生产力得到极大解放和发展，国家各项事业蓬勃发展。

党的十一届三中全会后，邓小平基于对国际形势发展变化的科学判断，明确提出"和平与发展"是当代世界的两大主题的重要论断，为新时期党和国家制定对外政策提供了重要依据。与此同时，在毛泽东、周恩来等老一辈革命家关于争取和平解放台湾思想的基础上，党中央和邓小平正视历史和现实，创造性地提出"一国两制"科学构想，开辟了以和平方式实现祖国统一的新途径，很好地回应了人民对祖国统一的呼声与期盼。

"一国两制"被运用于解决香港、澳门回归祖国问题上，并取得成功。1997年7月1日，中国政府对香港恢复行使主权；1999年12月30日，对澳门恢复行使主权。"一国两制"构想既体现了实现祖国统一、维护国家主权的原则性，又充分考虑到香港、澳门等地的历史和现实，是推动祖国和平统一的创造性方针。

从1978年至2012年党的十八大召开前，中国共产党团结带领全党全国各族人民，承前启后，继往开来，竭力推进改革开放伟大事业。面对新情况、新问题，中国共产党集中全党全国各族人民智慧，及时研究总结，不断推进理论、实践、制度等各方面创新，为中国特色社会主义不断注入具有鲜明实践特色、理论特色、民族特色和时代特色的新内容，形成了党的基本理论、基本路线、基本纲领、基本经验，形成了中国特色社会主义理论体系，确立了中国特色社会主义制度。

改革开放后的这一时期,我国综合国力大幅提升。根据国家统计局资料显示,1979—2012年,我国国内生产总值年均增长9.8%,同期世界经济年均增速只有2.8%。我国高速增长期持续的时间和增长速度都超过了经济起飞时期的日本和亚洲"四小龙",创造了人类经济发展史上的新奇迹。国内生产总值由1978年的3645亿元迅速跃升至2012年的518942亿元。经济总量2010年超过日本,居世界第二位,成为仅次于美国的世界第二大经济体。人均国内生产总值不断提高,从低收入国家成功跨入中等收入国家行列。

这段时期,中国人民实现了从"站起来"到"富起来"的跨越,中华民族伟大复兴向前迈出实质性一步。

四

党的十八大以来,以习近平同志为核心的党中央,从作风建设入手,进一步加强党的建设,以带头贯彻落实中央八项规定精神进行破题,以上率下,提升了党在人民心目中的形象。

面对党内腐败问题比较严重的状况,以习近平同志为核心的党中央,以前所未有的深度、广度和力度反腐惩恶,持续"打虎""拍蝇",追逃追赃,反腐败斗争取得压倒性胜利并全面巩固,消除了党和国家内部存在的严重隐患,扭转党风、政风和社会风气向好转变,改善了党群关系干群关系。

进入新时代,面对中国经济发展进入新常态的深刻变化,中国共产党坚持正确的历史观、大局观、发展观,顺应历史潮流,把握世界大势,迎难而上,开拓进取,提出一系列新理念新思想新战略。在应对风险挑战中继续推进各项事业,统筹国内国际两个大局,办好发展和安全两件大事。

2020年,我国GDP突破100万亿元大关,稳居世界第二,我国国内生产总值占世界生产总值的比重达17%左右,中国经济对世界经济增长贡献率超过30%。脱贫攻坚战取得了全面胜利,彻底解决了困扰中国千百年的温饱问题,为人类发展作出突出贡献。粮食年产量连续五年稳定在1.3万亿斤以上;① 污染防治力度加大,生态环境明显改善;对外开放持续扩大,共建"一带一路"成果丰硕。与经济全球化遭遇逆流中的世界经济低迷,国际贸易和投资大

---

① 盛来运:《不平凡之年书写非凡答卷——〈2020年国民经济和社会发展统计公报〉评读》,国家统计局网站,2021年2月28日。

幅萎缩相比，我国经济长期向好，市场空间广阔，发展韧性强大，正在形成以国内大循环为主体、国内国际双循环相互促进的新发展格局。中国人民和中华民族迎来了从站起来、富起来到强起来的历史性飞跃，中华民族伟大复兴进入不可逆转的历史进程。

四、中国共产党践行初心和使命的经验启示

中国共产党始终不忘初心、牢记使命，以代代相承的崇高理想，以震撼世界的创举，铸就了恢宏壮阔的史诗。

正如习近平总书记2021年7月1日在庆祝中国共产党成立100周年大会上所指出的："一百年来，中国共产党团结带领中国人民进行的一切奋斗、一切牺牲、一切创造，归结起来就是一个主题：实现中华民族伟大复兴。"[1]

一百多年来，中国共产党不断总结党的奋斗历程、重大成就和历史经验，不断汲取历史启示和政治智慧，不断上升为规律性认识和创新理论成果，并用以指导新的实践，不断赢得新的更加伟大的胜利和荣光。

党的十九届六中全会审议通过的《中共中央关于党的百年奋斗重大成就和历史经验的决议》概括了具有根本性和长远指导意义的十条历史经验，即坚持党的领导、坚持人民至上、坚持理论创新、坚持独立自主、坚持中国道路、坚持胸怀天下、坚持开拓创新、坚持敢于斗争、坚持统一战线、坚持自我革命。这十条历史经验是经过长期实践积累的宝贵经验，是党和人民共同创造的精神财富。

一

坚持党的领导是中国革命、建设、改革取得胜利和推进党的建设的根本保证。中国人民和中华民族之所以能够扭转近代以后的历史命运、取得今天的伟大成就，最根本的是有中国共产党的坚强领导。

---

[1] 习近平：《在庆祝中国共产党成立100周年大会上的讲话》，《求是》，2021年第14期。

党的领导权问题是马克思主义建党学说的一个重大问题。"坚持党的领导"作为党的百年经验之首,足见其分量之重、意义之大、地位之高。坚持党的领导,是中国共产党一百多年来开展一切事业、完成一切任务的首要政治前提,是取得一切成就、推动一切工作的根本政治保障。

回顾党的一百多年历史,坚持党的领导是中国共产党立足成败两方面实践、吸取正反两方面经验得出的最重要历史结论。什么时候坚持党的领导,党的事业就大步向前,走向成功;什么时候弱化党的领导,党的事业就停滞不前,甚至产生失败的风险。毛泽东在领导中国革命和建设的进程中,深刻认识到"离开了中国共产党的领导,任何革命都不能成功"。[①]"领导我们事业的核心力量是中国共产党。"[②]

在新民主主义革命时期,中国共产党经历了对党的领导的认识的深化。从大革命进行到高潮中,陈独秀因害怕国共关系的破裂而妥协退让,放弃党对民主革命的领导导致党的事业遭受严重损失,到古田会议上确立了党对军队的绝对领导,抗日战争时期坚持抗日民族统一战线、提出党的领导一元化,解放战争时期改进党委会的工作方法,中国共产党通过逐步实现和巩固党的领导保证了中国革命取得胜利。

在社会主义革命和建设时期,为了建立一个稳定坚强的领导核心来调动一切积极因素建设社会主义,中国共产党通过强调和加强党的领导、进行领导机构和制度改革以及增强党的团结来保证社会主义建设的顺利进行与社会主义制度的尽快确立。尤其是党坚决处理了高岗、饶漱石的反党分裂活动,维护了党的团结和统一,巩固了党的领导,为新中国成立初期顺利开展大规模经济建设和制度改革创造了政治前提。

在改革开放和社会主义现代化建设新时期,以邓小平同志、江泽民同志、胡锦涛同志为主要代表的中国共产党人对在社会主义市场经济条件下如何加强和改善党的领导进行了充分的理论准备和实践探索,为把党建设成为中国特色社会主义事业总揽全局、协调各方的坚强领导核心奠定了基础。十一届三中全会之后,邓小平

[①]《毛泽东选集》第二卷,北京:人民出版社,1991年版,第651页。
[②]《毛泽东文集》第六卷,北京:人民出版社,1999年版,第350页。

相继提出了坚持党的领导是坚持四项基本原则的核心、把党建设成为领导有中国特色的社会主义事业的坚强核心、从严治党等重要观点；江泽民同志立足党所处的历史方位变迁，提出"三个代表"重要思想，强调始终做到"三个代表"是立党之本、执政之基、力量之源；胡锦涛同志将党的建设与党的领导紧密联系在一起，通过加强和改进新形势下党的建设，提高了党的执政能力和领导水平。

在新时代，以习近平同志为核心的党中央把坚持和加强党的全面领导摆在更加突出的位置上，提出"中国共产党领导是中国特色社会主义最本质的特征，是中国特色社会主义制度的最大优势"。通过坚持和加强党的全面领导，我国解决了许多长期想解决而没有解决的难题，办成了许多过去想办而没有办成的大事，中华民族迎来了从站起来、富起来到强起来的伟大飞跃，全党全国各族人民通过实践经历认识到党的领导是党和国家的根本所在、命脉所在，是全国各族人民的利益所系、命运所系。

历史充分证明，没有中国共产党，就没有中国特色社会主义，就没有中国今天的繁荣和富强。正是因为始终坚持党的集中统一领导，我们才能实现伟大历史转折、开启改革开放新时期和中华民族伟大复兴新征程，才能成功应对一系列重大风险挑战、克服无数艰难险阻，才能有力应变局、化危机、战洪水、防"非典"、抗地震、控疫情……历史和现实都告诉我们，坚持党的领导是党和国家的根本所在、命脉所在，是中国人民和中华民族的利益所系、命运所系。

新的赶考之路上，必须坚持党的全面领导，不断完善党的领导，增强"四个意识"、坚定"四个自信"、做到"两个维护"，牢记"国之大者"，深刻领悟坚持中国共产党领导的历史必然性，坚定对党的领导的自信。加强党的领导，要在各方面各环节落实和体现。把坚持党的领导落实和体现到党总揽全局、协调各方的领导核心地位上，落实和体现到经济、政治、文化、社会、生态文明建设和国防军队、祖国统一、外交、党的建设等各个方面。

二

坚持人民至上是中国共产党做好一切工作的最高价值理念。党代表中国最广大人民根本利益，没有任何自己特殊的利益，从来不代表任何利益集团、任何权势团体、任何特权阶层的利益，这是党立于不败之地的根本所在。

对于中国共产党人而言,"人民"二字重于千钧。在波澜壮阔的百年征程中,中国共产党的一切奋斗都围绕人民的福祉展开。中国共产党之所以能够领导人民取得革命、建设和改革的伟大成就,一个根本原因,就在于坚持人民至上,始终深深地扎根于人民群众之中。

坚持人民的历史主体地位,是马克思主义政党的根本性质和宗旨体现。习近平指出:"我们党来自人民,为人民而生,因人民而兴……必须保持同人民的血肉联系。"[1]中国共产党执政地位的拥有与稳固,关键在于坚持党的群众路线,密切联系群众,始终得到人民群众的拥护与支持。倘若党脱离了群众,不能依靠群众及时解决与群众利益密切相关的各种问题,做不到为民造福,就会失去群众的拥护,"就会危及党的执政基础和执政地位"。

新民主主义革命时期,党带领人民推翻压在中国人民身上的"三座大山",为的是彻底实现民族独立、人民解放。中国共产党人为了革命胜利付出了巨大代价和牺牲,因为他们深知,不改变中国人民饥寒交迫、备受压迫的悲惨命运,不改变旧中国一盘散沙、受人欺辱的黑暗局面,就无法开启中华民族伟大复兴的历史进程。

党的十一届三中全会作出了把党和国家的工作重点转移到社会主义现代化建设上来和实行改革开放的历史性决策。改革开放和社会主义现代化建设新时期,党团结带领人民以经济建设为中心,走中国特色社会主义道路,进一步实现国家富强、人民富裕,通过不断提高人民生活水平,展现了"解放生产力,发展生产力,消灭剥削,消除两极分化,最终达到共同富裕"的社会主义本质。

中国特色社会主义进入新时代以来,党坚持以人民为中心的发展思想,全面建成了小康社会,不断满足人民日益增长的美好生活需要,从"全面建成小康社会,一个也不能少;共同富裕路上,一个也不能掉队",处处彰显了以习近平同志为核心的党中央坚持人民至上的执政理念和价值追求。

只要中国共产党始终牢记江山就是人民,人民就是江山,坚持一切为了人民、一切依靠人民,坚持为人民执政、靠人民执政,坚

---

[1] 中共中央党史和文献研究院:《习近平关于不忘初心 牢记使命论述摘编》,北京:中央文献出版社,2019年版,第145页。

持发展为了人民、发展依靠人民、发展成果由人民共享，坚定不移走全体人民共同富裕道路，就一定能够领导人民夺取新时代中国特色社会主义新的更大胜利。

三

坚持理论创新是党和国家事业永葆活力、继往开来的思想保证。

马克思主义理论不是教条而是行动指南，必须随着实践发展而发展，必须中国化才能落地生根、本土化才能深入人心。社会主义没有辜负中国，中国也没有辜负社会主义。把马克思主义基本原理同中国具体实际、中华文明精华以及时代发展大势相结合，用中国化的马克思主义指导中国实践、解决中国问题，是中国共产党百年来能取得辉煌成就的基本经验。

中国共产党人深知"理论一旦脱离了实践，就会成为僵化的教条，失去活力和生命力"。因此，马克思主义进入中国后，便开始了逐步中国化的进程，"在革命、建设、改革各个历史时期，我们党坚持马克思主义基本原理同中国具体实际相结合……不断推进马克思主义中国化"。①

在新民主主义革命时期，以毛泽东同志为主要代表的中国共产党人把马克思列宁主义基本原理同中国具体实际相结合，立足中国革命正反两方面的实践，创立了毛泽东思想，为统一全党的思想认识、加强全党的团结一致、取得新民主主义革命的胜利奠定了思想基础。

在社会主义革命和建设时期，以毛泽东同志为主要代表的中国共产党人提出关于社会主义建设的一系列重要思想，为我国迅速实现工业化、建立起独立的比较完整的工业体系和国民经济体系、正确处理人民内部的矛盾、走中国自己的社会主义建设道路等重大实践提供了行动指南，为确立社会主义制度提供了理论基础。

在改革开放和社会主义现代化建设新时期，根据时代条件和实践发展，以邓小平同志为主要代表的中国共产党人创立了邓小平理论，科学回答了建设中国特色社会主义的一系列基本问题，成功开

---

① 中共中央文献研究室：《习近平关于社会主义文化建设论述摘编》，北京：中央文献出版社，2017年版，第74页。

创了中国特色社会主义；以江泽民同志为主要代表的中国共产党人形成了"三个代表"重要思想，成功把中国特色社会主义推向二十一世纪；以胡锦涛同志为主要代表的中国共产党人形成了科学发展观，坚持和发展中国特色社会主义。在这个时期，党形成中国特色社会主义理论体系，实现了马克思主义中国化新的飞跃。

党的十八大以来，以习近平同志为主要代表的中国共产党人围绕新时代坚持和发展什么样的中国特色社会主义、怎样坚持和发展中国特色社会主义，建设什么样的社会主义现代化强国、怎样建设社会主义现代化强国，建设什么样的长期执政的马克思主义政党、怎样建设长期执政的马克思主义政党等重大时代课题，创立了习近平新时代中国特色社会主义思想。为了实现中华民族伟大复兴的中国梦，全党全国各族人民必须继续以习近平新时代中国特色社会主义思想武装头脑、指导实践。

中国共产党所创造的中国奇迹，是马克思主义的指导作用发挥最直接、最可靠的证明。一百多年来，中国共产党之所以能够领导人民在一次次求索、一次次挫折、一次次开拓中完成中国其他各种政治力量不可能完成的艰巨任务，根本在于坚持解放思想、实事求是、与时俱进、求真务实，坚持把马克思主义基本原理同中国具体实际相结合、同中华优秀传统文化相结合，坚持实践是检验真理的唯一标准，坚持一切从实际出发，及时回答时代之问、人民之问，不断推进马克思主义中国化时代化。中国共产党人的理论创新，构筑了事业发展的理论基石，坚定了理想信念，鼓舞了斗志和士气，产生了强大的干事创业动力，是战无不胜的思想武器。

正如习近平总书记所指出："当代中国的伟大社会变革，不是简单延续我国历史文化的母版，不是简单套用马克思主义经典作家设想的模板，不是其他国家社会主义实践的再版，也不是国外现代化发展的翻版。只要我们勇于结合新的实践不断推进理论创新、善于用新的理论指导新的实践，就一定能够让马克思主义在中国大地上展现出更强大、更有说服力的真理力量。"①

---

① 《中共中央关于党的百年奋斗重大成就和历史经验的决议》，中国政府网，2021年11月16日。

四

坚持独立自主是中国共产党正确处理国际关系、统筹发展和安全的基本原则。

走自己的路，是中国共产党百年奋斗得出的历史结论。党历来坚持独立自主开拓前进道路，坚持把国家和民族发展放在自己力量的基点上，坚持中国的事情必须由中国人民自己做主张、自己来处理。

在新民主主义革命时期，由于中国共产党处于初创阶段，从理论到实践都受到共产国际的指导和影响，党内一度盛行把马克思主义教条化，把共产国际决议和苏联经验神圣化的错误倾向，导致党的组织力量大大削弱，直至丧失中央革命根据地，红军被迫战略转移，进行长征。因为没有独立自主地观察中国社会、解决中国问题，中国共产党经历了惨痛的血的教训。

在社会主义革命和建设时期，党在国家发展上确立了自力更生为主和争取外援为辅的方针。苏联曾向中国提供过一些技术援助，可一旦国际形势发生变化，就撤走了全部专家。但是中国的科技进步和社会发展并没有因此停滞，我国的"两弹一星"等一系列大国重器均在这一时期取得实质性进展，打破了大国核垄断，捍卫了国家安全。正是因为我们坚持独立自主，才维护了国家形象和民族尊严，发展了自身的内在实力。

改革开放和社会主义现代化建设新时期，党中央把改革开放作为基本国策，在打开国门搞建设的同时，坚持四项基本原则，对来自西方的先进技术和管理经验认真学习，对资本主义的腐朽思想坚决抵制，在逐步建立社会主义市场经济体制的过程中，不仅激活了中国社会经济活力，而且坚持了中国的社会主义制度，把党建设得更加坚强有力。

党的十八大以来，党领导中国人民把发展的主动权和主导权牢牢掌握在自己手中，强调创新是引领发展的第一动力。为了扭转一些关键核心技术仍受制于人的被动局面，推动全社会不断向关键领域"卡脖子"技术发起攻坚，为提高我国自主创新能力、抢占国际竞争新优势创造良好条件。坚持走独立自主的复兴之路，是我们自信自强的重要支点。

回望一百多年党史，中国共产党独立自主的探索和实践精神，坚持走自己的路的坚定信心和决心,是中国共产党全部理论和实践的立足点,也是党和人民事业不断从胜利走向胜利的根本保证。

人类历史上没有一个民族、一个国家可以通过依赖外部力量、照搬外国模式、跟在他人后面亦步亦趋实现强大和振兴。那样做的结果,不是必然遭遇失败,就是必然成为他人的附庸。

不论过去、现在还是将来,只要我们坚持独立自主、自力更生,既虚心学习借鉴国外的有益经验,又坚定民族自尊心和自信心,不信邪、不怕压,就一定能够把中国发展进步的命运始终牢牢掌握在自己手中。

五

坚持中国道路是实现中华民族伟大复兴中国梦的必由之路。

方向决定道路,道路决定命运。党在百年奋斗中始终坚持从我国国情出发,探索并形成符合中国实际的正确道路。

推进革命、建设、改革,道路问题都是最根本的问题。一百多年来,中国共产党始终坚持把马克思主义基本原理同中国具体实际相结合、同中华优秀传统文化相结合,始终坚持从我国国情出发,始终坚持独立自主,走出了正确道路,团结带领中国人民创造了新民主主义革命的伟大成就、社会主义革命和建设的伟大成就、改革开放和社会主义现代化建设的伟大成就、习近平新时代中国特色社会主义的伟大成就。走自己的路,是党的全部理论和实践的立足点,是党百年奋斗得出的历史结论。

在新民主主义革命时期,由于党处于幼稚阶段,党内的"左"倾教条主义者一度迷信苏联经验与共产国际的指示,没有充分考虑到中国社会发展阶段和工农群众的觉悟程度,盲目学习苏联"城市中心论"制订了在多个城市举行武装暴动和集中红军主力攻打中心城市的冒险计划,要求率先实现一省或数省的首先胜利,使得党在城市和农村根据地力量损失惨重,中国革命遭遇挫折。

在社会主义革命和建设时期,苏联模式曾对中国的工业化产生了巨大的示范作用。在苏共二十大之后,以毛泽东同志为主要代表的中国共产党人注意学习苏联社会主义建设的经验教训,提出"以苏为鉴",毛泽东发表《论十大关系》,标志着中国独立探索符合中国国情的社会主义建设道路的开始,为中国正确处理重工业和轻工业、农业的关系,经济建设和国防建设的关系,国家、生产单位和生产者个人的关系等涉及国民经济发展全局的重要关系提供了重要理论指导。

在改革开放和社会主义现代化建设新时期，党领导全国人民不仅开创了中国特色社会主义道路，还在国际形势风云突变的情况下，坚持并捍卫了中国特色社会主义事业。正是因为中国共产党坚持走中国道路，不受外界不良风气的干扰、不受外部环境变化的冲击，才能够使马克思主义的真理在中国大地上持续释放新的活力，让科学社会主义的旗帜在21世纪的中国高高飘扬。

党的十八大以来，中国特色社会主义进入新时代，我们通过毋庸置疑的历史性成就，向全世界证明了中国特色社会主义道路是实现中华民族伟大复兴的正确道路，它开辟了中国式现代化新道路，创造了人类文明新形态，这条道路不但走得对、走得通，而且必将通往更加光明的未来。

中国特色社会主义是党和人民历经千辛万苦、付出巨大代价取得的根本成就，是实现中华民族伟大复兴的正确道路。这条独具中国特色、中国风格、中国气派的社会主义现代化之路，旨在实现人口规模巨大的现代化、共同富裕的现代化、"五个文明"统筹推进的现代化、人与自然和谐共生的现代化、走和平发展道路的现代化。

六

坚持胸怀天下是中国共产党关注人类前途命运的责任担当。大道之行，天下为公。中国共产党始终以世界眼光关注人类前途命运，从人类发展大潮流、世界变化大格局、中国发展大历史正确认识和处理同外部世界的关系。

作为马克思主义政党，中国共产党始终坚持共产主义远大理想，坚持在宏阔的时空维度中思考民族复兴和人类进步的深刻命题，始终把为人类作出新的更大贡献作为使命，矢志为人类进步事业而奋斗。

在新民主主义革命时期，中国人民的抗日战争是世界反法西斯战争的重要组成部分，对日本侵略者的彻底覆灭起到了决定性作用，从根本上改变了世界历史的走向。中国共产党是抗日战争的中流砥柱，有力地牵制和抗击了日本军国主义的主要兵力，推动国内早日取得国共第二次合作，在世界东方率先建成抗日民族统一战线，有力地支援了全世界的反法西斯斗争。

社会主义革命和建设时期，党中央立足国内发展水平，准确把握国际形势，提出"和平共处五项原则"，成为处理国与国关系的重要准则。力所能及地援助亚洲、非洲、拉丁美洲等发展中国家，为中国在国际上争取到大量友好国家，有力地打破了美西方的封锁。依靠亚非拉兄弟国家的支持，1971年中国恢复了在联合国的合法席位，在国际舞台上传递出发展中国家的重要声音。

在改革开放和社会主义现代化建设新时期，党中央把维护世界和平与促进共同发展作为三大历史任务之一，在对外开放的过程中展示了中国的友好与对外开放合作的巨大诚意；同时在亚洲金融危机、国际金融危机等背景下为世界作出贡献，成功地向世界展示了中国和平、合作、负责任的大国形象。

党的十八大以来，习近平总书记统筹国内国际两个大局，深入思考"建设一个什么样的世界、如何建设这个世界"等涉及全人类的时代课题，提出推动构建人类命运共同体。这是中国共产党为解决世界面临的时代难题给出的中国方案，推动各国与中国携手走构建人类命运共同体的康庄大道。

一百多年来，中国共产党筚路蓝缕、求索奋进，既为中国人民谋幸福、为中华民族谋复兴，也为人类谋进步、为世界谋大同，不仅使中华民族迎来了从站起来、富起来到强起来的伟大飞跃。

只要我们坚持和平发展道路，既通过维护世界和平发展自己，又通过自身发展维护世界和平，同世界上一切进步力量携手前进，不依附别人，不掠夺别人，永远不称霸，就一定能够不断为人类文明进步贡献智慧和力量，同世界各国人民一道，推动历史车轮向着光明的前途前进。

七

坚持开拓创新是中国共产党建设前无古人的伟大事业的精神动力。

创新是一个国家、一个民族发展进步的不竭动力。越是伟大的事业，越充满艰难险阻，越需要艰苦奋斗，越需要开拓创新。

开拓创新是中国共产党人的鲜明政治品格，是党带领人民开辟新道路、开创新局面的强大动力。在百年奋斗历程中，中国共产党领导人民披荆斩棘、上下求索、奋力开拓、锐意进取，不断推进理论创新、实践创新、制度创新、文化创新以及其他各方面创新，敢为天下先，走出了前人没有走出的路。

在新民主主义革命时期，以毛泽东同志为主要代表的中国共产党人以巨大的实践勇气和历史担当，敢于突破苏联经验的束缚，敢于破除对"本本"的迷信，走出一条有别于苏联的"农村包围城市，武装夺取政权"的工农武装割据道路。不仅为中国的革命走出了一条新道路，也把中国革命和党的事业引向了成功的正确方向。

在社会主义革命和建设时期，党中央面对的是一个一穷二白、千疮百孔的旧中国，不要说大力发展国民经济，就连保障人民基本的生活都有很大难度。党中央面对不利局面没有气馁，而是迎难而上，展现出巨大的魄力和治理能力，迅速领导中国恢复了国民经济，从而为动员全国的资源、集中力量实现基本工业化奠定基础。

改革开放和社会主义现代化建设新时期，邓小平指示经济特区要"杀出一条血路来"给全国人民做榜样，经济特区敢闯敢试、敢为人先，率先在经济建设上打开局面，为我国大范围铺开经济改革政策积累了重要经验，为中国的改革开放开辟了重要路径。

党的十八大以来，面对国际环境新挑战、社会矛盾新变化、发展阶段新特点，以习近平同志为核心的党中央领导人民自信自强、守正创新，解决了许多长期以来想解决而没有解决的难题，办成了许多过去想办而没有办成的大事，推动党和国家事业取得历史性成就、发生历史性变革。

在新征程上，无论是中国式现代化道路的开辟，还是马克思主义政党的锻造，都将面临更多新课题，只要我们顺应时代潮流，回应人民要求，勇于推进改革，准确识变、科学应变、主动求变，永不僵化、永不停滞，就一定能够创造出更多令人刮目相看的人间奇迹。

八

坚持敢于斗争是中国共产党从诞生到发展壮大一以贯之的鲜明品格。敢于斗争、敢于胜利，是党和人民不可战胜的强大精神力量。党和人民取得的一切成就，不是天上掉下来的，不是别人恩赐的，而是通过不断斗争取得的。

马克思主义认为，社会是在矛盾运动中前进的，有矛盾就会有斗争。斗争是事物发展的实现形式，体现了矛盾运动的对立统一规律。马克思指出："如果斗争只是在机会绝对有利的条件下才着手进行，那么创造世界历史未免就太容易了。"敢于斗争就是承认矛盾的客观性、普遍性，适应社会发展、矛盾运动的内在趋势和要求，发挥主观能动性，积极作为，进而推动事业发展。

在一百多年奋斗历程中，中国共产党深刻认识并创造性运用社会矛盾运动规律，敢于斗争、不懈斗争，在斗争中前进、在前进中斗争。为了人民、国家、民族，为了理想信念，无论敌人如何强大、道路如何艰险、挑战如何严峻，中国共产党总是绝不畏惧、绝不退缩，不怕牺牲、百折不挠。

在新民主主义革命时期，自从人民解放军建军以来，面对的敌人数量更多、装备也更精良，但是在革命英雄主义和革命乐观主义的鼓舞下，党领导人民军队一次又一次地创造了以少胜多、以弱胜强的军事奇迹。其中涌现出许多共产党员身先士卒、壮烈牺牲的英雄事迹，有力地彰显了中国共产党人面对强敌敢于斗争、敢于较量、敢于胜利的血性，彰显了不怕牺牲、英勇斗争的伟大建党精神。

在社会主义革命和建设时期，无论是面对来自西方强国的军事挑衅，还是应对由于自然界的灾害造成的严重困难，中国人民始终在中国共产党的带领下，顽强拼搏、坚持斗争，用自己的双手，凭自身的奋斗，战胜一切困难、化解一切挑战。党不仅能够坚持真理，而且勇于修正自身错误，当社会发展的道路出现曲折，我们依靠党中央力挽狂澜，展示出自身强大的力量。

在改革开放和社会主义现代化建设新时期，中国的发展开始逐渐进入市场经济的环境，这对党领导中国建设及其自身发展提出了新的考验。国际环境的风云变化也对党的领导提出挑战，中国共产党始终牢牢把握住中国特色社会主义的前进方向，与各方面困难顽强斗争，有效应对各种挑战，成功地捍卫和发展了中国特色社会主义。

党的十八大以来，中国特色社会主义进入新时代，敢于斗争和对党忠诚是紧密联系的，比如在各种考验面前能不能坚持党的领导，坚决维护党中央权威和集中统一领导，在任何挑战下自觉在思想上政治上行动上同党中央保持高度一致。

中国共产党靠斗争赢得过去，更要靠斗争赢得未来。在新的赶考之路上，只要把握新的伟大斗争的历史特点，抓住和用好历史机遇，下好先手棋、打好主动仗，发扬斗争精神，增强斗争本领，凝聚起全党全国人民的意志和力量，就一定能够战胜一切可以预见和难以预见的风险挑战。

<h2 style="text-align:center">九</h2>

坚持统一战线是中国共产党克敌制胜的重要法宝，也是党执政兴国的重要法宝。

一百多年来，中国共产党始终坚持大团结大联合，团结一切可以团结的力量，调动一切可以调动的积极因素，促进政党关系、民族关系、宗教关系、阶层关系、海内外同胞关系和谐，最大限度凝聚起共同奋斗的力量。

中国共产党成立之初，就把统一战线摆在重要位置。在1922年发表的《中国共产党对于时局的主张》中，中国共产党明确主张建立民主主义的联合战线，反对共同的敌人，使中国人民从帝国主义和封建军阀的双重压迫下解放出来。

1939年12月，毛泽东撰写《中国革命和中国共产党》、论述新民主主义理论时指出："中国无产阶级应该懂得：他们自己虽然是一个最有觉悟性和最有组织性的阶级，但是如果单凭自己一个阶级的力量，是不能胜利的。而要胜利，他们就必须在各种不同的情形下，团结一切可能的革命阶级和阶层，组织革命的统一战线。"1947年12月，毛泽东在《目前形势和我们的任务》报告中，进一步指出："中国新民主主义的革命要胜利，没有一个包括全民族绝大多数人口的最广泛的统一战线，是不可能的。"统一战线被毛泽东称为中国共产党事业成功的"三大法宝"之一。

在新民主主义革命时期，中国共产党相继建立了反帝反封建的国民革命联合战线、工农民主统一战线、抗日民族统一战线和人民民主统一战线，不断赋予统一战线新的时代内涵，不断提高领导统一战线的工作能力，为取得新民主主义革命的胜利调动了一切可以调动的积极因素，为党和国家的事业胜利提供了重要保障。

在社会主义革命和建设时期，为了建立社会主义制度，党领导人民成功进行了三大改造，把改造所有制与改造民族资产阶级结合起来，以人民政治协商会议作为统一战线的组织形式，提出中国共产党同民主党派实行"长期共存，互相监督"的方针，最广泛地团结了全国的人民群众建设社会主义。在党的统一战线政策感召下，一大批科技人才、文化人才等纷纷投身祖国建设，肩负起包括研制

"两弹一星"在内的科研重任,为国家发展作出历史性贡献。

在改革开放和社会主义现代化建设新时期,中国共产党顺应历史潮流,提出爱国统一战线,并把党正确处理和各民主党派相互关系的方针发展为"长期共存,互相监督,肝胆相照,荣辱与共"。通过坚持和扩大爱国统一战线,中国共产党为了推动祖国统一相继取得了两岸达成"九二共识"、香港回归、澳门回归等重大历史性成就。

党的十八大以来,通过设立中央统战工作领导小组、召开中央统战工作会议、发布《中国共产党统一战线工作条例》,以习近平同志为核心的党中央全面加强对统一战线工作的全面领导。

新时代、新任务、新征程,统一战线面临的形势更加复杂、肩负的任务更加繁重、发挥的作用更加重要。只要我们不断巩固和发展各民族大团结、全国人民大团结、全体中华儿女大团结,铸牢中华民族共同体意识,形成海内外全体中华儿女心往一处想、劲往一处使的生动局面,就一定能够汇聚起实现中华民族伟大复兴的磅礴伟力。

十

坚持自我革命是党始终成为伟大事业领导核心的重要途径。自我革命精神是党永葆青春活力的强大支撑。

强大的政党是在自我革命中锻造出来的。勇于自我革命是中国共产党区别于其他政党的显著标志。中国共产党历经千锤百炼而朝气蓬勃,一个重要原因就是始终坚持党要管党、全面从严治党,始终坚持真理、修正错误,确保我们党在历史进程中始终走在时代前列,始终成为全国人民的主心骨。

中国共产党作为中国工人阶级的先锋队组织,必须走在阶级前列,走在时代前列,永葆先进性和纯洁性。然而在实践中,由于受世情、国情、党情等深刻变化影响,党始终面临各种风险挑战,弱化党的先进性、纯洁性因素始终存在。因此,党的事业推进到哪个历史阶段,党的建设就要跟进到哪个历史阶段。

在新民主主义革命时期,中国共产党高度重视加强党的建设,通过制定并修正党章、坚持和完善党的民主集中制、加强全党的思想政治教育、开展整风整党运动加强党性锻炼等方式,推动党自身的进步,完善党自身的不足,提高党领导中国革命的能力和水平。

并且依靠加强党的建设，不断地巩固和加强了党对各方面革命事业的领导。

在社会主义革命和建设时期，为了提高全党的党性修养，适应全国执政的新形势，党中央多次开展整风整党运动，纯洁了党的队伍，提高了党组织的战斗力，密切了与群众的联系，有力推动了社会主义制度在新中国的确立。1956年党的八大着重强调执政党的建设问题，邓小平所作的《关于修改党的章程的报告》对执政党提出了更高的要求，确定了加强执政党的建设的正确路线和方针。

在改革开放和社会主义现代化建设新时期，党中央对推进党的建设进行了新的探索，不断加强党的领导，不断推进党的自我革新。十一届三中全会在全党重新确立了正确的政治路线和组织路线，为把党建设成为领导社会主义现代化建设的坚强领导核心奠基。通过不断加强对四项基本原则的贯彻落实，提高全党的政治觉悟和政治能力。党中央还与时俱进地制定新的党章，规范党内政治生活，恢复和加强党的民主集中制，成功捍卫、坚持和发展了中国特色社会主义事业。

党的十八大以来，在以习近平同志为核心的党中央领导下，全面从严治党取得显著成效，党的自我净化、自我完善、自我革新、自我提高能力显著增强，管党治党宽松软状况得到根本扭转，反腐败斗争取得压倒性胜利并全面巩固。

习近平总书记在党的十九届六中全会第二次全体会议上的讲话阐释了"窑洞之问"的第二个答案：我们党历史这么长、规模这么大、执政这么久，如何跳出治乱兴衰的历史周期率？毛泽东同志在延安的窑洞里给出了第一个答案，这就是"只有让人民来监督政府，政府才不敢松懈"。经过百年奋斗特别是党的十八大以来新的实践，中国共产党又给出了第二个答案，这就是自我革命。

先进的马克思主义政党不是天生的，而是在不断自我革命中淬炼而成的。中国共产党历经百年沧桑更加充满活力，其奥秘就在于始终坚持真理、修正错误。党的伟大不在于不犯错误，而在于从不讳疾忌医，积极开展批评和自我批评，敢于直面问题，勇于自我革命。

在新的赶考之路上，只要中国共产党不断清除一切侵蚀党的健康肌体的病毒，就一定能够确保党不变质、不变色、不变味，确保党在新时代坚持和发展中国特色社会主义的历史进程中始终成为坚强领导核心。

第六章

坚持全心全意为人民服务的根本宗旨

考 题

为什么人的问题,是一个根本的问题、原则的问题,是检验一个政党、一个政权性质的试金石?全心全意为人民服务,是我们党区别于其他一切政党的根本标志。

习近平总书记指出

前进道路上,全党要坚持全心全意为人民服务的根本宗旨,树牢群众观点,贯彻群众路线,尊重人民首创精神,坚持一切为了人民、一切依靠人民,从群众中来、到群众中去,始终保持同人民群众的血肉联系,始终接受人民批评和监督,始终同人民同呼吸、共命运、心连心。

——2022年26日至27日,习近平总书记在省部级主要领导干部"学习习近平总书记重要讲话精神,迎接党的二十大"专题研讨班上的讲话

1944年9月8日，毛泽东出席了一个普通士兵的追悼会。这个普通士兵就是张思德，中共中央警备团的一名普通战士。1944年9月5日，29岁的张思德在陕北安塞县山中烧炭，因炭窑崩塌而牺牲。毛泽东听说后，亲自出席中央警备团为张思德举行的追悼会。一个最高统帅为什么要参加一个普通战士的追悼会？正如毛泽东在《为人民服务》的讲演中所说："我们都是来自五湖四海，为了一个共同的革命目标，走到一起来了。"这个共同目标就是全心全意为人民服务。

在讲演中，毛泽东还特别强调："我们的共产党和共产党所领导的八路军、新四军，是革命的队伍。我们这个队伍完全是为着解放人民的，是彻底地为人民的利益工作的。张思德同志就是我们这个队伍中的一个同志。"

在这里，毛泽东把为人民服务的重要性，提到了前所未有的高度：

"为人民利益而死，就比泰山还重；替法西斯卖力，替剥削人民和压迫人民的人去死，就比鸿毛还轻。张思德同志是为人民利益而死的，他的死是比泰山还要重的。"

"全心全意为人民服务"是中国共产党始终坚持的根本宗旨。在一百多年的历程中，党始终坚持开展斗争为人民、依靠人民闹革命，在人民的帮助、支持下，一次次化险为夷、绝处逢生，从弱小走向壮大。践行全心全意为人民服务的宗旨，就要在任何时候都必须把人民利益放在第一位，把实现好、维护好、发展好最广大人民根本利益作为一切工作的出发点和落脚点。

一、坚持人民至上的价值取向

中国共产党百年成就的取得，最根本的原因在于中国共产党坚持了中国化时代化马克思主义的指导。中国化时代化马克思主义为什么行，最根本的是坚持了人民至上的立场和逻辑。

中国共产党的第三个历史决议从十个方面总结了党的百年成功

经验，其中一条就是坚持"人民至上"，强调"党的根基在人民、血脉在人民、力量在人民，人民是党执政兴国的最大底气"，①深刻回答了中国共产党是什么、要干什么的初心使命。

"为什么人的问题，是检验一个政党、一个政权性质的试金石。"②坚持人民至上是中国共产党的根本政治立场。中国共产党的一百多年奋斗史，说到底是一部为人民的根本利益而奋斗的历史。

一

马克思主义是致力于改变人民命运、谋求人类解放的学说。马克思主义群众史观首先肯定了人民群众作为社会历史的主体在推动历史进步中所起的决定性作用。一方面，人民群众作为劳动者，是物质资料的生产主体，通过改进和升级生产工具，促进生产力的提高；另一方面，劳动者的实践为艺术、哲学等精神产品的形成和发展提供动力来源。此外，马克思还肯定了人民群众在社会变革中所起的决定性作用。"历史不过是追求着自己目的的人的活动而已"，③这体现出历史不会自发前进，而是需要人民群众顺应发展规律，发挥主观能动性。

同时，马克思否定社会是单个个人的简单相加。人民群众是历史的创造者，是诸多个人聚集成具有强大合力的群体，在遵循历史发展规律的前提下，推动社会的变革与发展。马克思主义群众史观阐明了人民群众是历史主体，指出了社会发展的终极价值目标是实现每个人自由而全面的发展。

马克思主义群众史观是马克思对社会发展规律的深刻把握，为人民至上理念提供了理论基础，是人民主体思想的精神内核。

习近平总书记在庆祝中国共产党成立100周年大会上的重要讲话中首次提出"把马克思主义基本原理同中国具体实际相结合、同中华优秀传统文化相结合"④，对中华优秀传统文化的地位作了新的阐述。中华五千多年文明孕育了中华优秀传统文化，民本思想是中

---

① 《中共中央关于党的百年奋斗重大成就和历史经验的决议》，《人民日报》，2021年11月17日。

② 《习近平谈治国理政》第三卷，北京：外文出版社，2020年版，第35页。

③ 《马克思恩格斯全集》第二卷，北京：人民出版社，1957年版，第118—119页。

④ 习近平：《在庆祝中国共产党成立100周年大会上的讲话》，《人民日报》，2021年7月2日。

华优秀传统文化宝库中的重要思想资源。回顾历史，商周的《尚书·五子之歌》有言"民惟邦本，本固邦宁"，可见人民对于国家稳定的重要性。春秋战国时期，孟子提出"民贵君轻"，劝诫君主关心、重视、保护人民；荀子提出"水则载舟，水则覆舟"，将君和民的关系比喻为舟和水的关系，也体现了民本思想。西汉时期，贾谊吸取秦亡之教训，认为治国必须施仁义、行仁政。唐朝时期，唐太宗李世民颁布降低赋税的政策来减轻百姓的负担，兴办学校、推崇儒学来加强对民众的教育。明清之际，封建君主专制达到顶峰，但是一批经世致用之士仍能突破君主专制制度、推行民本之策。李贽提出"恒顺于民"，尊重人民的本性、满足人民对物质利益的追求；黄宗羲认为"天下为主，君为客"，阐明了君臣是为天下和百姓服务的道理。由此可见，中国传统民本思想包含了重民利民的内涵，阐明了君主、国家和平民之间的关系。

人民至上理念继承了马克思主义群众史观，传承了中国传统民本思想，切实践行党的根本宗旨，推动了马克思主义中国化时代化。

二

马克思主义中国化时代化的整个发展历程，就是坚持人民主体地位，发挥人民群众的力量，解决中国实际问题，不断满足广大人民群众切身利益的过程。

从中国共产党成立起，党就把人民放在心中最高的位置，为国家的独立、中国人民的解放，为人民过上幸福的日子而不懈斗争。毛泽东强调："真正领会马克思列宁主义的立场、观点和方法""应用了它去深刻地、科学地分析中国的实际问题，找出它的发展规律"。[1]

在延安时期，毛泽东就提出："我们是站在无产阶级的和人民大众的立场"，[2]"一切空话都是无用的，必须给人民以看得见的物质福利……我们的第一个方面的工作并不是向人民要东西，而是给人民以东西"。[3]

---

[1]《毛泽东选集》第三卷，北京：人民出版社，1991年版，第814页。
[2]《毛泽东选集》第三卷，北京：人民出版社，1991年版，第848页。
[3]《毛泽东文集》第二卷，北京：人民出版社，1993年版，第467页。

1944年至1945年，作为美军观察组成员的谢伟思在实地考察后，如此评价延安：民众官兵打成一片，路无乞丐，家鲜赤贫，服装朴素，男女平等。整个地区如一校园，青春活泼，民主模范，"与重庆相比是另一世界"。

"军民本是一家人，根根叶叶心连心；人说母子亲又亲，这比母子要亲十分。"当年边区群众秧歌队的一首《花鼓词》，将鱼水情深描绘得淋漓尽致。

在侯家沟，有段往事家喻户晓。

1944年冬天，毛泽东听说侯家沟的妇女不生孩子，就找来延安市委书记张汉武要求查验村里的水质。"群众疾苦不是小事！"在他的指示下，井水经过处理，村里又传来新生儿的啼哭。

延安当年是"只见公仆不见官"，和国统区"前方吃紧，后方紧吃"对比鲜明。

党的七大将"中国共产党人必须具有全心全意为中国人民服务的精神"①写入党章，作为党的根本宗旨。毛泽东在马克思主义中国化时代化进程中不仅坚持全心全意为人民服务的宗旨，还强调发挥人民主体性的重要性。毛泽东指出："人民，只有人民，才是创造世界历史的动力。"②毛泽东的人民立场也体现在"从群众中来，到群众中去"党的群众路线之中。群众路线是毛泽东思想的活的灵魂。毛泽东指出："在我党的一切实际工作中，凡属正确的领导，必须是从群众中来，到群众中去"，并强调"如此无限循环，一次比一次地更正确、更生动、更丰富。这就是马克思主义的认识论"。③

在毛泽东思想的指导下，中国人民完成了新民主主义革命、社会主义革命、社会主义建设的重大课题。新民主主义革命的性质是无产阶级领导的，人民大众的，反对帝国主义、封建主义和官僚资本主义的革命。中国共产党领导中国人民从此站立起来。在社会主义革命和社会主义建设时期，党领导人民建立社会主义基本制度，为人民当家做主提供了制度保证。

改革开放和社会主义现代化建设新时期，党面临的主要任务是

---

①《建党以来重要文献选编（一九二一——一九四九）》第二十二册，北京：中央文献出版社，2011年版，第535页。

②《毛泽东选集》第三卷，北京：人民出版社，1991年版，第1031页。

③《毛泽东选集》第三卷，北京：人民出版社，1991年版，第899页。

大力发展生产力,使人民摆脱贫穷落后,走上富裕的道路,为实现社会主义现代化奠定雄厚的物质基础。党的十一届三中全会以后,以邓小平为主要代表的中国共产党人,回答了"什么是社会主义、怎样建设社会主义"重大课题,创立了邓小平理论。邓小平理论坚持解放思想,实事求是,明确提出走自己的路、建设中国特色社会主义,科学回答了建设中国特色社会主义的一系列基本问题,成功开创了中国特色社会主义道路。

人民立场贯穿于邓小平理论的形成与发展之中,邓小平理论以经济建设为重点,坚持四项基本原则,坚持改革开放,把改善人民群众的物质文化生活作为发展中国特色社会主义的出发点和立足点,把共同富裕看成社会主义最大的优越性,作为社会主义的本质特征。邓小平强调:"社会主义的优越性归根到底要体现在它的生产力比资本主义发展得更快一些、更高一些,并且在发展生产力的基础上不断改善人民的物质文化生活。"[①]邓小平高度重视人民群众的首创精神,他指出:"改革开放中许许多多的东西,都是群众在实践中提出来的……这是群众的智慧,集体的智慧。"[②]

改革开放的初期,邓小平提出了"三个有利于的标准",即是否有利于发展社会主义社会的生产力,是否有利于增强社会主义国家的综合国力,是否有利于提高人民的生活水平。这些判断都离不开人民这个主体。

党的十八大以来,中国特色社会主义进入新时代。党的十八届五中全会提出"以人民为中心"的发展思想,强调集中精力把经济建设搞上去,把人民对美好生活的向往作为奋斗目标。党的十九大报告把"以人民为中心"作为新时代中国特色社会主义基本方略正式提了出来。党的十九届六中全会通过的《中共中央关于党的百年奋斗重大成就和历史经验的决议》明确提出"坚持人民至上"作为十个方面宝贵历史经验之一。

党的二十大报告提出:"必须坚持人民至上。人民性是马克思主义的本质属性,党的理论是来自人民、为了人民、造福人民的理论,人民的创造性实践是理论创新的不竭源泉。一切脱离人民的理论都是苍白无力的,一切不为人民造福的理论都是没有生命力的。

---

① 《邓小平文选》第三卷,北京:人民出版社,1993年版,第63页。
② 《邓小平年谱(一九七五——一九九七)》下卷,北京:中央文献出版社,2004年版,第1350页。

我们要站稳人民立场、把握人民愿望、尊重人民创造、集中人民智慧，形成人民所喜爱、所认同、所拥有的理论，使之成为指导人民认识世界和改造世界的强大思想武器。"①

习近平新时代中国特色社会主义思想的人民至上主要内容，可以概括为人民是目的，一切为了人民；人民是主体，一切依靠人民；人民是根基，执政扎根于人民；人民是尺度，人民评价至上。因此，习近平总书记强调："以人民为中心的发展思想，不是一个抽象的、玄奥的概念，不能只停留在口头上、止步于思想环节，而要体现在经济社会发展各个环节。"②人民至上理念四个方面的内容贯穿于习近平总书记谈治国理政的基本方略之中，成为习近平新时代中国特色社会主义思想的根本价值立场和价值导向。

三

坚持人民至上是中国共产党取得历史成就的力量源泉。

新民主主义革命时期，面对当时民不聊生的中国，中国共产党人肩负起实现民族独立和人民解放的重大使命，团结带领广大军民进行伟大的革命斗争，体现了"战争的伟力之最深厚根源，存在于民众之中"的人民战争思想。

土地革命战争时期，中国共产党充分动员人民群众，建立了第一个农村革命根据地——井冈山革命根据地，井冈山的星星之火点燃了全国的革命志士，给国民党的腐败统治以沉重打击。

抗日战争爆发后，中国共产党率先举起全民族抗战大旗，在瓦窑堡会议上提出建立抗日民族统一战线，并于1936年发表了《停战议和一致抗日通电》，促进了国共二次合作；而后又在洛川会议上制定全民族抗战路线即人民战争路线，提出了《抗日救国十大纲领》，并且团结人民开辟广大的敌后战场，带领八路军、新四军和广大人民群众反抗日本侵略者，发挥了中流砥柱的作用，取得了抗日战争的彻底胜利。

解放战争时期，面对蒋介石集团发动的反人民内战，中国共产

---

① 习近平：《高举中国特色社会主义伟大旗帜 为全面建设社会主义现代化国家而团结奋斗——在中国共产党第二十次全国代表大会上的报告》，新华社，2022年10月25日。

②《十八大以来重要文献选编》下卷，北京：中央文献出版社，2018年版，第168页。

党始终不渝地站在人民的一边，领导人民军队，打人民战争，誓死捍卫人民利益，为取得新民主主义革命胜利和新中国成立立下了不朽功勋。

社会主义革命和建设时期，党面临的主要任务是建立社会主义制度和改变国家落后面貌，实现国家从百废待兴的新民主主义社会到拥有比较完整的国民经济体系的社会主义社会的兴国目标。为此，党在1951年年底团结人民开展"三反""五反"运动，而后在1953年制订了第一个五年计划，同时开始对农业、手工业和资本主义工商业进行社会主义改造，这一系列举措维护了人民利益，密切了党群关系，获得了广大人民群众的支持与拥护。与此同时，人民当家做主的思想也在实践中进一步发展。1954年我国召开了第一届全国人民代表大会，制定了《中华人民共和国宪法》，确立了人民代表大会制度，保证了人民当家做主的权利，符合人民群众的根本利益。在三大改造和第一个五年计划相继完成之后，社会主义制度在我国确立起来，同时国民经济也逐步发展。在而后的近二十年间，党虽然走过一些弯路，但仍秉承着为人民奋斗、为人民服务的理念，继续领导和团结全国各族人民建立了比较独立完整的工业体系和国民经济体系，改变了我国"一穷二白"的面貌，特别是在科研攻关上取得重大突破，原子弹、氢弹先后爆炸成功，导弹、卫星成功发射，成绩斐然。

改革开放与社会主义现代化建设时期，我国经济实力大大提高，人民生活明显改善，综合国力显著增强，究其深层原因，仍是中国共产党坚持人民至上，践行以人为本，不断推进党的人民观向纵深发展。作为改革开放总设计师的邓小平，将"人民高不高兴""人民满不满意""人民拥不拥护"作为党制定路线方针政策的立足点和出发点，作出了改革开放的重大决策，并阐述了社会主义的本质是实现全体人民共同富裕。在全方位的改革开放中，针对农村实行家庭联产承包责任制，调动了农民的积极性，解放了农村的生产力。针对城市发展商品经济，同时扩大企业自主经营权。在对外开放中，通过不断引资引技、创办特区，巩固和发展了中国特色社会主义。党的十三届四中全会以后，江泽民同志在带领全国各族人民奔向新世纪的进程中，提出了"三个代表"重要思想，强调中国共产党要始终代表中国最广大人民的根本利益。党的十六大以后，胡锦涛同志面对新世纪社会主义现代化建设的要求，孜孜不倦，奋勇向前，在实践的基础上提出了"科学发展观"，并阐述了其核心立场就是以人为本。这一时期中国的高速发展，实现了从生产力相对落后到经济总量世界第二的历史性突破，"实现了人民生活从温饱不足到总体小康、奔向全面小康的历史跨越，推进了中华民族从站起来到富起来的伟大飞跃"。①

中国特色社会主义进入新时代以来，党的人民观进一步发展。以习近平同志为核心的党中央秉承人民至上的坚实理念，打造践行党的根本宗旨的生动样本，助推新时代强国之梦迈上新台阶。

2021年7月1日，习近平总书记在庆祝中国共产党成立100周年大会上的讲话中指出："江山就是人民、人民就是江山，打江山、守江山，守的是人民的心。"②这一重大论断极大丰富了马克思主义人民观的内涵。在实践中，中国共产党人坚持以人民为中心，常思百姓疾苦，常谋富民之策，把为老百姓做了多少好事实事、老百姓满不满意作为检验政绩的重要标准，坚持发展为了人民、发展依靠人民、发展成果由人民共享，不断推进共同富裕，人民生活水平得到进一步提高。面对贫困堡垒，中国共产党坚定"'一个都不能少'的决心"，带领人民群众打赢了历史上规模最大、力度最强的脱贫攻坚战，夺取了全面脱贫的伟大胜利，实现了全面建成小康社会的宏伟目标，开启了全面建设社会主义现代化国家新的征程，向实现中华民族伟大复兴的中国梦又迈进了坚实的一步，中华民族迎来了从站起来、富起来到强起来的伟大飞跃。

二、尊重人民首创精神

1960年5月27日，毛泽东会见英国陆军元帅蒙哥马利时，就国际局势等问题进行了广泛交谈。蒙哥马利回国后，在6月12日《星期日泰晤士报》发表《我同毛的会谈》一文，明确指出："毛泽东的基本哲学非常简单——人民起决定作用。"他还讲述了自己两次访华的不同感受：30多年前，"旧中国受着外来侵略和内部封建

---

① 《中共中央关于党的百年奋斗重大成就和历史经验的决议》，中国政府网，2021年11月16日。

② 习近平：《在庆祝中国共产党成立100周年大会上的讲话》，中国政府网，2021年7月15日。

主义的双重压迫,国家贫穷落后,广大人民一贫如洗";而今,"中国人人都充满干劲,都决心为祖国的繁荣而努力,50年后中国将成为一个强大的国家"。①

可以说,蒙哥马利的观察是深入的,评价是中肯的,判断也是正确的。回顾百年奋斗史,中国共产党取得的所有成果都是紧紧依靠人民群众共同奋斗的结果,坚持人民主体地位,尊重和发挥人民群众的首创精神,是中国共产党长期的实践与历史经验。

一

二十世纪六十年代初,浙江省诸暨市枫桥镇在社会主义教育运动中创造"发动和依靠群众,坚持矛盾不上交,就地解决,实现捕人少,治安好"的"枫桥经验"。

1963年11月,毛泽东亲笔批示"要各地仿效,经过试点,推广去做"。随后,中央又两次对"枫桥经验"作了批转。

由此,"枫桥经验"得到不断发展,形成了具有鲜明时代特色的"党政动手,依靠群众,预防纠纷,化解矛盾,维护稳定,促进发展"的枫桥新经验,成为中国共产党尊重和发挥人民群众的首创精神的典范。

所谓首创精神,本质上是一种开拓进取、勇于创新的精神。纵观人类发展史,创新始终是推动人类社会发展进步的重要力量,人民群众的伟大实践和创造,为党和国家事业的发展提供了强大动力和不竭源泉。

马克思主义群众史观认为,人民群众是真正的英雄,是推动社会发展的根本力量。中国共产党作为马克思主义执政党始终强调坚持人民主体地位,在实践中尊重和发挥人民群众的首创精神,这不仅是党的群众路线和群众观点的内在要求,也是党的宗旨的根本所在。

中国共产党自成立以来,始终坚持将马克思主义群众观点创造性地运用于实际工作之中,坚持人民主体地位,全心全意为人民服

---

① 《毛泽东年谱(1949—1976)》第四卷,北京:中央文献出版社,2013年版,第401—403、第423—424页。

务，逐步形成了一切为了群众，一切依靠群众，从群众中来，到群众中去的群众路线。毛泽东指出："将群众的意见集中起来，又到群众中去作宣传解释，化为群众的意见，使群众坚持下去，见之于行动，并在群众行动中考验这些意见是否正确。然后再从群众中集中起来，再到群众中坚持下去。如此无限循环，一次比一次更正确、更生动、更丰富。这就是马克思主义的认识论。"①

马克思恩格斯创立的唯物史观明确提出了"人民群众创造历史"的历史唯物主义基本原理。马克思主义群众史观是理解人民历史创造者地位的重要前提。

第一，马克思主义群众史观是科学的实践观。马克思以科学的实践观为基础，把人的活动首先理解为物质资料的生产活动，把历史理解为物质生产实践基础上人类活动的展开。能动的主体有意识、有目的地改造客体使之满足主体需要的首要实践形式，构成人的存在方式和社会生活的本质。

第二，历史活动有其特殊规律。历史活动要求把个体的历史纳入整体的历史中加以考察。因此，"人民群众"这一范畴代表社会成员中的绝大多数，是社会中的个体以某种社会关系为纽带而结成的社会集合体，而非原子式个人。

第三，人民群众历史创造者地位是就人民群众与历史关系的性质而言的。不同社会主体对历史发展的贡献不一，但人民群众是社会存在中的积极因素。唯物主义群众史观认为，人民群众既是社会物质财富的创造者，也是社会精神财富的创造者，更是推动社会变革的决定性力量。

二

尊重和发挥群众首创精神，最重要的是坚持人民主体地位，紧紧依靠广大人民群众进行社会革命。

中国共产党的百年奋斗历史，是一部党与人民群众的关系史，党的群众路线是贯穿于其中的一条红线，是中国共产党领导中国社会主义革命、建设与改革的重要法宝。党的一切组织与一切工作同群众相结合，肯定与尊重人民群众的创造精神并带领人民群众前进。

---

① 《毛泽东选集》第三卷，北京：人民出版社，1991年版，第899页。

早在中国共产党成立之前,毛泽东就认识到了民众的力量。1919年7月14日,他在《湘江评论》创刊宣言中鲜明地提出:"什么力量最强?民众联合的力量最强。"①随后,又在该刊第二至第四号连载《民众的大联合》一文,阐述民众大联合是改造国家、改造社会的根本方法,并热情称颂俄国十月革命的胜利,"俄罗斯打倒贵族,驱逐富人,劳农两界合立了委办政府,红旗军东驰西突,扫荡了多少敌人,协约国为之改容,全世界为之震动",而在中国则"异军突起,更有中华长城渤海之间,发生了五四运动"。强调中华民族有伟大的能力进行改革,"压迫愈深,反动愈大,蓄之既久,其发必速",工人、农民、学生、教师、警察、车夫各色人等应该联合起来,仿效别国的方法进行革命。②

作为中国工人阶级的先锋队,中国共产党自成立那天起,就以马克思主义为理论基础和指导思想,就把唯物史观作为"吾党哲学的根据",③而坚持唯物史观就必须坚持群众史观,走群众路线。

在领导革命斗争的过程中,毛泽东更加深刻认识和高度评价人民群众的历史作用,提出了"人民,只有人民,才是创造世界历史的动力"的著名论断。

土地革命战争时期,中国共产党在对革命道路的艰辛探索中,开始提出"群众路线"的概念,标志着党的群众路线的初步形成。在反"围剿"的艰苦环境中,以毛泽东为代表的共产党人进一步深化对群众路线的认识和实践,将其重要性的认识提高到关系思想路线、经济工作、战略战术、政权建设等方面的高度。

在创建井冈山革命根据地之初,毛泽东就明确提出革命军队应当担负起三大任务:"第一,打仗消灭敌人;第二,打土豪筹款子;第三,做群众工作。"④自古以来,人们总是认为军队的任务就是打仗,但毛泽东把群众工作摆在同等重要的位置,对人民军队和革命事业发展产生了深远影响。1928年11月28日,中共中央在给共产国际的报告中也讲道:"惟朱毛在湘赣边境所影响之赣西数县

---

①《毛泽东选集》第一卷,北京:人民出版社,1991年版,第136—137页。

② 王贤选、何三苟:《中央苏区反经济封锁的片断回忆》,南昌:江西人民出版社,1981年版,第389页。

③《毛泽东文集》第一卷,北京:人民出版社,1993年版,第4页。

④《毛泽东传(1893—1949)》,北京:中央文献出版社,2004年版,第174页。

土地革命确实深入了群众。"①

基于深入的思考,毛泽东后来在《论联合政府》中进一步提出"人民,只有人民,才是创造世界历史的动力"的著名论断。②要让全党同志深刻认识到:"只要我们依靠人民,坚决地相信人民群众的创造力是无穷无尽的,因而信任人民,和人民打成一片,那就任何困难也能克服,任何敌人也不能压倒我们,而只会被我们所压倒。"③

抗日战争时期,中国共产党的群众路线日臻成熟。毛泽东在《关于领导方法的若干问题》中,从马克思主义认识论的高度界定了"从群众中来,到群众中去"④的含义,这一循环往复的认识过程体现了人民群众的实践和认识主体地位,表达了党对群众意见、群众行动的高度珍视。

1946年8月6日,毛泽东和美国记者安娜·路易斯·斯特朗谈话时指出:"一切反动派都是纸老虎。"毛泽东列举俄国沙皇和德国的希特勒、意大利的墨索里尼以及日本帝国主义的例子,来说明这些反动力量从表面上看是强大的,但从本质上看,"真正强大的力量不是属于反动派,而是属于人民"。

毛泽东在党的七大闭幕词中指出:"党的路线,这就是放手发动群众,壮大人民力量,在我党的领导下,打败日本侵略者,解放全国人民,建立一个新民主主义的中国。"⑤毛泽东曾经反复强调:"我们应当相信群众,我们应当相信党,这是两条根本的原理。如果怀疑这两条原理,那就什么事情也做不成了。"⑥

1947年12月25日,在中国革命进入夺取全国胜利的前夜,毛泽东在陕北米脂县杨家沟作题为《目前形势和我们的任务》的报告,向全党同志明确提出:我们清醒地知道前进道路上会有种种障碍和困难,"只要我们能够掌握马克思列宁主义的科学,信任群众,紧紧地和群众一道,并领导他们前进,我们是完全能够超越任何障

---

①《毛泽东传(1893—1949)》,北京:中央文献出版社,2004年版,第196页。
②《毛泽东选集》第三卷,北京:人民出版社,1991年版,第1031页。
③《毛泽东选集》第三卷,北京:人民出版社,1991年版,第1096页。
④《中国共产党第十九届中央委员会第五次全体会议文件汇编》,北京:人民出版社,2020年版,第899页。
⑤《毛泽东选集》第三卷,北京:人民出版社,1991年版,第1101页。
⑥《毛泽东文集》第六卷,北京:人民出版社,1999年版,第423页。

碍和战胜任何困难的，我们的力量是无敌的"。①在新民主主义革命的每一个重大历史关头，中国共产党都紧紧依靠人民，经过28年浴血奋战，终于实现了民族独立、人民解放。

中华人民共和国成立后，为防止党执政后党内滋生不良作风、脱离群众，党以高度的自觉性和责任感继续贯彻党的群众路线。毛泽东经常教育干部，要尊重群众的智慧。他说："不反映人民群众的要求，哪一个人也不行。要在人民群众那里学得知识，制定政策，然后再去教育人民群众。"②经过人民群众广泛参与社会主义建设，我们建立起了独立、比较完整的工业体系和国民经济体系，积累了现代化建设的重要经验。

党的十一届三中全会后，在正确的思想路线的指引下，在改革开放的伟大实践中，党的群众路线得到更好的发展。特别是随着改革开放的深入，中国共产党在新的实践中继续坚持尊重人民主体地位和首创精神的原则。邓小平指出："我们搞四个现代化，因为经验不足，会面临多方面的困难……这些问题，归根到底，只有相信群众，依靠群众，充分走群众路线，才能够得到解决。"③

从籍籍无名的木兰村，到众所周知的小岗村、华西村……改革开放以来，正是这一个个在全国地图上难以标出的"小地方"，正是普普通通的亿万人民群众，在波澜壮阔的改革进程中，迸发出澎湃的改革激情和无穷的创造活力，冲破了一重重旧体制桎梏，破解了一道道发展难题。

从"大包干"、乡镇企业异军突起到集体林权制度改革，从"三来一补"、农民工进城到"温州模式"，人民群众的首创精神推动了一次又一次制度创新，成为改革的"原动力"。

1978年的风呜咽着从江淮大地吹过。那一年，安徽出现百年不遇的大旱灾，河水断流，水库干涸，土地大面积抛荒。

时任省委第一书记的万里召开省委常委会，决定允许农民"借地度荒"，谁种谁收谁有，国家不征粮，不分配统购任务。

"借地度荒"限定每人三分地，但这个口子一开，一些地方很

---

①《毛泽东选集》第四卷，北京：人民出版社，1991年版，第1260页。
②《毛泽东文集》第八卷，北京：人民出版社，1999年版，第324页。
③邓小平：《高级干部要带头发扬党的优良传统》（1979年11月2日），《邓小平文选》第二卷，北京：人民出版社，1994年版，第230页。

快突破了限额。而且，第二年初春，尝到甜头的农民不仅不准备退地，还纷纷要求"就汤下面"，以户承包。

怎么看？怎么干？人们在激烈争论、谨慎观望。不过很快，一件"石破天惊"的大事发生了。人们发现，1978年冬小岗18个农民已经秘密分田到户、包干到户，而且第二年获得大丰收，"讨饭队"变成了"冒尖队"。

星星之火终成燎原之势。1982年，第一个中央一号文件为包产到户和包干到户正名。1983年，家庭联产承包责任制作为农村改革的一项战略决策正式确立下来。

让18个农民万万想不到的是，仅仅是出于"填饱肚子"这种原始冲动的冒险尝试，却在无意间让小岗成为中国农村改革发源地，使"包产到户"成为史诗般中国改革开放的序幕。

历史表象的背后，往往是多种复杂因素的激烈碰撞。在经历了十年曲折后，彼时的社会和人心正酝酿着一股变革的热望与激情。而农民又一次扮演了历史的关键力量，推倒了农村改革的第一面骨牌，自下而上引发了一场社会大变革。终于，农民创造力与国家意志力交织并行、桴鼓相应，共同开启了大变革时代。

邓小平曾说："农村搞家庭联产承包，这个发明权是农民的。农村改革中的好多东西，都是基层创造出来，我们把它拿来加工提高作为全国的指导。"[1]

从人民公社体制束缚中解放出来的农民，焕发出巨大的活力，中国农业连续六年大丰收。几乎与此同时，一个在世界经济史上也堪称奇迹的事件正在酝酿、爆发，那就是中国所独有的乡镇企业"异军突起"。鼎盛时期，乡镇企业工业增加值占到全国近半，实缴国家税金占全国税收总额的五分之一。

邓小平曾如此描述乡镇企业崛起："乡镇企业容纳了50%的农村剩余劳动力。那不是我们领导出的主意，而是基层农业单位和农民自己创造的。"[2]

---

[1]《邓小平文选》第三卷，北京：人民出版社，1993年版，第382页。
[2]《邓小平年谱：1975—1997》下卷，北京：中央文献出版社，2004年版，第1203—1204页。

这场社会大变革发端于农村，很快就"燃烧"到全国经济、政治、思想方方面面。如果用一句形象的话来描述，那就是"杀出一条血路来"；其标志性的地点，就是深圳。

1978年，"深圳"还是明朝永乐八年史籍上一个不起眼儿的名字，那个标志地点还叫作"宝安"。5月的一天，当时的广东主政者习仲勋路过南岭村，看到耕地都没人种，而当时很多人偷渡外逃，甚至说"死了之后骨灰都不要吹回这边来"。这位枪林弹雨闯过来的老人潸然泪下，他说："这个不怪你们，是我们没把老百姓的生活搞好。"

第二年，在向邓小平汇报时，习仲勋提出划一块"贸易合作区"，作为华侨、港澳同胞和外商的投资场所。邓小平说："还是叫特区好，陕甘宁开始就叫特区嘛！中央没有钱，可以给些政策，你们自己去搞，杀出一条血路来。"

曾经当过陕甘边特区苏维埃政府主席，带领农民分田地、建政权的习仲勋，又亲手推动了与他一生密切相关的第二个"特区"。

从此，"深圳"真正成为深圳，成为"中国速度"的领跑者、"敢为人先"的代名词、"特色道路"的观察窗。

1981年，党的十一届六中全会对群众路线思想进行了回顾与总结，将其作为社会主义事业健康发展的重要保证。党的十二大党章进一步明确了党的群众路线在党的工作中的地位，提出"把党的正确主张变为群众的自觉行动"，[1]形成了中国共产党关于群众路线的完整表达。此后，历届党代会修改过的党章，都基本延续了十二大党章的相关表述并根据实践发展有所丰富。

党的十八大以来，中国共产党立足新形势，不断推动群众路线与时俱进。习近平总书记指出："群众路线本质上体现的是马克思主义关于人民群众是历史的创造者这一基本原理。只有坚持这一基本原理，我们才能把握历史前进的基本规律。只有按历史规律办事，我们才能无往而不胜。历史反复证明，人民群众是历史发展和社会进步的主体力量。"[2]在习近平新时代中国特色社会主义思想的指导下，中国共产党人决战脱贫攻坚，实施精准脱贫战略，决胜全面建成小康社会取得了决定性成就，这充分展现了中国共产党的人

---

[1] 中共中央文献研究室：《十二大以来重要文献选编》，北京：人民出版社，1986年版，第67页。

[2]《习近平谈治国理政》，北京：外文出版社，2014年版，第27页。

民立场和使命担当。

历史和现实都告诉我们,只要紧紧依靠人民、一切为了人民,充分激发广大人民顽强不屈的意志和坚韧不拔的毅力,我们就一定能够不断创造中华民族新的历史辉煌。

三

相信群众是力量的源泉,尊重群众首创精神,就要做群众的学生。

发挥人民主体地位,尊重人民首创精神,及时总结人民群众的实践经验并进行新的理论创造,是中国共产党对理论创新机理与方法的深刻把握和集中体现。

早在战争年代,毛泽东提出的一些战略战术,很多是在总结群众实践经验基础上形成的。他指出,在人民中有很多"诸葛亮""我们应该走到群众中间去,向群众学习,把他们的经验综合起来成为更好的有条理的道理和办法"。[1]

毛泽东在1941年所写的《〈农村调查〉的序言和跋》中指出:"没有满腔的热忱,没有眼睛向下的决心,没有求知的渴望,没有放下臭架子、甘当小学生的精神,是一定不能做,也一定做不好的。""我现在还痛感有周密研究中国事情和国际事情的必要,这是和我自己对于中国事情和国际事情依然还只是一知半解这种事实相关联的",所以我的志愿就是"和全党同志共同一起向群众学习,继续当一个小学生"。[2]1943年11月29日,毛泽东在中共中央招待陕甘宁边区劳动英雄大会上,借用谚语"三个臭皮匠,合成一个诸葛亮",再次指出:"群众有伟大的创造力。中国人民中间,实在有成千成万的'诸葛亮',每个乡村,每个市镇,都有那里的'诸葛亮'。我们应该走到群众中间去,向群众学习,把他们的经验综合起来,成为更好的有条理的道理和办法。"[3]

新中国成立后,以毛泽东为核心的党中央依然坚持相信群众、依靠群众,集中群众的智慧和力量,从而推动党的理论不断发展和创新。毛泽东指出:"中国的主要人口是农民,革命靠了农民的援

---

[1]《毛泽东选集》第三卷,北京:人民出版社,1991年版,第933页。
[2]《毛泽东选集》第三卷,北京:人民出版社,1991年版,第790、第791—792页。
[3]《毛泽东选集》第三卷,北京:人民出版社,1991年版,第933页。

助才取得了胜利,国家工业化又要靠农民的援助才能成功。"①1959年12月,毛泽东读苏联《政治经济学(教科书)》时,批评教科书把群众的斗争只看作重要条件之一的说法,违背了"人民群众是历史创造者"这个马克思主义的原理。"无论如何,不能认为历史是计划工作人员创造的,而不是人民群众创造的。这本书看起来是书生的话,不像革命家的话。"②1964年8月29日,他同尼泊尔教育代表团谈话时说:"力量的来源就是人民群众。不反映人民群众的要求,哪一个人也不行。要在人民群众那里学得知识,制定政策,然后再去教育人民群众。所以要当先生,就得先当学生,没有一个教师不是先当过学生的。而且就是当了教师之后,也还要向人民群众学习,了解自己学生的情况。"③正是在立足于群众实践和吸收群众智慧的基础上,毛泽东写出了许多指导社会主义建设的正确理论。出版四卷本的《毛泽东选集》,是新中国成立后的一项基本理论建设,在全国各族人民中间产生了广泛而深远的影响。对此,毛泽东明确表示:"《毛选》什么是我的! 这是血的著作。""《毛选》里的这些东西,是群众教给我们的,是付出了流血牺牲的代价的。"④

  作为我国改革开放和现代化建设的总设计师,邓小平善于概括群众的经验和创造。他指出:"改革开放中许许多多的东西都是由群众在实践中提出来的。(十四大)报告中讲我的功绩,一定要放在集体领导范围内,绝不是一个人的脑筋就可以钻出什么新东西来,是群众的智慧,集体的智慧。"⑤邓小平关于家庭联产承包责任制和发展乡镇企业的思想、关于社会主义市场经济的选择、关于社会主义分配原则的改进等,都是对人民群众伟大创造的总结概括。以江泽民为核心的党中央领导集体更加强调发挥人民群众的价值主体性作用,他指出,理论创新的源泉在实践,实践的主体是人民群众。理论创新必须尊重人民群众的首创精神,要"不断从人民群众在实践中创造的新鲜经验中吸取营养"。⑥对此,胡锦涛也指

---

① 《毛泽东文集》第六卷,北京:人民出版社,1999年版,第79—80页。

② 《毛泽东年谱(1949—1976)》第四卷,北京:中央文献出版社,2013年版,第279页。

③ 《毛泽东文集》第八卷,北京:人民出版社,1999年版,第324页。

④ 《毛泽东传(1849—1976)》,北京:中央文献出版社,2003年版,第143页。

⑤ 中共中央文献研究室:《邓小平建设有中国特色社会主义论述专题摘编》,北京:中央文献出版社,1995年版,第30—31页。

⑥ 《江泽民文选》第三卷,北京:人民出版社,2006年版,第37页。

出:"最广大人民群众改造世界、创造幸福生活的伟大实践是理论创新的动力和源泉。脱离了人民群众的实践理论创新就会成为无源之水,就不能对人民群众产生感召力、对实践发挥指导作用。"[1]因此,中国特色社会主义理论体系的形成和发展,从某种程度上讲,就是党中央领导集体尊重群众的实践和创造,通过深入细致的调查研究和认真总结经验而取得的理论成果。

党的十八大以来,以习近平同志为核心的党中央坚持以人民为中心的发展思想,把人民主体地位贯穿到治国理政各方面,广泛集中民智民力,充分调动人民的积极性、主动性和创造性,如期实现全面建成小康社会目标,党和国家事业取得历史性成就、发生历史性变革。

习近平总书记指出:"在人民面前,我们永远是小学生,必须自觉拜人民为师,向能者求教,向智者问策。"[2]在脱贫攻坚中,习近平总书记走遍了全国14个集中连片特困地区,考察调研了20多个贫困村,深入贫困家庭访贫问苦,倾听贫困群众意见建议,了解脱贫需求;为做好"十四五"规划编制工作,总书记主持召开7场座谈会,鼓励广大人民群众和社会各界以各种方式为"十四五"规划建言献策;2022年6月,习近平总书记就研究吸收网民对党的二十大相关工作意见建议作出重要指示强调,要善于通过互联网等各种渠道问需于民、问计于民,更好倾听民声、尊重民意、顺应民心……中国共产党始终坚持以人民为中心,不断在总结群众经验、汇聚群众智慧中获得新认识、作出新概括、形成新成果、推动新发展,使作出的决策和决策的执行充分体现民心民意。

四

中国共产党在一百多年奋斗中积累了诸多尊重人民首创精神的宝贵历史经验,能为我们解决新问题提供基本原则和工作思路,但不会为我们提供解决新问题的现成答案。

在新的赶考之上,需要进一步贯彻尊重人民首创精神这一重要原则,需要处理好以下几对关系。

---

[1] 胡锦涛:《在"三个代表"重要思想理论研讨会上的讲话》,《人民日报》,2003年7月2日。

[2] 习近平:《在纪念毛泽东同志诞辰120周年座谈会上的讲话》,新华社,2013年12月26日。

正确处理加强党的全面领导与尊重人民首创精神的关系。历史和人民选择了中国共产党，坚持党的领导是实现中华民族伟大复兴的根本保证。随着我国新型工业化、信息化、城镇化、农业现代化的"并联发展"与"串联发展"不断深入融合，一些传统行业在趋向没落的过程中往往会衍生许多新行业、新业态，利益格局迅速调整所引发的社会问题和社会矛盾必然会呈现出多样化与高频化的特征，中国共产党有必要根据经济社会发展呈现的新特征适时创新群众路线的实现形式，主动化解生产方式变革衍生出的利益矛盾，使人民群众与新生社会阶层更加紧密地团结在周围。

新时代加强党的全面领导，要纠正以资本为中心的创新导向，引领社会实践创新朝着以人民为中心的共同富裕方向发展。要以开放的视野和创新的思维来审视人民群众的创造性实践，及时对人民群众创造性实践呈现出的新特征进行总结、概括、提炼，形成系统化的理论政策，并将中国共产党与时俱进的理论政策转化成人民群众的实践逻辑和奋斗目标，切实从人民群众的首创性实践中获取加强党的全面领导的强大动能。

正确处理尊重客观规律性与发挥主体能动性的关系。尊重客观规律性是正确发挥人民首创精神的现实前提。

中国特色社会主义进入新时代，中国共产党通过对人与自然的交互关系进行深刻反思，创造性提出绿色发展理念，致力于在社会主义现代化道路上重构人与自然的生命共同体关系。

党的十八大以来，中国共产党继续深化探索共产党执政规律、社会主义建设规律、人类社会发展规律，在前进道路上，需要继续深化探索各个领域的具体规律，自觉按照规律办事，增强人民群众实践创新的预见性，有效规避因违背客观规律性或错误发挥主体能动性带来的重大风险。

实践是认识的源泉，实践无止境，认识亦无止境，人们对客观规律性的正确认识需要在不断拓展的实践活动与认识活动中继续深化。要做到尊重客观规律性与正确发挥主体能动性的辩证统一，就必须坚持实事求是。

正确处理实现美好生活的价值目标与激发人民群众内生动力的关系。中国共产党的初心和使命是为中国人民谋幸福、为中华民族谋复兴。中国共产党历来不是空谈初心和使命，而是自觉将它落实到切实为人民群众解决实际困难、改善人民群众的生产生活状况当中。

新时代,我国社会主要矛盾已经转化为人民群众日益增长的美好生活需要同不平衡不充分的发展之间的矛盾,这是关系全局的历史性变化,必然会对党和国家的工作提出许多新要求。

人民群众是美好生活的创造主体,需要尊重人民群众多样化的合理诉求,积极推进供给侧结构性改革,通过更高水准、更加有效的供给满足人民群众更高层次的需求,有序引导人民群众投身美好生活的创造过程。我国虽然已经全面建成了小康社会,但依然存在东西之间、区域之间、城乡之间的发展不平衡、不充分问题。在追求美好生活的过程中,人民群众面临的急难愁盼问题同样会呈现出多样化的趋势,这就需要我们善于倾听群众多方面的合理诉求,通过寻找问题的症结而达成解题共识。

三、保持同人民群众的血肉联系

赤水河,发源于云南镇雄县,绵延于川滇黔边界,在四川西南汇入长江。

1935年1月19日,蒋介石下达《长江南岸围剿计划》,企图将中央红军压迫于川江南岸地区,"合剿而聚歼之"。

参与"合剿"行动的国民党军部队共约四十万人,与湘江战役的总兵力基本相当。而中央红军当时的兵力则只有三万七千余人,虽经过休整,得到补充,但与国民党军的兵力对比不足1:10,力量极其悬殊。

1935年1月至3月,毛泽东指挥红军一渡赤水,摆脱被动;二渡赤水,遵义大捷;三渡赤水,引敌西进;四渡赤水,跳出重围。两个多月的时间,红军四次飞渡赤水河,穿插于敌人重兵之间,驰骋于川滇黔边广大地区,跳出了数十万敌军的围追堵截,取得了战略转移决定意义的胜利。

四渡赤水之战使红军长征由挫折转向胜利,是战史上以少胜多、变被动为主动的光辉典范。难怪索尔兹伯里在所著的《长征——前所未闻的故事》中这样写道:长征是独一无二的,长征是无与伦比的。而四渡赤水又是"长征史上最光彩神奇的篇章"。1960年,二战名将、英国陆军元帅蒙哥马利曾在访问中国时盛赞毛泽东指挥的解放战争三大战役,毛泽东却说:"四渡赤水才是我的得意之笔。"

"我军一反以前的情况,好像忽然获得了新的生命,迂回曲折,穿插于敌人之间……弄得敌人扑朔迷离,处处挨打,疲于奔命。"时任红军总参谋长的刘伯承,后来在《回顾长征》中详细记述了这场出奇制胜的战役。

在四渡赤水战役中,红军取得了军事上的胜利,除了毛泽东高超的军事指挥艺术外,也离不开沿途人民群众的信任与支持。

"长征是宣言书,长征是宣传队,长征是播种机。"在四渡赤水战役中,红军所到之处,老百姓争相筹粮筹款,当向导,送情报,救护安置伤病员,还有不少人直接加入红军队伍。

1935年1月,中央红军在习水县土城镇青杠坡与敌军展开激战,军情危急,中革军委紧急召开会议,作出主动撤出战斗、西渡赤水河的决定。如何在赤水河上快速架设起3座浮桥,成为红军摆脱危机的关键。

土城镇老百姓听到消息,纷纷卸下自家的门板,扛到河边帮助红军搭建浮桥。当时红军"三大纪律八项注意"有一条"上门板"的规定,但由于战事紧急,红军来不及归还老乡的门板和木材,便给了远超市价的银圆和物品作为补偿。红军离开后,老乡们又来到河边,把炸毁的门板打捞起来,修修补补继续使用。

一部红军长征史,写满了军民鱼水情深的故事。"赤水河,清又清,我打草鞋送红军。军民情谊似赤水,千秋万代流不尽……"而今,这首《我打草鞋送红军》依然在当地广为传唱。

一百多年来,中国共产党领导革命、建设、改革的实践启示,党的根基在人民、力量在人民。无论时代如何演进、形势和任务如何变化,中国共产党全心全意为人民服务的根本宗旨没有变,与人民群众的血肉联系没有断,把人民放在心中最高位置的群众立场没有偏。

一

始终保持党同广大人民群众的血肉联系是中国共产党区别于其他政党的显著标志之一。

群众路线是毛泽东思想活的灵魂。毛泽东曾多次形象地运用比喻和类比的手法,深入浅出地论述党群关系,使人们对群众路线的认识更加鲜明。

1934年,在江西瑞金召开的第二次全国工农兵代表大会上,为了在国民党反动派的勾结"围剿"中争取主动,毛泽东提醒干部说:"真正的铜墙铁壁是什么?是群众,是千百万真心实意地拥护革命的群众。这是真正的铜墙铁壁,什么力量也打不破的,完全打不破的。"①

毛泽东认为,一切依靠群众,必须置身群众之中,去调动群众的积极性、主动性,靠发动群众去团结群众,使群众自觉投身于党和人民共同的事业当中。反之,"不依靠群众,不发动群众和干部的积极性,就不可能克服困难"。②需要注意的是,要时刻把依靠群众力量与遵循客观规律相结合。党的事业发展离不开人民群众的力量,但同时,中国革命、建设和改革又有自身发展的客观规律,只有遵循客观规律,人民群众的力量才能得到有效发挥。

官僚主义作风为人民群众所深恶痛绝,也是领导干部最容易犯的政治顽症,更是破坏党群关系、扭曲群众路线的毒瘤之一。所以,反对官僚主义历来是中国共产党旗帜鲜明的立场之一。

在创建新型人民军队、建立人民政权、推进党的自身建设实践中,毛泽东始终把干部对待群众的态度问题作为一个重大的原则。他多次提醒,"当干部的首先要放下架子,打破个人英雄主义,忘记自己是什么'长'",③才能赢得群众的喜欢,密切干群关系。相反,"在群众面前把你的资格摆得越老,越像个'英雄',越要出卖这一套,群众就越不买你的账"。④他以自己做群众工作的亲身实践为例,不无感慨地说,群众"就是我的可敬爱的先生,我给他们当

---

① 《毛泽东选集》第一卷,北京:人民出版社,1991年版,第139页。
② 毛泽东:《在扩大的中央工作会议上的讲话》(1962年1月30日),《毛泽东文集》第八卷,北京:人民出版社,1999年版,第293页。
③ 《毛泽东文集》第三卷,北京:人民出版社,1996年版,第98页。
④ 《毛泽东选集》第三卷,北京:人民出版社,1991年版,第851页。

学生是必须恭谨勤劳和采取同志态度的,否则他们就不理我,知而不言,言而不尽"。①毛泽东语重心长的话语旨在向干部阐明一个必然的因果联系:干部对待群众的两种相反态度必然带来群众对待干部截然不同的结果。

1938年,毛泽东曾鲜明地指出:"共产党员在民众运动中,应该是民众的朋友,而不是民众的上司。"②他常常严肃地批评官僚主义、命令主义作风,提醒党员干部要避免这种歪风邪气,真正走到群众中去,和群众交朋友。毛泽东始终把自己看作普通群众中的一员,保持着劳动人民的本色,朴素、和蔼、诚恳,不摆架子,不要威风,不搞特殊化。

毛泽东认为,与人民群众交朋友最好的方式就是深入到群众中去搞调查。他常说:"没有调查,没有发言权",只有做好调查研究,才能了解群众的所思所想所盼,把握社会的脉搏,为决策提供正确的依据。他要求各级干部"打掉官风,实事求是,同人民打成一片""必须使人感到人们互相间的关系确实是平等的,使人感到你的心是交给他的"。③

1942年,毛泽东在延安文艺座谈会上创造性地把党群关系概括为学生和老师的关系。他说:"只有做群众的学生才能做群众的先生。如果把自己看作群众的主人,看作高踞于'下等人'头上的贵族,那么,不管他们有多大的才能,也是群众所不需要的,他们的工作是没有前途的。"④"要在人民群众那里学得知识,制定政策,然后再去教育人民群众。所以要当先生,就得先当学生,没有一个教师不是先当过学生的。而且就是当了教师之后,也还要向人民群众学习,了解自己学生的情况。"⑤毛泽东认为,当好群众的学生就要向人民群众学习。他反复强调:人民群众的知识,人民群众的经验,是最丰富和最实际的,要坚持群众路线,遇事多和群众商量,做群众的小学生。延安时期,有一次关东分区的农民代表看望毛泽东,毛泽东同他们进行了深切的谈话。后来,他回想起这件事,还意味深长地说:"我跟他们学习了很多东西,长进了许多知识,知

---

① 《毛泽东选集》第三卷,北京:人民出版社,1991年版,第790页。
② 《毛泽东选集》第二卷,北京:人民出版社,1991年版,第522页。
③ 《毛泽东文集》第七卷,北京:人民出版社,1999年版,第354—355页。
④ 《毛泽东选集》第三卷,北京:人民出版社,1991年版,第864页。
⑤ 《毛泽东文集》第八卷,北京:人民出版社,1999年版,第324页。

道了我们的各相关政策在农村里究竟实行得好不好。我跟他们学习，我是小学生。"

毛泽东始终坚持全心全意为人民服务的根本宗旨。1944年底，他在陕甘宁边区参议会上讲过这样一段话："我们一切工作干部，不论职位高低，都是人民的勤务员，我们所做的一切，都是为人民服务，我们有些什么不好的东西舍不得丢掉呢？"①

毛泽东认为，要当好人民的勤务员，就是要树立全心全意为人民服务的宗旨意识。他指出："共产党员无论何时何地都不应以个人利益放在第一位，而应以个人利益服从于民族的和人民群众的利益。"当好人民的勤务员，就要关心群众生产生活，"解决群众的穿衣问题、吃饭问题、住房问题、柴米油盐问题、疾病卫生问题、婚姻问题等一切群众的实际生活问题"。

1945年抗战胜利后，针对党的干部到各地开展工作，毛泽东提出："我们共产党人好比种子，人民好比土地。我们到了一个地方，就要同那里的人民结合起来，在人民中间生根、开花。"②毛泽东把党群关系比作种子和土地的关系，形象地说明了群众是党赖以生存和发展的基础，就好像种子只有植根于土壤之中，才能充分地吸收养分，进而生根、发芽，最终才能开花结果。如果党员脱离了群众，就好像种子离开了土壤，就失去了自己赖以生存的基础，也就不可能实现自己的崇高理想和奋斗目标。

毛泽东很早就把党群关系比作鱼水关系，这是他对长期群众实践的总结认识，也是他对群众深厚感情的重要体现。社会主义制度确立之后，他在分析1957年的发展形势时，再次告诫广大党员干部："党群关系好比鱼水关系。如果党群关系搞不好，社会主义制度就不可能建成；社会主义制度建成了，也不可能巩固。"③没有水，鱼是活不了的，而党离开了群众，也就不会存在。

毛泽东把党群关系比作鱼水关系，就是要提醒党员干部应该像鱼那样"知水性""知水恩"。鱼生于水中，首先要知道水性。同样，党员干部来自群众，也要清楚明白群众的地位，知道群众的想法和需求，建立和维护好与群众的鱼水关系。鱼生于水中，更要知水恩。对党员干部来说，就是要把为群众服务作为自己的宗旨，"以

---

① 《毛泽东文集》第三卷，北京：人民出版社，1996年版，第243页。
② 《毛泽东选集》第四卷，北京：人民出版社，1991年版，第1162页。
③ 《建国以来毛泽东文稿》第六册，北京：中央文献出版社，1992年版，第547页。

百姓之心为心"，把群众当作自己血脉相连的亲人，放下架子，俯下身子，了解群众所思所想所盼，及时解决人民群众生产生活中的实际困难。

二

中国共产党同广大人民群众的血肉联系，体现在处处维护人民群众的利益。1927年10月，毛泽东率领秋收起义后的部队向井冈山挺进。当时，这支队伍成分复杂，既有工人、农民，也有学生、俘虏，还有一部分是游民无产者。他们身上存在着一些非无产阶级思想意识和不良作风，加之"左"倾机会主义路线的干扰，少数士兵无组织、无纪律的现象不时发生。

据《井冈山革命根据地和中央苏区大事纪实》记载："1927年10月23日，工农革命军在毛泽东的率领下抵达荆竹山，王佐派侦探队长朱持柳前往迎接。由于战士们长途跋涉，饥饿难忍，刨了老百姓的红薯吃，违反了群众纪律。毛泽东得知情况后，于次日在荆竹山雷打石上召开大会。要求部队官兵严格遵守群众纪律，和山上的王佐部队搞好关系，做好群众工作，同时提出了人民军队最早的三项纪律。"这里提到的"三项纪律"分别是："第一，行动听指挥；第二，不拿群众一个红薯；第三，打土豪要归公"。

为了严明军纪，毛泽东经常深入连队，耐心地给战士们做教育。很快，部队的作风有了很大的转变，赢得了当地群众的信任和拥护。

但时隔不久，新的问题又出现了。1928年1月，当工农革命军攻克遂川县城后，部队派人下乡领导贫苦农民打土豪。但有人不分青红皂白，将商人、小贩的货物统统没收，甚至连药铺里卖药的戥秤也拿走了。在遂川县草林圩，当地老百姓向毛泽东提意见："工农革命军好是好，可是，他们借了我们的门板去睡觉，还回来的不是原来的那一块，我家的门板是斗榫的，斗不上号，害得我找门板找了几天。还有啊，战士们睡觉用过的稻草遍地都是，成了牛栏了。"

这些违反群众纪律的现象引起了毛泽东的高度关注。1928年夏，毛泽东提出了六项注意：一、上门板；二、捆铺草；三、说话和气；四、买卖公平；五、借东西要还；六、损坏东西要赔。这被称为"三大纪律六项注意"。1929年以后，毛泽东又将三大纪律中的"不拿工人农民一点东西",改为"不拿群众一针一线";"打土豪要归公"改为"筹款要归公",后来又改为"一切缴获要归公"。对于六项注意,增加了"洗澡避女人"和"不搜俘虏腰包"两项内容,从而成为"三大纪律八项注意"。

"三大纪律八项注意"一经提出,就深深教育了红军,成为人民军队纪律建设的基本原则。在中央苏区以及在当时各苏区根据地,它作为红军的纪律广为传播。例如在鄂豫皖苏区传唱的《红军纪律歌》,歌词就包含着其中具体内容。

"三大纪律八项注意"长期教育熏陶下的人民军队,对敌斗争英勇坚决,无往而不胜,对群众则始终展现出作为人民子弟兵的立场本色、精神风范和严明纪律,在不同历史时期都涌现出许许多多感人至深的人物与事迹。

1935年2月,红军长征途经四川古蔺县境时,朱德向毛泽东讲起两件红军遵守纪律的事例,一个是红军路过该地橘林时秋毫无犯,另一个是红军战士挖了群众萝卜后塞进铜圆为酬金。毛泽东听后很高兴,他说:"宋史言,岳飞军'饿死不掳掠,冻死不拆屋'。我们朱毛红军在井冈山是这样,到了总司令的四川家乡也是这样。"毛泽东看得非常清楚:这样的军队才是真正有希望的军队。对这一点,人民群众看得也非常清楚。

抗日战争时期,党实行抗日民族统一战线,制定了全面抗战路线,实行全国人民总动员,壮大抗日民主力量,把实行全民族抗战与争取人民民主、改善人民生活结合起来。在全面抗战路线的指导下,党领导的八路军、新四军及其他人民武装,开辟敌后战场,建立抗日民主根据地,成为抗战的中流砥柱。

毛泽东1944年在《为人民服务》的讲演中明确说:"我们的共产党和共产党所领导的八路军、新四军,是革命的队伍。我们这个队伍完全是为着解放人民的,是彻底地为人民的利益工作的。"①除了人民大众的利益,共产党及其领导的军队没有任何特殊利益。

1945年4月24日,毛泽东在党的七大上作了《论联合政府》的报告,把"和人民群众紧密地联系在一起的作风"作为中国共产

---

① 《毛泽东选集》第三卷,北京:人民出版社,1991年版,第1004页。

党的三大作风之一。"我们共产党人区别于其他任何政党的又一个显著的标志,就是和最广大的人民群众取得最密切的联系。全心全意地为人民服务,一刻也不脱离群众;一切从人民的利益出发,而不是从个人或小集团的利益出发;向人民负责和向党的领导机关负责的一致性;这些就是我们的出发点。"①

1948年11月8日,东北野战军负责同志在给毛泽东和党中央的报告里,详细汇报了所属部队纪律情况,其中提到部队路经锦州某地看到大批苹果,"战士一个未动"。"锦州苹果"故事从此广为流传。

1956年11月,毛泽东在中共八届二中全会上还特别提到这件事,他说:"艰苦奋斗是我们的政治本色。锦州那个地方出苹果,辽西战役的时候,正是秋天,老百姓家里有很多苹果,我们战士一个都不去拿。我看了那个消息很感动。在这个问题上,战士们自觉地认为:不吃是很高尚的,而吃了是很卑鄙的,因为这是人民的苹果。我们的纪律就建筑在这个自觉性上边。这是我们党的领导和教育的结果。人是要有一点精神的,无产阶级的革命精神就是由这里头出来的。"

还有一个感人的故事发生在刚刚解放的上海。

当时解放军打进上海后,模范执行党的城市政策,严格遵守"三大纪律八项注意"。为了不惊扰市民,在蒙蒙细雨中,部队悄然无声地睡在潮湿的路边上。早上市民们醒来,开门看到这一感人的场景,油然而生的便是对我们党和人民军队的由衷赞佩。人民解放军用严明的纪律感动了无数上海市民,并深深震撼着这座旧中国的大城市。

时居上海的竺可桢,在当天的日记里记下了这感人的一幕,他说:解放军在路口站岗,秩序极佳,绝不见欺侮老百姓之事。在研究院门前亦有岗位,院中同人予以食物均不受。守门之站岗者倦则卧地,亦绝不扰人,纪律之佳,诚难得也。

近半个世纪后的1993年,荣毅仁仍然难以忘记这件事带给他内心的冲击,他回忆说:解放上海的炮声初停,无数解放军战士日

---

①《毛泽东选集》第三卷,北京:人民出版社,1991年版,第1094—1095页。

日夜夜风餐露宿在马路上，坚持不入民宅的情景，深深打动了我的心。

就连当时在上海的国外报纸也报道说：中共军队军纪优良，行止有节，虽然有许多大厦是打开着，可以用来做军营，而中共军队仍睡在人行道上。

这些只是体现中国共产党领导下的人民军队性质和宗旨，代表人民军队形象千千万万事例中的几个具体事例，承载着党与人民的鱼水深情。

三

新中国成立以后，中国共产党成为执政党后，面临的最大危险是脱离群众。为克服当时党内存在的骄傲自满情绪、官僚主义、命令主义等不良作风，党于1950年、1952年、1957年先后开展了三次整风运动，以保持党同人民群众的血肉联系。

1956年9月，党的八大正确分析了我国的主要矛盾和主要任务，强调了密切联系群众的重要意义。在党的八大上，邓小平指出："同资产阶级的政党相反，工人阶级的政党不是把人民群众当作自己的工具，而是自觉地认定自己是人民群众在特定的历史时期为完成特定的历史任务的一种工具。共产党——这是工人阶级和劳动人民中先进分子的集合体，它对于人民群众的伟大的领导作用，是毋庸置疑的。但是，它之所以成为先进部队，它之所以能够领导人民群众，正因为，而且仅仅因为，它是人民群众的全心全意的服务者，它反映人民群众的利益和意志，并且努力帮助人民群众组织起来，为自己的利益和意志而斗争。"[1]

由于"大跃进""共产风"等错误，加之自然灾害和苏联撤走专家的影响，1959年至1961年，我国发生了严重的经济困难。为纠正错误，1961年党中央提出要大兴调查研究之风，重新提倡群众路线。

1962年，中国共产党的扩大的中央工作会议（"七千人大会"）重申了密切联系群众的重要性，批评了脱离群众的不良作风。

由于缺少经验、急于求成，脱离实际、脱离群众，中国共产党在探索社会主义建设过程中出现了重大挫折，但同时也为建设社会

---

[1]《邓小平文选》第一卷，北京：人民出版社，1994年版，第217—218页。

主义积累了宝贵经验和理论准备，为当代中国发展进步奠定了根本政治前提和制度基础，也让中国共产党更加深刻认识到密切联系群众的极端重要性。

"文化大革命"结束后，党开始拨乱反正，推动各项事业走上正轨。

1978年12月，党的十一届三中全会恢复和发扬了密切联系群众的优良作风，顺应广大人民群众发展生产、提高物质文化生活水平的要求，果断停止"以阶级斗争为纲"的路线，作出了把党和国家工作中心转移到经济建设上来、实行改革开放的历史性决策。这一时期，邓小平经常谈到党的各项政策和工作必须以"人民拥护不拥护、赞成不赞成、高兴不高兴、答应不答应"作为考虑和处理一切问题的出发点和归宿，还将"是否有利于提高人民的生活水平"作为判断标准之一。正是在这一思想的正确指导下，我们党带领全国各族人民顺利开启了经济、教育、科技、文化等各个领域的改革，极大地解放和发展了生产力。

四

党的十八大以来，以习近平同志为核心的党中央把人民对美好生活的向往作为党的奋斗目标，出台改进工作作风、密切联系群众的八项规定，在全党深入开展党的群众路线教育实践活动、"三严三实"专题教育、"两学一做"学习教育、"不忘初心、牢记使命"主题教育，进一步恢复和弘扬保持党同人民群众血肉联系的优良传统。

党的十八大报告指出："为人民服务是党的根本宗旨，以人为本、执政为民是检验党一切执政活动的最高标准。任何时候都要把人民利益放在第一位，始终与人民心连心、同呼吸、共命运，始终依靠人民推动历史前进。"因此，党的十八大要求全党同志尤其是党的领导干部，必须自觉做到"坚持以人为本、执政为民，始终保持党同人民群众的血肉联系"。

但在长期执政的条件下，保持党同人民群众的血肉联系却面临着诸多挑战和考验。中央反复强调："密切联系群众是我们党的最大政治优势，脱离群众是我们党执政后的最大危险。"

中国共产党对最大政治优势和最大政治危险的认识经历了一个长期的过程，但开启重大认识突破则始于党的十五大。1997年党的十五大报告指出:"加强党的作风建设,根本的是坚持全心全意为人民服务的宗旨,充分发挥党密切联系群众的优势。"在这里,首次把密切联系群众作为党的优势来看待。2001年党的十五届六中全会从加强和改进党的作风建设的需要出发,居安思危地强调和断言:"马克思主义执政党的最大危险,就是脱离群众。"①在此基础上,2002年党的十六大报告第一次明确提出了"我们党的最大政治优势是密切联系群众,党执政后的最大危险是脱离群众"②的重大战略性命题。胡锦涛在2011年的"七一"讲话中要求全党必须清醒地看到:"精神懈怠的危险,能力不足的危险,脱离群众的危险,消极腐败的危险,更加尖锐地摆在全党面前,落实党要管党、从严治党的任务比以往任何时候都更为繁重、更为紧迫"。在这里,胡锦涛把脱离群众的危险作为党面临的"四大危险"之一郑重提出来,足见这一问题已经相当的突出和紧迫。不仅如此,胡锦涛还特别要求:"全党同志必须牢记,密切联系群众是我们党的最大政治优势,脱离群众是我们党执政后的最大危险。"③

作为来自人民、受益于人民、在人民的支持支撑下得以生存发展下来的政党,作为服务于人民、除了代表人民的根本利益之外没有任何自己私利的政党,中国共产党成立一百多年来一直与人民群众保持了密切的联系。也因此,党内和社会上、民间和理论界都公认:中国共产党最大的优势是善于密切联系群众。

但在党和党的领导干部掌握政权、把握公共权力并长期执政的态势下,一些党员领导干部逐渐地开始看不起人民群众、疏远人民群众,最后完全彻底地脱离人民群众。这种现象初看起来是个别领导干部和党组织所为,但已经在一定程度上影响和动摇到党执政的群众基础,危及党的执政合法性的保持稳固,成为党长期执政面临的最大危险。

因此,从本质层面上来分析,党之所以面临脱离群众的最大危险,最主要的是某些党的领导干部不恰当、不正确地运用公共权力造成的。

---

① 《中共中央关于加强和改进党的作风建设的决定》,北京:人民出版社,2001年版,第6页。
② 《中国共产党第十六次全国代表大会文件汇编》,北京:人民出版社,2002年版,第53页。
③ 胡锦涛:《在庆祝中国共产党成立90周年大会上的讲话》,《人民日报》,2011年7月2日。

一是要权力不要责任的心态。从某种意义上讲，权力就是责任。党员干部在行使人民授予权力的同时，也要切实负起对人民群众的应有责任，自觉为人民群众掌好权、用好权、管好权，坚持把人民的利益放在首位，不计较个人得失，不要想着利用自己手中的权力从人民那里获得什么，而是要时刻想着为人民谋利益。如果在行使权力的过程中，只想着权力带来的光环和荣华富贵，却不考虑拿人民赋予的权力去为人民谋利益。由此，疏远群众、脱离群众的问题便不可避免。

二是权力与生俱来的腐蚀性。英国著名历史学家约翰·阿克顿勋爵曾经说过一句至理名言："权力导致腐败，绝对的权力导致绝对的腐败。"① 因此，任何掌握政治权力的人都要谨慎用权，时刻警惕权力的这种腐蚀性。否则，一旦放松对权力腐蚀性的警惕，任凭这种腐蚀性自由释放，就会对公共权力的正当行使造成危害，让掌权的人深陷腐败泥潭。纵观近些年来查处的干部腐败案件，从中不难发现：一些干部权力观扭曲，走上腐败之路，根本的原因在于他们总以为作为执政党的干部只有无限的荣光、无比的风光，而对权力本身所具有的这种腐蚀性没有清醒的认识和防范，习惯于人为地偏转公共权力的正常运行轨道，将公共权力的利益砝码向私利倾斜。而党员领导干部一旦被权力所腐蚀，那就是在滥用人民赋予的权力，在以权谋私。如此一来，人民群众肯定对此不高兴、不答应、不满意，甚至会觉得我们党整个的出了问题，于是就开始不信任党、从心底里对党产生了敌视和敌意，由此造成党脱离群众的危险。

从世界政党政治的视角看，任何国家的执政党能够得以执政，从根本上靠的都是人民的支持和拥护，都是靠民心和民意在支撑，一旦丧失了人民群众的拥护，失掉了民心，违背了民意，留给执政党的只有下台这一条出路。

苏联共产党，这个曾经在全世界影响最大的共产主义政党，如今已走进历史。作为以马克思主义为指导思想的无产阶级政党，苏共曾在长期的革命和建设进程中，注重将群众路线作为党一以贯之的根本工作方针。然而，随着苏共执政的长期化与执政地位的稳

---

① 康绍邦：《政治名言录》，石家庄：河北人民出版社，1997年版，第353页。

固，党内形式主义、官僚主义、享乐主义和奢靡之风愈演愈烈。在苏共执政后期尤其是勃列日涅夫时期，苏共在党风建设方面所暴露出的问题十分尖锐。

教训一：形式主义泛滥。

在勃列日涅夫时期，严重脱离实际、脱离群众的形式主义说教已经充塞了苏共整个的意识形态宣传领域。

正如苏共中央政治局前委员利加乔夫所言："理论脱离实际、言行脱节左右了社会和政治发展的主要趋势。党内、社会上普遍养成了说的是一套，做的是另一套的风气。"而《真理报》原总编辑阿法纳西耶夫回忆其在苏共中央文件起草小组的工作经历时也指出："上面并不要求有什么独到的思想，重要的只有一点，就是要善于给那些早已陈旧、无人感兴趣的思想换上新形式，找到新的表达方式。"

到二十世纪七十年代，苏联社会所谓的"夜间人"现象几乎已经普遍存在。这些人以知识分子、大学师生和官员为主体。在白天，他们时刻注意与官方保持一致，高唱赞歌；而到了夜间，他们则进行秘密集会，阅读地下出版物，交流政治笑话乃至嘲讽和抨击权贵。在形式主义、教条主义的长期影响下，苏共在党与人民之间挖了一道难以跨越的鸿沟。

此外，对领导人盲目的个人崇拜成为该时期形式主义之风的重要表现。

在苏联全社会一浪高过一浪的个人崇拜风潮中，普通群众了解党和领导人的途径，大多只是来自宣传机器枯燥乏味的说教以及刻板老套、毫无新意的文本。例如，在1986年的一份官方报告中就披露：在中央联社、军事出版社、苏联科学院出版社系统中所积压着的1969—1983年间出版的勃列日涅夫和苏共其他领导人的著作共221部、321.9万余册。其中仅勃列日涅夫的著作就多达166部、277.9万册，此外还包括70万幅勃列日涅夫的标准像。

在勃列日涅夫时期，针对领袖人物的大量虚假空泛的个人崇拜，以及阿谀奉承之风和官话套话，大大助长了党内形式主义之风，也在不断加深人民群众对领导人和执政党的不信任感，不断恶化党群关系。

教训二：官僚主义日益严重。

到了勃列日涅夫时期，从单纯追求干部队伍稳定的角度出发，党员领导干部职务终身制实际上得到了全面恢复，由此所带来的党政机构和人员的不断膨胀以及领导干部队伍严重的老化现象，使得该时期苏共党内的官僚化程度大大加深。

干部体制的老化与僵化，使整个党员干部队伍暮气沉沉，效率低下，也在不断强化着党内的官僚主义作风，严重阻碍甚至是隔断了党组织内部成员之间以及党与人民群众之间的血肉联系。

教训三：享乐主义思想不断蔓延。

作为苏共最高领导人，勃列日涅夫的享乐主义思想无疑在苏共党内和广大人民群众面前树立了一个极端恶劣的反面典型。

在当选苏共最高领导人后，勃列日涅夫就曾志得意满地带着其从乡下赶来的母亲炫耀其豪华别墅以及其他贵重礼品、豪华轿车等。

勃列日涅夫时期，不但扩大了干部特权的享有人数，提高了特权标准，"特供商店"大量出现，针对党员干部的免费食堂、高级别墅和豪华汽车等也大幅推开。此时，特权现象开始在整个干部队伍中不断蔓延。据俄罗斯学者估计，当时这个阶层大约有50万至70万人，加上他们的家属，共有300万人之多，约占全国总人口的1.5%。

在森严的等级序列之下，苏共党内的特权格局已经逐渐固化并将广大人民群众严格排除在外。

教训四：奢靡之风盛行。

在勃列日涅夫时期，苏联各级官员之间的送礼之风也发展到了登峰造极的地步。据统计，在勃列日涅夫所收受的不计其数的贵重礼物中，仅豪华猎枪就有100多把。与此同时，勃列日涅夫的不少亲属也纷纷借助其帮助，利用裙带关系获取各种高官厚禄，享受各种奢靡生活。

到了勃列日涅夫执政中后期，随着石油外汇的锐减以及苏联自身经济的衰退，广大人民群众的生活水平不断下降。而党内的特权阶层却依旧继续沉浸于奢靡享乐之中，直到最终被人民彻底抛弃。

在苏共解散前，当时的苏联科学院曾进行过一次民意调查，在被调查者中，认为苏共仍然能够代表工人的占4%，代表全体人民的占7%，代表全体党员的占11%，而认为代表党的官僚、干部和机关工作人员的比例竟高达85%。

回顾苏共"20万人时建国、200万人时卫国、2000万人时却亡国"的历程，苏共执政后期对马克思主义、党的根本宗旨以及群众路线的全面背离，使得党风持续败坏与民心不断丧失，无疑是导致苏共最终走向败亡的深层次原因，教训极其深刻。

中国共产党作为中国唯一的执政党，并不是可以永远高枕无忧的。党在长期执政的条件下，必须考虑如何继续保持同人民群众的血肉联系的问题。有人说，中国老百姓"用小推车把中国共产党推到执政前台"，如果长期脱离群众，不代表群众利益，人民群众也完全有能力、有勇气"用小推车把中国共产党推下执政舞台"。这句话虽有些刺耳，但其蕴含的道理却是中肯的。

五

中国共产党的历史证明，密切联系群众是党的最大优势，任何时候都不能削弱和丢掉这个优势。

从根本上讲，今天中国共产党党群关系的实质并没有改变。在党群关系的统一中，中国共产党作为长期执政的工人阶级政党，立党为公、执政为民，全心全意为人民服务的宗旨没有改变。而广大人民群众支持党、拥护党，坚持党的领导地位的立场同样没有改变。也就是说，党同人民群众血肉联系的性质并没有改变。但在全面改革和发展社会主义市场经济新的历史条件下，党群关系所面临的客观环境、任务等和过去相比确有很大不同。其中的关键就是执政，执政条件下，中国共产党所处的历史方位发生了重大变化。执政条件下，人民群众所处的社会历史环境发生了重大变化。

在新的赶考之路上，要保持同人民群众血肉联系，关键是要顺应变化，从新的实际出发，以实际行动践行全心全意为人民服务的根本宗旨。

第一，强化全党的宗旨意识教育。一百多年来，中国共产党历次集中教育都把引导党员干部树立马克思主义群众观、增强全心全意为人民服务宗旨意识，作为重要内容。

在新的历史条件下，要把深入改进作风与加强党性修养结合起来，教育党员干部牢固树立马克思主义群众观，任何时候任何情况下，与人民群众同呼吸共命运的立场不能变，全心全意为人民服务的宗旨不能忘，坚信群众是真正英雄的历史唯物主义观点不能丢。

第二，坚持和贯彻党的群众路线。中国共产党在长期革命斗争实践中，形成"一切为了群众，一切依靠群众，从群众中来，到群众中去"的群众路线,这是党的生命线和根本工作路线,也是中国共产党一贯坚持的优良作风。

在新的历史条件下,坚持党的群众路线,必须把相信群众、依靠群众、服务群众,为广大人民群众谋利益,作为一切工作的出发点和落脚点。要增强群众观点、坚持群众路线,自觉拜群众为师,激发群众首创精神,把群众中成千上万个"诸葛亮"的智慧集聚起来,找到解决改革发展稳定难点堵点问题的思路办法。要完善群众参与决策机制,深入调查研究,充分听取群众意见,使制定的每一项政策、措施都符合实际,符合群众的愿望和要求。要发挥全过程人民民主的优势,健全全面、广泛、有机衔接的人民当家做主制度体系,丰富民主形式、拓宽民主渠道,凝聚动员群众以主人翁精神为实现党在现阶段的目标任务而奋斗。

第三,始终保持人民公仆政治本色。党的作风正,人民的心气顺,党和人民就能同甘共苦。人民群众最痛恨腐败,腐败问题对党的伤害最直接,与党的性质宗旨水火不容。经过党的十八大以来持续努力,反腐败斗争取得压倒性胜利并全面巩固,但不正之风树倒根在,拒腐防变永远在路上。

要深入贯彻党中央关于深化全面从严治党的决策部署,持之以恒正风肃纪反腐,坚决纠治形式主义、官僚主义,继续整治享乐主义和奢靡之风,一体推进不敢腐、不能腐、不想腐,使党永葆清正廉洁的政治本色。秉公用权才能赢得人心,为政清廉才能取信于民。党员领导干部要加强党性修养和道德涵养,正确处理公和私、义和利、是和非、正和邪、苦和乐的关系,牢记初心使命,坚守共产党人精神高地,始终与人民同呼吸、共命运、心连心。要发扬自我革命精神,始终保持对"腐蚀""围猎"的警觉,带头做到清正廉洁、艰苦奋斗,自觉抵制特权思想和特权现象,当好新时代的人民公仆。

第四,让全体人民共享改革发展成果。这是社会主义的本质要求,是坚持党的根本宗旨的应有之义。在决胜全面建成小康社会中,我们坚持"一个都不能少";全面建设社会主义现代化国家,也应当强调"一个都不能掉队"。党的十九届五中全会顺应时代发展和人民愿望,提出要使"全体人民共同富裕取得更为明显的实质性进展"。

要夯实共同富裕的物质基础,持续做大"蛋糕";同时深化收入分配制度改革,增加低收入群体收入,扩大中等收入群体比重,加快形成橄榄型分配格局,努力分好"蛋糕"。要更加关注城乡困难群体,有针对性地加大帮扶工作力度,在弱有所扶上不断取得新进展。要巩固拓展脱贫攻坚成果,全面推进乡村振兴,让农民在现代化进程中赶上来。把改善民生建立在经济发展和财力可持续的基础之上,不能急于求成、吊高群众胃口,更不能好大喜功、寅吃卯粮。

第五,建立健全密切联系群众的长效机制。一百多年来,中国共产党不断健全完善贯彻群众路线的各项制度,尤其是党的十八大以来,不断完善党员干部联系群众的具体制度,使得党风政风焕然一新。

新的历史条件下,要加强对群众工作的经常性分析研判,找准党群关系存在的主要问题及其原因,提出科学管用的办法和措施,特别是要注重用改革的思路和办法破解作风顽疾,着力从体制机制上堵塞漏洞,为始终保持党同人民群众的血肉联系提供有力制度保障。

四、始终接受人民批评和监督

马克思主义政党具有鲜明的人民立场,在政权建设中始终坚持和贯彻国家一切权力属于人民的思想。实践中,吸收全体劳动者参加国家管理难以实现,马克思主义经典作家于是提出,苏维埃政权通过无产阶级先进阶层来为劳动者实行管理而不是通过劳动群众来实行管理。

在此背景下,对公共权力运行进行监督以保障执政党和政权机关始终为人民群众谋利益,"要防止国家和国家机关由社会公仆变为社会主人",成为管党治党与政权建设不容回避的重大课题。

中国共产党来自人民、服务人民,始终接受人民批评和监督,是中国共产党人民至上价值理念的具体体现,彰显了党始终把人民放在心中最高位置的人民情怀。只有始终接受人民批评和监督,才能了解人民所需所求、所忧所盼,才能与人民血脉相连、命运与共。

一

中国共产党历来高度重视监督工作，从成立伊始就把严格监督写在自己的旗帜上。1921年7月，党的一大通过的《中国共产党第一个纲领》明确规定："工人、农民、士兵和学生的地方组织中党员人数多时，可派他们到其他地区去工作，但是一定要受地方执行委员会的最严格的监督""地方委员会的财务、活动和政策，应受中央执行委员会的监督"。

早在中国共产党取得局部执政地位的苏维埃政权建设时期，新生的工农民主政权就注重"吸引广大民众对于自己工作的监督与批评"，通过建立突击队、轻骑队、工农通信员等专门机制来保障群众行使监督权。苏区工农检察部还专门设立控告局，设置大量控告箱，用以受理群众监督。

1933年10月，毛泽东与项英等人发布的《中华苏维埃共和国临时中央政府成立两周年纪念对全体选民的工作报告书》鲜明地写道："全体选民同志都应该起来注意，监督苏维埃人员不使有官僚主义分子存在"，并在选举中把旧有人员中的官僚主义分子洗刷出去。

1934年1月，毛泽东在《中华苏维埃共和国中央执行委员会与人民委员会对第二次全国苏维埃代表大会的报告》中再次指出："为了巩固工农民主专政，苏维埃必须吸引广大民众对于自己工作的监督与批评"，并强调"每个革命的民众都有揭发苏维埃工作人员的错误缺点之权"。这种充分的民主精神，既是苏维埃制度优越性的体现，也是苏维埃政权赢得人民支持的根源。

到了延安时期，毛泽东对人民监督的重要性有了更为深刻的认识。1941年11月，毛泽东在陕甘宁边区参议会的演说中指出，共产党"本身决无私利可图。它应该受人民的监督，而决不应该违背人民的意旨。它的党员应该站在民众之中，而决不应该站在民众之上"。[1]

1944年，毛泽东在参加中央警备团追悼张思德的会上发表了著名讲话《为人民服务》，指出"我们这个队伍完全是为着解放人民，是彻底地为人民的利益工作的"。人民是真正的主人，共产党人是公仆，人民对党的权力有着天然的监督制约关系。

---

[1]《毛泽东选集》第三卷，北京：人民出版社，1991年版，第809页。

1945年，在党的七大上第一次明确概括的"三大作风"，即理论联系实际的作风、密切联系群众的作风和批评与自我批评的作风，成为我们党自觉接受人民群众批评和监督的有力支撑。在著名的"窑洞对"中，针对黄炎培提出的"其兴也勃焉，其亡也忽焉"的历史周期率之问，毛泽东提出了"让人民来监督政府"的"民主新路"。基于此，毛泽东强调民主集中制建设，民主就是"让群众讲话，哪怕是骂自己的话，也要让人家讲"。①

解放战争时期，中国共产党采取开门会议的方式来加强群众监督，中共中央在1948年2月作出的《老区半老区的土地改革与整党工作》中要求，"一切党的支部，在其讨论有关群众利益的问题的一切会议上，包括党的批评检讨会议在内，均应有党外群众参加，不许开秘密会议，借以破除群众对党的组织与党的会议的神秘感觉，使党内一切好的与坏的现象暴露于群众之前，为群众所监督，为群众所批评或拥护。"

值得一提的是，毛泽东不仅要求接受群众监督，而且充分考虑到保护群众监督的安全性。1948年1月，毛泽东在《关于目前党的政策中的几个重要问题》中强调，一方面要说服群众，在批评党员干部中采取正确的方法和方式，避免粗暴行动；另一方面要对党员干部提出保证，不对群众采取报复。"应当宣布，群众不但有权对他们放手批评，而且有权在必要时将他们撤职，或建议撤职，或建议开除党籍，直至将其中最坏的分子送交人民法庭审处。"②

二

新中国成立后的第一部宪法规定，"一切国家机关必须依靠人民群众，经常保持同群众的密切联系，倾听群众的意见，接受群众的监督"，从而使我们党接受人民群众批评和监督有了法律依据。

毛泽东对党内状况曾分析说，我们的党一般来说是很好的。绝大多数党员、干部是好的，他们都在辛辛苦苦地工作。但是，在党员、干部中有一些品质不纯和作风不纯的人，他们是个人主义者、官僚主义者、主观主义者，甚至是变了质的分子。钻进我们队伍里的坏分子和蜕化变质分子，贪污腐化，骑在人民头上拉屎拉尿，穷

---

① 《毛泽东文集》第八卷，北京：人民出版社，1999年版，第291页。
② 《毛泽东选集》第四卷，北京：人民出版社，1991年版，第1272页。

凶极恶，严重违法乱纪。解决这方面问题的一项重要措施，就是加强监督。

毛泽东进一步强调要让人民来监督党和政府。他认为，党执政之后，革命者会发生变化，"没有群众监督和揭露，他们可能进行贪污、盗窃。做投机生意，脱离群众。"①为此，毛泽东要求必须保证人民依法享有知情权、参与权、选择权、监督权，使一切国家机关工作人员全面接受群众监督。他反复强调，共产党的权力，是广大劳动群众给的。"共产党基本的一条，就是直接依靠广大人民群众。"②

新中国成立初期的"三反"和"五反"运动中，党领导下的舆论监督和人民监督，在反腐败斗争中发挥了重要作用。1950年4月19日，中共中央发出了《关于在报纸上展开批评和自我批评的决定》，号召全党和广大人民群众在报纸和刊物上公开全面地揭露党内存在的官僚主义、命令主义和各种消极腐败现象。毛泽东非常重视人民来信，1951年5月16日，批示县级以上的人民政府和党委、党组："必须重视人民的来信，要给人民来信以恰当的处理""不要采取掉以轻心置之不理的官僚主义的态度。"1951年6月7日政务院公布《关于处理人民来信和接见人民工作的决定》，提出"对报纸刊物所载人民群众的批评或意见，各有关机关或有关工作人员须认真研究处理，并应在报刊上作公开的答复或检讨"。此规定，有力地促进了舆论监督和人民监督工作的深入开展。

那时，党不用担心群众对自己的不信任，不会因为人民群众揭发党内的不良现象而打击群众，或将真诚的意见置之不理。高级干部在报纸上公开检讨，是十分正常的事情，似乎形成了习惯。不论是领导干部还是群众，并不会因为报纸上出现了领导本人的自我批评或别人对领导干部的批评而感到大惊小怪。

1951年，全国总工会副主席刘宁一曾经深刻反思工作中的官僚主义作风。司法部部长史良、铁道部部长滕代远等也作出了表率。人民对这样的干部是放心和满意的。

第二种情况是本单位出现了腐败违法行为，部门领导负领导责

---

① 中共中央文献研究室编撰，逄先知、金冲及主编：《毛泽东传（1949—1976）》下册，北京：中央文献出版社，2003年版，第1338页。
②《建国以来毛泽东文稿》第十二册，北京：中央文献出版社，1998年版，第581页。

任，必须作检讨。原武汉市人民政府副市长兼秘书长易吉光，敌我不分，滥用职权，挥霍公款，反对批评，被开除党籍后，毛泽东专门于1951年12月25日发出电报，指出：武汉市委书记"张平化同志代表市委作自我批评"，是"完全必要的"；"市长吴德峰同志既然有压制民主打击群众批评的行为或支持这种行为，对群众影响极坏，当然应向人民代表会议作自我批评，并公开发表。"不久，《人民日报》发表了张平化、吴德峰同志的自我批评。

1952年1月29日就纺织部所属的新建经纬纺织机器制造厂发生的基建责任事故，纺织工业部副部长钱之光等3人联名在《人民日报》上检讨：经纬纺织机器制造厂事故的发生，"是由于我们对人民事业的责任心不强，政治上麻木不仁以及工作有严重官僚主义作风。这是我们在基本建设方面的一个沉痛的教训。"

党和政府的领导干部以负责的精神进行批评和自我批评，同样，人民群众也怀着对党的高度信任，大胆利用舆论，实施强有力的监督。1952年1月，即处决刘青山、张子善一个多月之前，人民群众对河北省委、省政府机关和领导人的官僚主义作风表示不满，投书《人民日报》质问：刘、张小集团进行贪污受贿行为已有一年之久，像他们这样大规模地贪污、盗窃国家财物，在天津专区闹得风声很大，为什么河北省政府竟长期没有发觉？河北省委副书记马国瑞、省人民政府主席杨秀峰分别在1月5日和1月8日的《人民日报》上作了题为《刘青山、张子善巨大贪污案给予我们的教训》《沉重的责任，惨痛的教训》的检讨。《人民日报》加了编者按：这个检讨本应由省委书记林铁同志来作，因林铁同志患病休养，故由副书记马国瑞同志代作。1月15日《人民日报》发表了河北省委书记的妻子弓彤轩的检讨《检讨我接受刘青山、张子善礼物的错误》。因检讨不彻底，干部群众不满意。中共保定市委办公室的李春、谷雨同志投书《人民日报》要求弓彤轩重新作检讨，1952年2月6日，《人民日报》刊发了这篇文章，加了编者按，要求弓彤轩应该迅速认真地坦白和批评自己的一切错误。

舆论监督、人民监督，是中国共产党20世纪五六十年代反腐败的利器。1953年1月5日，中共中央发出"新三反"的《指示》，要求在报纸上揭露官僚主义、违法乱纪、命令主义。很快，党的机关报作出反应。1月19日，《人民日报》头版发表了《认真处理人民来信，大胆揭发官僚主义罪恶》的社论，要求各地重视人民来信，抓紧处理人民来信，并形成制度。

《人民日报》专门开辟"读者来信专页"，发表人民来信，公开点名批评许多地方存在的问题。效法《人民日报》，许多地方党报如《长江日报》《云南日报》《河北日报》等，辟专栏或整个副刊改为《读者来信》，专门刊登批评建议、群众呼声、被批评者检讨等。

1951年6月7日，政务院总理周恩来命令公布了《政务院关于处理人民来信和接见人民工作的决定》，要求各级人民政府应"鼓励人民监督自己的政府和工作人员"。"县（市）以上各级人民政府，均责成一定部门，在原编制内指定专人，负责处理人民群众来信，公开设立问事处或接待室，接见人民群众；领导人并应经常地进行检查和指导。"这个规定引起了各地各级政府高度重视，打击了部分机关和人员的官僚主义作风。

1956年9月，中共八大通过的《中国共产党章程》，是党执政以后制定的第一部党章。新党章提出了全面开展社会主义建设的任务，并针对党处于执政党地位的情况，在总纲中强调"必须不断地发扬党的工作中的群众路线的传统"，还特别指出："中国共产党已经是执政的党，因此特别应当注意谦虚谨慎、戒骄戒躁，并且用极大的努力在每一个党组织中，在每一个国家机关和经济组织中，同脱离群众、脱离实际生活的官僚主义现象进行斗争。"[1]1957年7月，毛泽东在《一九五七年夏季的形势》中进一步强调，共产党员任何时候也不要离开群众，"党群关系好比鱼水关系。如果党群关系搞不好，社会主义制度就不可能建成；社会主义制度建成了，也不可能巩固。"[2]

毛泽东不仅认为权力源于人民，而且认为权力必须为人民所用。为了使人民监督落到实处，他提出实行职工代表大会制、社员代表大会制，技术人员、工人、干部三结合等群众管理形式，同时还提出发挥工、青、妇等群众组织的监督作用。又如，他认为人民来信来访是人民监督的一种形式，是"共产党和人民政府加强和人民联系的一种方法"。因此，对人民来信必须重视，"不要采取掉以轻心置之不理的官僚主义的态度。"[3]

---

[1]《建国以来重要文献选编》第九册，北京：中央文献出版社，1994年版，第317—318页。
[2]《建国以来毛泽东文稿》第十册，北京：中央文献出版社，1994年版，第488页。
[3]《建国以来毛泽东文稿》第二册，北京：中央文献出版社，1988年版，第310页。

1962年1月,毛泽东在扩大的中央工作会议上指出,有些同志怕群众批评,"哪有马克思列宁主义者怕群众的道理呢?有了错误,自己不讲,又怕群众讲。越怕,就越有鬼。"我们的态度应该是"坚持真理,随时修正错误"。① 他还说,有些同志害怕群众提出不同意见,乃至"一讨论问题,就压抑群众的积极性,不许人家讲话。这种态度非常恶劣"。②

三

改革开放后,群众监督的制度建设得到加强。邓小平把实行对党的"铁面无私的监督"看作有效防止和克服腐败的根本条件。

邓小平认为,"党是整个社会的表率,党的各级领导同志又是全党的表率。如果党的组织把群众的意见和利害放在一边,不闻不问,怎么能要求群众信任和爱戴这样的党组织的领导呢?如果党的领导干部自己不严格要求自己,不遵守党纪国法,违反党的原则,闹派性,搞特殊化,走后门,铺张浪费,损公肥私,不与群众同甘苦,不实行吃苦在先、享受在后,不服从组织决定,不接受群众监督,甚至对批评自己的人实行打击报复,怎么能指望他们改造社会风气呢!"③

1978年12月,邓小平在中央工作会议闭幕会上讲过这样一番话:"要相信绝大多数群众有判断是非的能力。一个革命政党,就怕听不到人民的声音,最可怕的是鸦雀无声"。邓小平之所以讲这番话有着深刻的背景,此时"文革"刚刚结束,这次中央工作会议为随即召开的十一届三中全会做了充分准备。

早在1957年4月,邓小平在谈到共产党要接受监督时指出:"我们党是执政的党,威信很高。我们大量的干部居于领导地位。在中国来说,谁有资格犯大错误?就是中国共产党。犯了错误影响也最大。因此,我们党应该特别警惕。宪法上规定了党的领导,党要领导得好,就要不断地克服主观主义、官僚主义、宗派主义,就要受监督,就要扩大党和国家的民主生活。如果我们不受监督,不注意扩大党和国家的民主生活,就一定会脱离群众,犯大错误。"

邓小平还指出,监督来自三个方面。一是党的监督。对于共产

---

①《毛泽东文集》第八卷,北京:人民出版社,1999年版,第290—291页。
②《毛泽东文集》第八卷,北京:人民出版社,1999年版,第292页。
③《邓小平文选》第二卷,北京:人民出版社,1994年版,第177—178页。

党员来说，党的监督是最直接的。二是群众的监督。要扩大群众对党的监督，对党员的监督。三是民主党派和无党派民主人士的监督。有了这几方面的监督，我们就会谨慎一些，我们的消息就会灵通一些，我们的脑子就不会僵死起来，看问题就会少一些片面性。

应当看到，在这三种监督中，党内监督起到主导作用，中国共产党的执政地位决定了党内监督在党和国家各种监督形式中是最基本的、第一位的。同时，外部监督也是必要的。党员干部身处广大人民群众之中，其权力行使、能力素质、作风品行，无不直接、真切地展示在分布广泛、力量强大的群众视野里，即"群众看得最清楚、最有发言权"。

1980年，邓小平又对监督作出了具体的科学设计。这就是监督的"两个要有"：即对执政党成员"要有群众监督制度""要有专门机构进行铁面无私的监督"。

从"三个方面"到"两个要有"实现了一次认识和理论上的飞跃。特别是"两个要有"是一个全新的监督模式，它不是过去已有的，也不是眼前现有的，而是一个创新的设计，是邓小平关于执政党党风建设和国家民主法制建设理论的一个闪光点。实践邓小平关于"两个要有"的监督设计，是一场深刻改革。邓小平曾一针见血地指出有些单位的领导干部拒绝监督的痼疾："他们总觉得不受监督，自己下命令舒服，独断专行比较方便。正因为相当多的领导同志思想不通，看起来监督就更加重要了，不搞群众监督就更危险了。"

1980年2月，党的第十一届中央委员会第五次全体会议通过《关于党内政治生活的若干准则》，提出了对党的领导干部和党员监督的主体框架，那就是"必须采取自下而上和自上而下相结合、党内和党外相结合的方法，加强党组织和群众对党的领导干部和党员的监督"，并提出了六个"是不是"的监督内容，规定党组织要将党员和群众的评论、批评和意见经核实后报送上级党委作为考核干部的重要依据，为群众监督提供了有力的党内法规制度支撑。

1980年8月18日，邓小平在《党和国家领导制度的改革》一文中指出："要有群众监督制度，让群众和党员监督干部，特别是领导干部。凡是搞特权、特殊化，经过批评教育而又不改的，人民就有权依法进行检举、控告、弹劾、撤换、罢免，要求他们在经济上退赔，并使他们受到法律、纪律处分。"群众监督是整个监督体系中十分重要的部分,它可以使领导干部在更广泛的范围接受监督和约束,同时具有其他监督方式无法替代的作用。

四

党的十八大以来,习近平总书记经常讲跳出历史周期率问题,强调这是关系党千秋伟业的一个重大问题,关系党的生死存亡,关系我国社会主义制度的兴衰成败。习近平总书记在党的十九届六中全会上讲话时指出:"我们党历史这么长、规模这么大、执政这么久,如何跳出治乱兴衰的历史周期率?毛泽东同志在延安的窑洞里给出了第一个答案,这就是'只有让人民来监督政府,政府才不敢松懈'。"

党的二十大报告向全党提出了"始终保持同人民群众的血肉联系,始终接受人民批评和监督,始终同人民同呼吸、共命运、心连心"的要求。习近平总书记强调:"人民的眼睛是雪亮的,人民是无所不在的监督力量。只有让人民来监督政府,政府才不会懈怠;只有人人起来负责,才不会人亡政息。"他明确要求"拓宽人民监督权力的渠道"。①

习近平总书记还特别强调:"只有织密群众监督之网,开启全天候探照灯,才能让'隐身人'无处藏身。各级党组织和党员、干部的表现都要交给群众评判。群众对党组织和党员、干部有意见,应该欢迎他们批评指出。群众发现党员、干部有违纪违法问题,要让他们有安全畅通的举报渠道。群众提出的意见只要对从严治党有好处,我们就要认真听取、积极采纳。"②

时至今日,我国已经从党和国家监督体系的宏观框架与微观机制等方面为群众监督提供了全方位保障,形成了种类多样、务实管用的群众监督形式。

网络时代,人人都有"麦克风"。习近平总书记2016年4月19日在网络安全和信息化工作座谈会上强调:"对网上那些出于善意的批评,对互联网监督,不论是对党和政府工作提的还是对领导干部个人提的,不论是和风细雨的还是忠言逆耳的,我们不仅要欢

---

① 习近平:《论坚持全面依法治国》,北京:中央文献出版社,2020年版,第74—75页。
② 《十八大以来重要文献选编》中册,北京:中央文献出版社,2016年版,第101页。

迎，而且要认真研究和吸取。"

党的十八大以来，群众监督在推进全面从严治党过程中发挥了有目共睹的重要作用。广大群众通过纪检监察机关"12388"举报电话和网站、组织系统"12380"举报电话和网站、各巡视组巡察组公布的电话和信箱等方式检举揭发党组织和党员干部的违纪违法行为，全天候探照灯照出了"隐身人"，推动了党内监督的深入开展，形成了强大的内外监督合力。

但值得指出的是，在现实中仍有个别党员干部不愿接受群众监督，甚至抗拒群众监督的情况。反映了他们尚未从内心深处认同和尊重人民群众的历史主体地位，不能正确认识和对待党和人民赋予自己的权力。

因此，在新的赶考之路上，要确保党始终走在时代前列，并得到人民的衷心拥护，还需要进一步推动群众监督工作有效开展。

首先，充分尊重和保障群众知情权。享有知情权是行使监督权的前提。一方面，享有知情权越充分，发挥监督批评作用才能越有力；另一方面，阳光是最好的防腐剂，公开本身也是有效的监督。因此，要按照《中国共产党党务公开条例（试行）》《中华人民共和国政府信息公开条例》要求，全方位、立体式推进党务公开和政务公开，做到能公开的一定公开，特别在政府信息公开领域坚持以公开为常态、不公开为例外，增强权力运行的公开性和透明度，为群众行使监督权提供基本信息保障。一是科学界定信息公开的范围。依法扩大申请主体范围，明确不公开的具体范围，对免予公开的信息进行列举，提高条文的可操作性，准确划清"公开"与"保密""隐私"的界限；对于干部选拔、重大决策、工作过程等党务政务信息，能公开的应最大限度公开，充分保障群众的知情权，鼓励群众监督，促进群众参与，欢迎群众批评。二是形成人民监督的常态化机制。公共政策的决策过程应当向社会和人民群众开放，特别是在国家重大立法、规划时问计于民，确保来自人民的声音能够传达进党和国家决策、执行、监督落实的各个环节。此外，对通过监督查实的典型问题，适合公开的案例，应利用多种媒介通报或曝光，让人民群众切身感受到监督的效果。

其次，拓展监督渠道，提高人民参与度。有渠道是可监督的基础。通过各种渠道密切与人民群众的联系，为群众监督创造良好条件，是强化人民行使好监督权的重要前提。一方面，巩固传统"阵地"，设立信访举报信箱、党风政风监督热线、群众来访接待室等，落实领导干部接待日、群众来信来访承诺制度。发挥好人大监督的作用，通过人大代表座谈会、基层群众座谈会、问卷调查、网络调研等"开门监督"的形式，使人民群众积极参与人大监督。另一方面，大胆创新方法途径，利用互联网技术和信息化手段，建设更加便捷、高效的网络举报平台，鼓励群众对不正之风、腐败现象、违法犯罪行为等进行曝光，形成立体式、全方位、多渠道的监督网络，确保监督无"死角"、无"盲区"、全覆盖，切实提高人民监督质效。

第三，要保护那些敢于负责、敢于担当作为的干部。坚持党对群众监督的领导，既保障群众的监督权利，又坚决查处诬告陷害行为，防范"监督失序"，不断释放群众监督正能量。

畅通检举控告渠道，是为群众监督提供便利，不是给诬告陷害者创造机会。要正确区分正常检举控告、错告以及诬告陷害等行为的界限，切实做到审慎从严、不枉不纵，既保障检举控告人的监督权利，营造党员、群众监督的良好环境，又强调规范检举控告秩序，严肃查处诬告陷害行为，保护党员、干部干事创业积极性。

第四，进一步加强和规范群众监督和党内监督的程序衔接。对人民群众检举揭发的党组织或党员违纪违法行为及时启动党内监督程序，做到规范处置、动态管理、及时反馈，建立信访举报、监督检查、审查调查、案件监督管理等部门相互配合、相互制约的工作机制。

一是推动巡视、巡察与群众申诉、检举、控告更好地对接。巡视是党内监督与人民群众监督相结合的重要方式，是我们党在长期执政条件下强化自我监督的有力保障。通过巡视巡察，拓宽人民群众反映意见的渠道，加强人民群众举报线索受理工作，实行规范处置、动态管理，在党和人民群众之间架起便捷的沟通桥梁。

二是推动监督执纪问责与信访更好地对接。信访是人民群众监督的重要形式。对社会反映突出、人民群众评价较差的领导干部有关情况，要及时核实、报告；对重要的检举事项，要集体研究、认真处理。

三是推动互联网监督与党内各项监督方式更好地对接。网络监督具有公开、便捷、高效等优势，成为最受人民群众欢迎的监督形式。对网络上的建言献策、批评监督，要多一些包容和耐心，对建设性意见要及时吸纳，对模糊认识要及时廓清，对怨气怨言要及时化解，对错误看法要及时引导和纠正，让网络成为汇聚群众诉求、反映民意动态的新途径。

四是建立健全保密制度并严肃处理对检举人的打击报复行为。要对检举人和检举信息保密，积极预防、严肃处理对检举人的打击报复行为；检举人及其近亲属人身、财产安全受到威胁时，有关部门要及时采取保护措施。

五、推动实现人的全面发展和全体人民共同富裕

人的全面发展是共同富裕的根本价值目标。共同富裕旨在创造人的全面发展的社会空间，推动人的全面发展的能力提升。

在党的十九大报告中，习近平总书记第一次明确提出了"不断促进人的全面发展、全体人民共同富裕"[1]的重大命题，并把它作为习近平新时代中国特色社会主义思想和基本方略的重要组成部分。

我国富民思想源远流长，古代典籍中关于裕民、惠民、富民的论述不绝如缕。比如，《尚书》中记有"德惟善政，政在养民"；《周礼》中写道"以富邦国，以养万民，以生百物"，等等。几千年来，中华民族始终保有对共同富裕的美好期盼。

实现共同富裕是中国共产党人的初心使命，步入新时代，共同富裕的丰富内涵和多重特性展现出其与人的发展的紧密相关性，"促进共同富裕与促进人的全面发展是高度统一的。"[2]要树立以人的全面发展为价值指向的新时代共同富裕观，注重所有人的发展、人的全面发展、人的自由自主发展、人的循序协调发展，并以高质量发展为支撑促进人的全面发展。

---

[1] 习近平：《决胜全面建成小康社会 夺取新时代中国特色社会主义伟大胜利——在中国共产党第十九次全国代表大会上的报告》，北京：人民出版社，2017年版，第19页。

[2] 习近平：《扎实推动共同富裕》，《求是》，2022年第20期。

一

马克思和恩格斯追求的价值目标包括共同富裕,但最终是为了实现全体社会成员全面而自由的发展。

在《共产党宣言》中,马克思和恩格斯就已经明确表达了未来社会主义的基本思想:"代替那存在着阶级和阶级对立的资产阶级旧社会的,将是这样一个联合体,在那里,每个人的自由发展是一切人的自由发展的条件。"[①]在《资本论》中,马克思指出:未来新社会是"以每个人的全面而自由的发展为基本原则的社会形式"。[②]1894年1月,意大利人卡内帕请求恩格斯为即将在日内瓦创刊的《新纪元》周刊找一段题词,用简短的字句来表达未来的社会主义纪元的基本思想。恩格斯复信说:"我打算从马克思的著作中给您找出一则您所期望的题词。我认为,马克思是当代唯一能够和伟大的佛罗伦萨人(但丁——引者注)相提并论的社会主义者。但是,除了《共产党宣言》中的下面这句话,我再也找不出合适的了。"[③]接着,恩格斯就摘录了上面的那段话。马克思主义创始人之所以要用"自由人的联合体"这个简短的概念来表述未来新社会,意在突出社会主义的价值目标。

在《1857—1858年经济学手稿》中,马克思写道:当工人群众自己占有自己的剩余劳动时,"社会生产力的发展将如此迅速,以致尽管生产将以所有人的富裕为目的,所有的人的可以自由支配的时间还是会增加。因为真正的财富就是所有个人的发达的生产力"。[④]恩格斯也认为,在资本主义造就的生产力的基础上,在实现生产资料归社会占有之后,"通过社会生产,不仅可能保证一切社会成员有富足的和一天比一天充裕的物质生活,而且还可能保证他们的体力和智力获得充分的自由的发展和运用"。[⑤]这里所说的"所有人的富裕""一切社会成员有富足的生活",即共同富裕。富裕是人的基本需求层次,人的最高层次的需要则是获得自由和全面的发

[①]《马克思恩格斯选集》第一卷第2版,北京:人民出版社,2012年版,第294页。
[②]《马克思恩格斯选集》第二卷第2版,北京:人民出版社,2012年版,第239页。
[③]《马克思恩格斯选集》第四卷第2版,北京:人民出版社,2012年版,第730页。
[④]《马克思恩格斯全集》第三十一卷第2版,北京:人民出版社,2012年版,第104页。
[⑤]《马克思恩格斯选集》第三卷第2版,北京:人民出版社,2012年版,第633页。

展,后者正是社会主义应当追求的终极价值目标。

在马克思看来,人们不是在理想而是在现有的生产力所决定和所容许的范围之内取得自由的。"节约劳动时间等于增加自由时间,即增加使个人得到充分发展的时间,而个人的充分发展又作为最大的生产力反作用于劳动生产力。"①"最能促进生产的是能使一切社会成员尽可能全面地发展、保持和施展自己能力的那种分配方式。"②生产力的发展和人的自由全面发展不仅在原则上是一致的,而且在越来越大的程度上互为条件。随着大工业的发展,现实财富的创造较少地取决于在劳动时间内所运用的作用物的力量,较多地取决于一般的科学水平和技术进步,或者说取决于科学在生产上的应用,因为一般社会知识,已经在相当大的程度上变成了直接的生产力。随着科学变为直接的生产力,"表现为生产和财富的宏大基石的,既不是人本身完成的直接劳动,也不是人从事劳动的时间,而是……社会个人的发展"。③1877年,在给《祖国纪事》杂志编辑部的信中,马克思对未来新社会作了如下一个经典的界定:"在保证社会劳动生产力极高度发展的同时又保证每个生产者个人最全面的发展的这样一种经济形态。"④

人的全面发展是马克思主义的一个总体性价值范畴,它在价值取向上具有最大的包容性和统摄性,其中,全体人民共同富裕就是人的全面发展的一个主要价值诉求。马克思认为,生产方式决定分配方式,分配必须与生产力的发展水平相适应。随着生产力的发展,人类的分配方式必然经历以下三个发展阶段:

第一,原始社会的社会共享。在原始社会,由于生产力水平极其低下,社会财富极其匮乏,除了维持社会成员的基本生存之外,没有剩余产品,所以在分配方式上,只能实行社会共享,而这种社会共享只能是全体社会成员的共同贫穷。

第二,阶级社会的一部分人剥削另一部分人。在阶级社会,随

---

① 《马克思恩格斯全集》第三十一卷第 2 版,北京:人民出版社,2012 年版,第 107—108 页。

② 《马克思恩格斯选集》第三卷第 2 版,北京:人民出版社,2012 年版,第 544—545 页。

③ 《马克思恩格斯全集》第三十一卷第 2 版,北京:人民出版社,2012 年版,第 100—101 页。

④ 《马克思恩格斯选集》第三卷第 2 版,北京:人民出版社,2012 年版,第 342 页。

着生产力的不断发展，私有制取代了原始社会的公有制。私有制必然导致一部分人无偿占有另一部分人的劳动，必然导致一部分人剥削另一部分人。剥削又必然导致两极分化，使富者越富，穷者越穷。

第三，共产主义社会的社会共享，即全体人民共同富裕。在共产主义社会，由于生产力高度发达、社会财富充分涌流，共产主义的公有制取代了阶级社会的私有制，所以社会生产成果在社会成员之间共享，全体人民共同富裕。

马克思指出："社会生产力的发展将如此迅速，以致尽管生产将以所有的人富裕为目的，所有的人的可以自由支配的时间还是会增加"，①"社会生产力及其成果不断增长，足以保证每个人的一切合理的需要在越来越大的程度上得到满足"。②能够确保每个社会成员的基本利益，实现全体人民共同富裕，就意味着人彻底摆脱了自然和社会的束缚，而彻底摆脱自然和社会的束缚是人获得自由而全面的发展的基本前提。

可见，马克思把自己的价值理想确定为人的自由而全面的发展、全体人民共同富裕。这一价值理想既符合人类社会生产方式发展的必然要求，也顺应了人类不断追求美好生活的迫切需要，充分体现了科学性与价值性的统一。

二

不断促进人的全面发展、全体人民共同富裕是中国共产党的奋斗目标。

习近平总书记指出："人，本质上就是文化的人，而不是'物化'的人；是能动的、全面的人，而不是'僵化'的、'单向度'的人。"③精神文化对人的全面发展具有极端重要性，如果人在发展过程中只重视物质而不重视精神，那么就会成为"单向度的人"，也就是"丧失否定、批判和超越能力的人"。④最终会被欲望所控制成为物的奴隶，与人的全面发展相背而驰。人的全面发展实质即

---

① 《马克思恩格斯文集》第八卷，北京：人民出版社，2009年版，第200页。
② 《马克思恩格斯文集》第三卷，北京：人民出版社，2009年版，第460页。
③ 习近平：《之江新语》，杭州：浙江人民出版社，2007年版，第150页。
④ 赫伯特·马尔库塞：《单向度的人》，刘继译，上海：上海译文出版社，2014年版。

激发人的本质力量使其充分体现,全面发展的人是能动的人,是因为人是有自主意识的能动性的生物,实践是人独有的,人在实践中充分发挥能动性达到了认识世界和改造世界的目的。

对于共同富裕的内涵,习近平总书记在中央财经委员会第十次会议上强调:"共同富裕是全体人民共同富裕,是人民群众物质生活和精神生活都富裕,不是少数人的富裕,也不是整齐划一的平均主义。"[①]习近平总书记的这一论断揭示了共同富裕的深刻含义:从共同富裕的覆盖人群看,它包含了全体人民,是14亿多中华儿女的富裕,不是少部分人的富裕。

共同富裕的实现是中国共产党人为之奋斗的目标,共同富裕的实现会惠及全体人民和全部地区,会让所有人共同享有发展成果;从共同富裕的内容来看,它既包括物质和精神富裕,还包括了就业机会、人均收入安排、社会保险、文化教育、居住、健康、扶幼、养老等;从共同富裕的实现途径来看,它是全体人民通过自己的奋斗共同享有发展成果下有区别的富裕,可以一些人先富起来,一些人后富;从共同富裕的推进过程来看,共同富裕不是短时期就能完成的,现在我国贫富差距依然很大,要立足实际把握社会发展的客观规律促进共同富裕。

从内容来看,促进共同富裕包含了人们生活各方面富裕的内容,物质富裕只是一方面,促进共同富裕还包括了文化社会和生态的软实力,它们两者是缺一不可的。人的生活需求,既包含了物质层面又包含着精神文明层面,人类社会广泛开展的物质文明与精神文明,既是促进共同富裕的重要内容,也是促进人的全面发展的重要方面,两者相辅相成缺一不可。只有人的物质生活和精神生活都改善,促进人的全面发展才有可能;从覆盖群体来看,促进共同富裕会惠及全体人民和全部地区,让所有人共同享有发展成果。

促进人的全面发展同样是指所有人,两者都体现了覆盖群体的全面性;从发展目的来看,促进共同富裕不仅是有关经济增长问题和社会资源分配的问题,从根本上是有关平等机会和共享问题,更是有关人的全面发展问题,是社会与人的全面发展目标的一致。两者相统一体现了以人民为中心的价值旨归,体现了发展目的的统一;从推进过程来看,两者相互促进都不是短时期就能实现的。

---

① 习近平:《扎实推动共同富裕》,《求是》,2021年第20期。

"中国式现代化道路以共同富裕基础上人与社会的全面发展为发展目的"，① 要坚持新发展理念走中国式现代化道路推动人类文明新形态深度展开，推动人的全面发展、全体人民共同富裕两者相统一。

三

人的全面发展、全体人民共同富裕，既是一个理想目标，同时也是一个逐步实现的动态过程。"自由全面发展不可能一蹴而就，而是一个动态的过程，是一个不断由'较为'自由全面到'更为'自由全面的过程。只要人类存在着，这一过程就没有止境。"② 自从我们建立了社会主义制度，我们就把实现人的全面发展、全体人民共同富裕确立为我们党的奋斗目标，便开启了不断促进人的全面发展、全体人民共同富裕的历史进程。

早在二十世纪五十年代，中国共产党便提出在社会主义现代化实践中实现共同富裕的思想。毛泽东于1943年设想未来社会的集体化道路时，认为合作社是使人民"由穷苦变富裕的必由之路"。后来，毛泽东又多次从工业化的角度集中阐述了国家富强、人民富裕的整体目标，民族独立和人民解放被提升为生产力发展和人民共同富裕的政治前提。

关于建设社会主义的目的，马克思指出：社会主义的生产"将以所有的人富裕为目的"；③ 毛泽东强调：社会主义"是可以一年一年走向更富更强的，一年一年可以看到更富更强些。而这个富，是共同的富，这个强，是共同的强，大家都有份"。④ 这实际上是社会主义的本质问题。邓小平对马克思主义发展的重大贡献是提出了社会主义本质论："社会主义的本质，是解放生产力，发展生产力，消灭剥削，消除两极分化，最终达到共同富裕。"⑤ "社会主义本质是解放和发展生产力"和"社会主义本质是实现共同富裕"是统一的，解放和发展生产力是手段，共同富裕是目的。

---

① 韩喜平、郝婧智：《人类文明形态变革与中国式现代化道路》，《当代世界与社会主义》，2021年第4期。
② 陈新夏：《人的发展研究的前提性问题》，《光明日报》，2017年9月18日。
③ 《马克思恩格斯文集》第八卷，北京：人民出版社，2009年版，第200页。
④ 《毛泽东文集》第六卷，北京：人民出版社，1999年版，第495页。
⑤ 《邓小平文选》第三卷，北京：人民出版社，1993年版，第373页。

邓小平用"小康社会"的概念将共同富裕与人的全面发展紧密结合在一起。在继承毛泽东共同富裕思想的基础上，邓小平进一步指出："共同致富，我们从改革一开始就讲，将来总有一天要成为中心课题。"①他不但明确将共同富裕作为社会主义的本质进行阐发，更是从社会主义制度解放和发展生产力的角度对小康社会全面建成的时间、衡量标准、具体标志等从推进人的发展的层面作出了详细阐述，充分彰显了改革开放时期中国发展"见物又见人"的理论和实践特征。

2012年11月，党的十八大明确提出"我国进入全面建成小康社会决定性阶段"。

习近平总书记认为，在我们党提出的"两个一百年"目标中，全面建成小康社会是关键性步骤，是决胜阶段，只有实现了这个目标才能为下一个目标的实现奠定好坚实基础，他指出："中国已经进入全面建成小康社会的决定性阶段。实现这个目标是实现中华民族伟大复兴中国梦的关键一步。"②习近平总书记认为，"全面建成小康社会，最艰巨最繁重的任务在农村、特别是在贫困地区。没有农村的小康，特别是没有贫困地区的小康，就没有全面建成小康社会"③"小康不小康，关键看老乡，关键看贫困老乡能不能脱贫"。④习近平总书记还认为，"没有全民健康，就没有全面小康"，⑤"人民身体健康是全面建成小康社会的重要内涵，是每一个人成长和实现幸福生活的重要基础"。⑥

党的十八大以来，我国国内生产总值突破100万亿元，人均国内生产总值突破1万美元，形成世界最大规模中等收入群体；人民生活水平显著提高，建成世界规模最大的社会保障体系，基本医疗保险覆盖超过13亿人，基本养老保险覆盖近10亿人。现行标准下

---

① 《邓小平文选》第三卷，北京：人民出版社，1993年版，第364页。
② 《弘扬丝路精神，深化中阿合作》，《人民日报》，2014年6月6日。
③ 习近平：《在河北省阜平县考察扶贫开发工作时的讲话》（2012年12月29日、30日）；《做焦裕禄式的县委书记》，北京：中央文献出版社，2015年版，第16页。
④ 《十八大以来重要文献选编》下卷，北京：中央文献出版社，2018年版，第29—30页。
⑤ 参见2016年8月19日习近平在全国卫生与健康大会上的重要讲话。
⑥ 参见2013年8月31日习近平会见全国体育先进单位和先进个人代表时的重要讲话。

9899万农村贫困人口全部脱贫，832个贫困县全部摘帽，我国脱贫攻坚战取得了全面胜利，创造了又一个彪炳史册的人间奇迹。

从历史渊源来讲，"小康"概念最早出自《诗经》，《诗经·大雅·民劳》中说："民亦劳止，汔可小康。"意思是说，老百姓终日劳作不止，最大的愿望就是稍微过上安康的生活。把"小康"作为一种社会模式，最早始于西汉时期的《礼记·礼运》。可见，小康是中华民族的千年梦想和夙愿。

2021年7月1日，习近平总书记在庆祝中国共产党成立100周年大会上庄严宣告：

"我代表党和人民庄严宣告，经过全党全国各族人民持续奋斗，我们实现了第一个百年奋斗目标，在中华大地上全面建成了小康社会。"

作为实现共同富裕的基础性目标"全面小康"状态变为现实后，我国事实上已从新中国成立初期的物质贫瘠型社会发展为物质生活、精神生活相对丰裕型社会，此时，中国共产党进一步推动共同富裕的思路愈加明晰。随着共同富裕的基本内涵、主要原则、制度创新等整体架构的形成，在共同富裕进程中展现人全面发展的制度关怀和制度优越，已经成为政策话语、学术话语和日常用语的高频词汇。

经过长期理论创新和实践探索，小康社会全面建成，标志着我国"两个一百年"奋斗目标中的第一个奋斗目标已经实现，中国式现代化建设取得举世瞩目的巨大成就。中国式现代化的本质要求之一，就是"丰富人民精神世界，实现全体人民共同富裕"，[1]中国共产党带领广大人民群众对共同富裕与人的全面进步的一体追求，成为习近平新时代中国特色社会主义和中国式现代化的重要特征和本质要求。

一百多年来，中国共产党始终将实现全体人民的共同富裕作为奋斗目标，可见实现共同富裕的主体是"全体人民"，习近平总书

---

[1] 习近平：《高举中国特色社会主义伟大旗帜　为全面建设社会主义现代化国家而团结奋斗——在中国共产党第二十次全国代表大会上的报告》，北京：人民出版社，2022年版，第24页。

记指出:"人民不是抽象的符号,而是一个一个具体的人。"①这与唯物史观的"现实的人"为同一逻辑起点,实现"现实的人"的共同富裕,蕴涵于人的全面发展的内在要求之中。共同富裕不是仅指物质生活的富裕,不是少数人的富裕,这样"共同"与"全面""富裕"与"发展"就产生了内在的关联,推动共同富裕成为人的全面发展的题中之义,二者具有高度的契合性。

四

在新时代的历史方位上,人的全面发展的时代性表现为摆脱人对物的依赖性,这种状态在今天就是人民日益增长的美好生活需要,要求社会物质财富增长的同时,人们的理想、信念、意志、情感、价值等均协调发展,这也包含在全面建成小康社会后共同富裕在新时代的内涵和外延中。

在新的赶考之路上,要实现共同富裕,主要靠创造财富和分配财富,即做"蛋糕"和分"蛋糕",而创造财富和分配财富的过程实质上是"每个人"或"一切人"全面发展的过程。

一是形成人民的美好生活需要。新时代共同富裕的目标是满足"每个人"的需要。首先,这个需要是"真实的需要",即人们生存、享受和发展的正当的、合理的需要,是自主性的需要。人们之所以有越来越广泛的需要,是社会进步和人的发展的必然结果。其次,这种需要还是对"真实的需要"一定程度上的超越,是"美好"生活需要。美好生活需要是一种"真实的需要",但又比"真实的需要"具有更高的境界,它上升到精神的层面,彰显人的自主精神,因而是更高境界上的"真实的需要"。习近平在谈到美好生活需要时,强调的是"人民美好生活需要日益广泛,不仅对物质文化生活提出了更高要求,而且在民主、法治、公平、正义、安全、环境等方面的要求日益增长"。②由此可见,作为一个奋斗目标,美好生活需要是动态发展的,是一个不断趋于至善的过程。

因此,追求共同富裕具有双重任务,即超越落后的社会生产力和超越资本逻辑,拒绝"粗陋的需要",摒弃"考究的需要"或"虚假的需要",使美好生活需要成为人的本质新的充实。

---

① 《习近平谈治国理政》第二卷,北京:外文出版社,2017 年版,第 317 页。
② 《习近平谈治国理政》第三卷,北京:外文出版社,2020 年版,第 9 页。

二是追求高质量的全体人民共同富裕。作为中国式现代化的重要目标和重要特征，共同富裕必须是高质量的共同富裕，具体表现在三个方面：

其一，高质量的物质生活共同富裕。新时代的共同富裕，虽然超越了单纯的物质层面，但物质生活仍然是最基础的内容，它与"粗陋的需要"不同，不仅追求量，更有质的要求，物质产品的多样性和个性化是大势所趋，既要安全、健康，还要符合美的规律，符合人的审美情趣。

其二，高质量的精神生活共同富裕。在"物质文化生活"中精神生活始终在场，但在一段时间是一种低水平、低层次的精神生活，其重要表现是物质生活的优先性贬抑了精神生活的重要性。时至今日，这种状况虽有较大改变，但有数量缺质量、有"高原"缺"高峰"的现象较为突出。如何生产出高质量的精神文化产品满足人民的需要，是摆在我们面前的一项重要而迫切的任务。

其三，高质量的物质生活和精神生活共同富裕。追求高质量的共同富裕，必须走高质量发展之路，即"实现创新成为第一动力、协调成为内生特点、绿色成为普遍形态、开放成为必由之路、共享成为根本目的的高质量发展"。[①]一方面，以共同富裕引领高质量发展；另一方面，以高质量发展促进共同富裕。实现共同富裕的目标，首先要通过全国人民共同奋斗把"蛋糕"做大做好，然后通过合理的制度安排正确处理增长和分配关系，把"蛋糕"切好分好。这是一个长期的历史过程，我们要创造条件、完善制度，稳步朝着这个目标迈进。

三是以人民勤劳创造达致共同富裕。作为一个奋斗目标，共同富裕只有通过劳动才能被创造出来。劳动是财富的源泉，亦是共同富裕实现的根本途径。我们以前主要强调的是勤劳致富，现在"鼓励勤劳创新致富"，[②]增加了"创新"二字。在追求共同富裕的路上，不仅要辛勤劳动，还要创新劳动。

当然，辛勤劳动和创新劳动是不可分割的，在新时代突出劳动的创新性意义非同一般，体现了新时代劳动者创造、运用先进科技的极端重要性。一方面，创新劳动"不仅可能保证一切社会成员有

[①]《中共中央关于党的百年奋斗重大成就和历史经验的决议》，《人民日报》，2021年11月17日。

[②] 习近平：《扎实推动共同富裕》，《求是》，2021年第20期。

富足的和一天比一天充裕的物质生活,而且还可能保证他们的体力和智力获得充分的自由的发展和运用"。①另一方面,创新劳动使人"懂得按照任何一个种的尺度来进行生产,并且懂得处处都把固有的尺度运用于对象;因此,人也按照美的规律来构造"。②无论是美好生活需要,还是"丰富的需要",以及满足需要的手段,都应该体现出"美的规律""按照美的规律来构造"。也就是说,只有"按照美的规律"进行劳动创造,才能实现真正意义上的共同富裕。

四是增强以人的创新能力为核心的致富本领。致富本领不仅是一个素质问题,更是一个能力问题。劳动者的"高素质"主要是指与高质量发展相适应的,由创新、协调、绿色、开放和共享等素质构成的综合素质及其能力体系。

在谈到"自由个性"时,马克思强调:"要使这种个性成为可能,能力的发展就要达到一定的程度和全面性。"③这个能力虽然是指人的全面能力,但主要是指人的创造或创新能力,因为创造性是"自由个性"的本质特征。需要的丰富以及满足需要的方法、手段的提高,都是人的创新能力的表现与确证。因此,增强以创新能力为核心的致富本领,是实现共同富裕的关键。

一方面,充分利用自由时间增强人的"发展才能"。新时代实现共同富裕的任务极其艰巨,需要埋头苦干、奋力拼搏,因此应该提倡将自由时间看作"每个人获得发展自我和奉献社会的机会,共同享有人生出彩的机会,共同享有梦想成真的机会",④现在影响和制约共同富裕、美好生活实现的不平衡不充分的发展问题,归根到底是创新能力不强所导致的。不断激发和提高"每个人"的创新能力,实现高水平的自强自立,对于共同富裕具有关键性意义。另一方面,坚持以创新为第一动力,以创新引领和驱动高质量发展,使自由时间不断生成。绝对贫困问题的历史性解决和小康社会的全面建成,意味着生产力水平的历史性跃升,以及自由时间的历史性增加。

实现以促进人的全面发展为目标的共同富裕,既是一个崇高的

---

① 《马克思恩格斯文集》第三卷,北京:人民出版社,2009年版,第563—564页。
② 《马克思恩格斯文集》第一卷,北京:人民出版社,2009年版,第163页。
③ 《马克思恩格斯文集》第八卷,北京:人民出版社,2009年版,第52页。
④ 中共中央文献研究室:《习近平关于社会主义社会建设论述摘编》,北京:中央文献出版社,2017年版,第32页。

价值理想，也是一个前无古人的伟大实践，还是一个创造人类文明新形态的过程，需要每一个中国人勠力同心、艰苦奋斗。归根结底，扎实推动共同富裕，就是"明确新时代我国社会主要矛盾是人民日益增长的美好生活需要和不平衡不充分的发展之间的矛盾，必须坚持以人民为中心的发展思想，发展全过程人民民主，推动人的全面发展、全体人民共同富裕取得更为明显的实质性进展"。①

---

① 《中共中央关于党的百年奋斗重大成就和历史经验的决议》，《人民日报》，2021年11月17日。

后记

《甲申三百年祭》：
中国共产党人的"醒世恒言"

1944年3月19日，明朝灭亡纪念日，重庆《新华日报》刊登了历史学家郭沫若的《甲申三百年祭》，这篇被毛泽东视为"胜利时骄傲"的鉴戒之史论，从而被列入延安整风文献，告诫共产党人不要犯胜利时骄傲的错误。

弹指一挥间。至今，《甲申三百年祭》走过了数十年的风雨路，伴随着中国共产党从革命走到执政，已经成为教育党员防止骄傲和腐败的重要教材。经过时间的积淀，我们依然可以从中获得新的启迪。

一

1943年年初，蒋介石抛出《中国之命运》一书，鼓吹满族之所以能征服中国，是因明末"党派倾轧"和"流寇横行"，认为三百年明室，是在李自成、张献忠等"流寇"和满族八旗兵"内外交侵下，竟以覆灭"的，以借古喻今的手段，影射和诋毁中国共产党。

毛泽东电示中共南方局，要求组织文章回应国民党的污蔑，从学术上批驳《中国之命运》，以肃清其流毒。随即，中共南方局委托郭沫若以纪念明亡300周年为主旨撰写文章进行反击。

1944年是中国农历甲申年，时年52岁的郭沫若潜心写就了一篇近两万字的史学论述《甲申三百年祭》。这篇雄文依托大量史料，剖析了李自成如何因骄傲懈怠在短短40余天内便功败垂成。

中共南方局负责人董必武亲自审阅文章后，即安排《新华日报》于1944年3月19日（明代亡国之君崇祯皇帝的死难之期、明朝亡国之日）见报，连载4天。

一石激起千层浪。文中的论述被国民党政府认定是在"影射当局"，马上组织专人撰写社论围攻责难。蒋介石表示：不能"听其谬种流传"，必须"共同纠正这一种思想，毫不姑息，毫不放松"。3月24日，为蒋介石执笔撰写《中国之命运》的陶希圣在《中央日报》上发表了题为《纠正一种思想》的社论，指责郭沫若"为匪张目""将明之亡国的历史影射当时的时局"，抨击《甲申三百年祭》是"出于一种反常心理，鼓吹战败主义和亡国思想"。社论还说："三百年前，蔓延于黄河流域及黄河以北的流寇，以李自成为首领，于外患方亟之时，颠覆了明朝。其所得结果是什么？就是二百六十年的亡国局面。"

据史料载，毛泽东在延安读到《甲申三百年祭》写李自成进京后因骄傲自满和部属腐败而导致最终失败之教训时极为兴奋，连连击掌道："好文章，好文章！"

毛泽东如此兴奋是有原因的。1943年至1944年间，正处于中国共产党整风的高潮期。因而，《甲申三百年祭》的问世及其所触及的问题，恰好与他的思考相契合。

顾名思义，《甲申三百年祭》记述了发生在三百年前的甲申年（1644年）的一段历史。

在《甲申三百年祭》里，郭沫若用较多笔墨刻画了李自成。在他看来，出生在贫苦农民家庭的李自成，能揭竿而起、得人拥护、吸纳众才，历经多年征战直至攻占北京终结明王朝，绝非偶然："自成善骑射，既百发百中，他自己在十多年的实地经验中也获得了相当优秀的战术""他不好色，不饮酒，不贪财利，而且十分朴素。当他进北京的时候，是'毡笠缥衣，乘乌驳马'（《李自成传》）；在京殿上朝见百官的时候，'戴尖顶白毡帽，蓝布上马衣，蹑皮靴'（《北略》卷二十）。他亲自领兵去抵御吴三桂和满洲兵的时候，是'绒帽蓝布箭衣'（《甲申传信录》）；而在他已经称帝，退出北京的时候，'仍穿箭衣，但多一黄盖'（《北略》）。"他作风民主，上下平等，大的决策都和部下讨论决定。

李自成骁勇善战，还特别注意农民军的纪律约束。他规定："军令不得藏白金，过城邑不得室处，妻子外不得携他妇人，寝兴悉用单布幕绵",甚至"马腾入田苗者斩之",可谓是"极端的纪律之师"。

起兵时,李自成为争取民心,提出"均田免粮"的主张。他们每到一处,都是砸官府、开粮仓,把粮食和财物分给劳动人民。当时在民间广泛流传这样的歌谣:"杀牛羊,备酒浆,开了城门迎闯王,闯王来时不纳粮。"1644年(旧历甲申年)进北京时,李自成军几乎未遇抵抗,明朝官员和军队纷纷迎降。

但进驻京城不久,他就被胜利冲昏头脑,听不进良言,乱政轻敌,军纪涣散,以致首领生活腐化,宗派内耗日增,其结果是他创立的大顺政权仅存40余天就以悲剧收场。

《甲申三百年祭》揭示了中国历史上的农民起义最终失败的一个规律,即一旦胜利,领导层上下皆逐利、皆腐化。这对于农民出身的党员占多数的中国共产党来说,同样需要从政治上改造党、防患于未然。

1944年4月12日,毛泽东在延安高干会议上作了《学习和时局》的讲话,毛泽东的这次讲话是延安整风运动的总结性文件之一。毛泽东指出,应使干部对于党内历史问题在思想上完全弄清楚,同时对于历史上犯错误的同志在作结论时应取宽大的方针,以便一方面彻底了解我党历史经验,避免重犯错误;另一方面能够团结同志,共同工作。并说:"今日我们印了郭沫若论李自成的文章,也是叫同志们以为借鉴,不要犯胜利时骄傲的错误。"[1]

毛泽东指示在延安《解放日报》1944年4月18日起转载《甲申三百年祭》,全文分两天载完,并要求各解放区印成单行本作为整风文件进行学习。这次转载,在文章之前添加了《编者按》,用犀利的语言,反驳了当时国民党《中央日报》社论等一系列围攻《甲申三百年祭》的观点,认为"不过无论如何,引起满清侵入的却不是李自成而是明朝的那些昏君、暴君、宦官、佞臣、不抵抗的将军,以及无耻地投降了民族敌人的引狼入室的吴三桂之流"[2]。在后来《甲申三百年祭》单行本印行的时候,这篇《编者按》曾多次作为前言出现。

---

[1]《毛泽东选集》第三卷,北京:人民出版社,1991年第2版,第948页。
[2] 郭沫若:《甲申三百年祭》,北京:国家行政管理出版社,2022年版。

1944年6月7日，中共中央宣传部和军委总政治部发出联合通知："各级党委及各级政治部：《解放日报》近发表郭沫若的史论《甲申三百年祭》与苏联高涅楚克的剧本《前线》，并由新华社全文广播，两文都是反对骄傲的。郭文指出李自成之败在于进北京后，忽略敌人，不讲政策，脱离群众，妄杀干部，'纷纷然，昏昏然，大家都像以为天下就已经太平了一样'，实为明末农民革命留给我们的一大教训……这两篇作品对我们的重大意义，就是要我们全党，首先是高级领导同志无论遇到何种有利形势与实际胜利，无论自己如何功在党国、德高望重，必须永远保持清醒与学习态度，万万不可冲昏头脑，忘其所以，重蹈李自成与戈尔洛夫的覆辙。毛主席最近号召我们放下包袱，正是此意，希望各地收到广播后，将两书翻印，在干部中散发，展开讨论，其不能读者并予帮助解释……"①此通知下发后，各根据地大量翻印此文，供党员干部阅读和学习。

据一些老干部回忆称："差不多每个人都以李闯王进京失败的教训，联系自己的思想作风作对照检查，并且揭露出少数已经腐化堕落的人，纯洁了革命队伍；并从中懂得了'不能忘记艰苦奋斗，继续战斗'的道理。"

此后，陕甘宁边区相继公布了《陕甘宁边区政纪总则》《陕甘宁边区政务人员公约》《陕甘宁边区各级政府干部奖惩暂行条例》等法规，以逐步探索从民主法治上加强廉政建设的途径。

1944年11月，毛泽东还特意致信郭沫若："你的《甲申三百年祭》，我们把它当作整风文件看待。小胜即骄傲，大胜更骄傲，一次又一次吃亏，如何避免此种毛病，实在值得注意。"②

1945年，毛泽东在中共"七大"报告中指出，"我们的具体纲领即中国人民的现时要求是什么呢"，其中重要一点就是"要求惩办贪官污吏，实现廉洁政治"。同年7月，毛泽东又与黄炎培在延安进行了著名的"窑洞对"。针对黄提出中共如何跳出"其兴也勃焉，其亡也忽焉"的历史周期律的追问，他给出清晰回答："我们已经找到了新路……这条新路，就是民主。"这些理论上的升华，与毛泽东从《甲申三百年祭》获得的启发不无关系。

---

① 郭沫若纪念馆、中国郭沫若研究会、四川郭沫若研究会合编：《〈甲申三百年祭〉风雨六十年》，北京：人民出版社，2005年版，第93页。

②《毛泽东文集》第三卷，北京：人民出版社，1996年版，第227页。

毛泽东对李自成起义失败原因的关注，早在 1926 年他主持广州第六届农民讲习所期间就开始。他在为学员讲授"中国农民问题"时就曾提到明末农民起义。毛泽东如此重视对中国农民起义历史教训的总结，是基于对中国革命战争的性质与社会阶级基础的判断，认为中国革命战争，实质上是无产阶级领导下的农民战争，除了领导阶级不同之外，同历史上的农民战争有诸多相似之处，极有可能"重犯胜利时骄傲自满的错误"。

《甲申三百年祭》不仅启发了毛泽东，也从历史规律性上印证了他对中国革命和政党建设进行理论与制度探索的必要性，证明中国共产党不仅有"决不做李自成"的豪情，更有保持清醒、戒骄戒躁的自觉。

1949 年 3 月 23 日，毛泽东带领中共中央和人民解放军总部机关离开西柏坡，启程迁往北平。出发前，毛泽东称这是"进京赶考"，他还特别补充道："我们决不当李自成，我们都希望考个好成绩。"

二

《甲申三百年祭》科学地总结了李自成领导的农民革命的成败得失，特别是从胜利走向失败的沉痛教训。

第一，领导集团被胜利冲昏头脑，犯了骄傲自满的错误。

明末农民起义自 1627 年在陕西澄县拉开序幕。1644 年农历正月初一，在古城西安正式建立了与明王朝分庭抗礼的全国性政权，国号大顺，改元永昌。8 天以后，李自成又挥师东渡黄河向北京进发，一路势如破竹，于 3 月 15 日抵达"北门锁钥"的居庸关下。随后只用 3 天时间就一举攻克明朝都城北京。

但是，李自成缺乏远虑，进城后对手下将士中出现的贪图享乐、腐化堕落现象没有加以控制，也没有办法控制。"在过短的时期之内获得了过大的成功，这却使自成以下如牛金星、刘宗敏之流，似乎都沉沦进了过分的陶醉里去了。进了北京以后，自成便进了皇宫。丞相牛金星所忙的是筹备登基大典，招揽门生，开科选举。将军刘宗敏所忙的是拶夹降官，搜括赃款，严刑杀人。纷纷然，昏昏然，大家都像以为天下就已经太平了的一样。近在肘腋的关外大敌，他们似乎全不在意……"① 对于陈兵山海关外、蓄谋问

---

① 郭沫若：《甲申三百年祭》，北京：国家行政管理出版社，2022 年版。

鼎中原已久的满洲贵族竟掉以轻心，对于正在踌躇观望政局、镇守山海关一带的明朝将领吴三桂，也没及时采取正确的政策和措施使之归顺。更为甚者，刘宗敏在京师还拷掠敲索吴父，强占吴妾陈圆圆，促使吴降清倒戈，引兵入关，起义军仓促应战。

据史书记载，士兵们纷纷将"追赃"所得细软裹在腰间，有些目不识丁的造反者还四处托"先生"写信，想把手镯、戒指之类夹在信中寄回老家。身携重金之卒，上战场也必然不能舍身奋战，李自成部在山海关附近遇吴三桂部和清军，一交战便大败，八旗骑兵的马蹄在大顺官兵尸体上踏过时还传来一阵阵金属撞击之声，战后也发现战死的大顺官兵身上多带有金银。

战败回京的李自成，匆忙入宫举行登基大典，同时声言"富贵必归故乡"。他拘集北京几千铁工把金银打成饼状装车运陕，结果这支运载大量财宝而行动迟缓的部队一再遭吴三桂部和清军追击，一败涂地。大顺军攻打北京之前十几年征战的锐气，短短几个月内就消失得无影无踪。

第二，农民起义军进城以后，军纪败坏，军法松弛。

当初，李自成领导的农民起义军可谓"极端的纪律之师"，行军打仗，秋毫无犯。"军令不得藏白金，过城邑不得室处，妻子外不得携他妇人""有犯淫劫者立时枭磔，或割掌，或割势"。"军止，即出校骑射""马腾入田苗者斩之"。李自成更能身体力行，"不好色，不饮酒，不贪财利，而且十分朴素。"进京后，李自成尚能一如既往，甚至在京殿朝见百官，依然"戴尖顶白毡帽，蓝布上马衣"，部将中也有少数洁身自好、不喜声色者，如李岩等。但是，其他部将大都蜕变腐化，几十万兵马囤积京城享乐，军纪败坏，军法松弛，军队丧失了战斗力，结果自毁长城。

在《甲申三百年祭》最后部分，郭沫若感慨：

"假使初进北京时，自成听了李岩的话使士卒不要懈怠而败了军纪，对于吴三桂等及早采取了牢笼政策，清人断不至于那样快的便入了关。又假使李岩收复河南之议得到实现，以李岩的深得人心，必能独当一面，把农民解放的战斗转化为对种族之间的战争。假使形成了那样的局势，清兵在第二年绝不敢轻易冒险去攻潼关，而在潼关失守之后也决不敢那样劳师穷追，使自成陷于绝地……"

李自成用快速胜利、快速失败，为"其兴也勃，其亡也忽"的历史周期率做了注解，警惕后人必须居安思危，时刻保持清醒头脑和忧患意识。

第三，宗派纷争，祸起萧墙，破坏团结，将相离心。

进京之后，制将军李岩针对大顺军将士中间日益滋长的腐败和骄傲势头，向李自成坦诚上疏谏言四事，其中有两事至为重要，"一是严肃军纪的问题，一是用政略解决吴三桂的问题"，可惜没有引起重视，李自成在披览疏文后只批上"知道了"三个字便置诸脑后。牛金星则因与李岩政见不合，趁机向李自成诬告李岩"欲反"，李自成轻信谮言，"令金星与岩饮，杀之。"这一倒行逆施激怒了军师宋献策和权将军刘宗敏，导致"献策他往，宗敏率众赴河南"，大顺军日趋"解体"，堡垒从内部攻破，酿成明末农民革命的历史大悲剧。

前事不忘，后事之师。这既是当年李自成功败垂成的血的教训，也是新中国成立以来中国共产党人用以自我警醒、砥砺奋进的强大精神动力。正如习近平总书记在毛泽东诞辰120周年座谈会上指出的那样：全党要牢记毛泽东同志提出的"我们决不当李自成"的深刻警示，牢记"两个务必"，牢记"生于忧患，死于安乐"的古训，解决好"其兴也勃焉，其亡也忽焉"的历史性课题。

时间为证。从1944年郭沫若的《甲申三百年祭》到1945年黄炎培与毛泽东的"窑洞对"，再到1949年3月毛泽东率领中共中央机关从西柏坡出发"进京赶考"，从2013年7月习近平总书记殷殷嘱托"党面临的赶考远未结束"，再到2021年7月1日习近平总书记指出：过去一百年，中国共产党向人民、向历史交出了一份优异的答卷。在"不当李自成"的这场考试中，中国共产党来源于此的"赶考"精神，在时间长河中不断传承与发展。

时代是出卷人，我们是答卷人，人民是阅卷人。中国共产党的"能"，就体现在不论时代主题如何变化，都始终坚持"赶考"精神，把人民对中国共产党的"考试"，以及正在经受和将要经受各种考验的"考试"考好。

"功成名就时做到居安思危、保持创业初期那种励精图治的精神状态不容易，执掌政权后做到节俭内敛、敬终如始不容易，承平时期严以治吏、防腐戒奢不容易，重大变革关头顺乎潮流、顺应民心不容易。"2018年1月5日，在学习贯彻党的十九大精神研讨班开班式上,习近平总书记提出"四个不容易"以警醒全党,强调我们党"自身必须始终过硬"。

回望过去,一代代中国共产党人以奋斗为笔,将一项项伟大成就写进史册。数十年间,沧海桑田,中华大地早已换了人间,中国共产党取得的伟大成就足以彪炳史册,但"赶考"的清醒和坚定一以贯之。

面对第二个百年奋斗目标,中国共产党如何始终保持赶考的清醒?如何答好新的赶考问卷?如何走好新的赶考之路?

如今,迈进新时代、踏上新征程,中国共产党面临新的历史挑战、新的历史考题——为中国人民谋幸福,为中华民族谋复兴。只有继承发扬"赶考精神",夯实信仰之基、把稳思想之舵,才能永葆党的初心。

本人撰写的《新的赶考之路》一书,通过实现全党思想意志行动的统一、坚持党在中国式现代化建设中的领导地位、不断推进马克思主义中国化时代化、敢于进行自我革命、始终坚守初心和使命、坚持全心全意为人民服务的根本宗旨等六方面,系统论述了走好新的赶考之路的根本要求。

在本书撰写过程中,参考和引用了一些学术界有关资料、案例和研究成果,在此特向有关作者表示诚挚谢意。同时,我还要感谢新华出版社综合图书编辑室负责人、编辑唐波勇先生为本书出版给予的大力支持和辛勤付出。

由于受时间和研究水平所限,本书难免有挂一漏万之处,差错难免,诚望各位专家、学者和广大读者不吝批评指正,以便适时订正。

是为后记。

李　松

2023 年 11 月 8 日于北京

主要参考文献

李君如:《坚持以中国式现代化推进中华民族伟大复兴》,《中国党政干部论坛》,2022年第9期。

储霞、朱佩佩:《用党的创新理论武装全党的逻辑意义、历史实践与经验启示》,《党政干部学刊》,2022年第12期。

荣开明:《论中国式现代化的历史逻辑、理论逻辑、实践逻辑和文明逻辑》,《中国延安干部学院学报》,2023年第4期。

李景治:《以中国式现代化全面推进中华民族伟大复兴》,《中央民族大学学报(哲学社会科学版)》,2023年第3期。

姜安:《为什么中国式现代化必须坚持中国共产党领导》,《特区实践与理论》,2022年第6期。

孙代尧:《马克思主义中国化时代化的历史逻辑》,《历史研究》,2023年第1期。

孙功:《中国化时代化的马克思主义为什么行》,《安徽理工大学学报(社会科学版)》,2023年第1期。

林振义:《开辟马克思主义中国化时代化新境界》,《人民日报》,2023年3月29日。

靳学斌:《中国共产党坚持自我革命的历史进程、价值意义与实践要求》,《聊城大学学报(社会科学版)》,2023年第3期。

陶元浩:《中国共产党百年自我革命的历史经验探析》,《中国领导科学》,2023年3月。

邵雍:《论中国共产党建党时期的初心和使命》,《上海党史与党建》,2021年第3期。

王传利:《建国初期的舆论监督和人民监督》,《党史纵横》,2004年4月。

张三元:《论新时代共同富裕与人的全面发展》,《探索》,2022年第5期。